Liebe im Fokus

YOKO NOGIRI

2

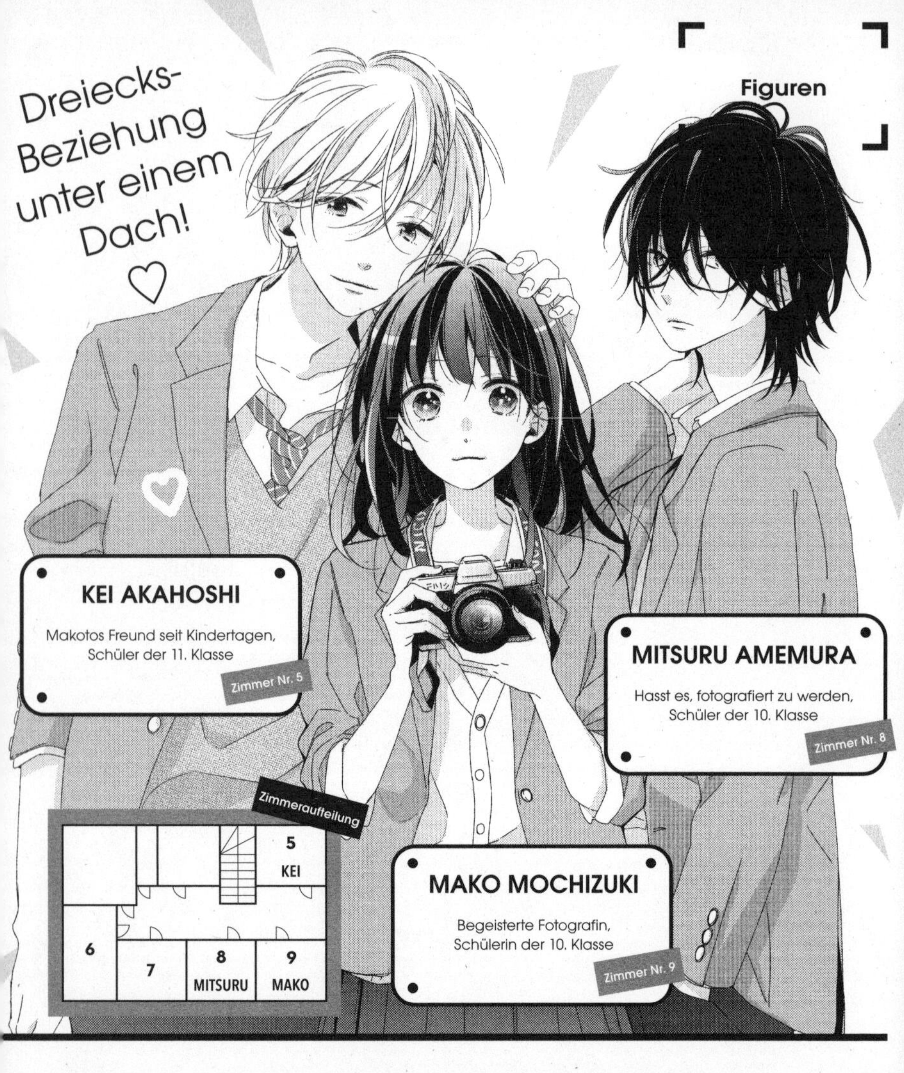

Was bisher geschah

Oberschülerin Mako ist begeisterte Fotografin. Als ihr Kindheitsfreund Kei Akahoshi ihr den Vorschlag macht, ihm an seine weit entfernte Oberschule zu folgen, um dort in den renommierten Foto-Klub einzutreten, verlässt Mako ihr Elternhaus und beginnt ein aufregendes neues Leben als Internatsschülerin. Dort begegnet ihr auch der verschlossene Mitsuru, der ihr unmissverständlich klarmacht, dass er es hasst, fotografiert zu werden. Gerade ihn hätte Mako aber zu gern als Fotomodell und trotz Mitsurus anfänglicher Absage schafft sie es schließlich doch, dass er sich von ihr fotografieren lässt. Mako und Mitsuru werden Stück für Stück vertrauter miteinander, doch Kei platzt Mitsuru gegenüber mit der Warnung heraus: „Nur, damit das klar ist, Mako ist tabu!"

Das „Kamera-Wohnheim“ mit dem markanten Giebeldach!

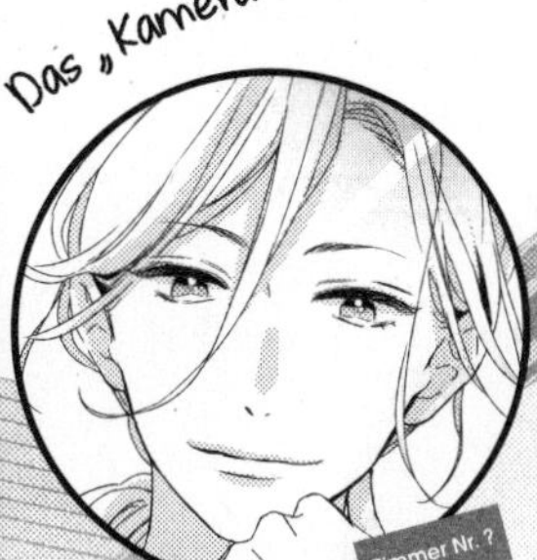

LUCAS SAIONJI
Berühmt für sein gutes Aussehen, Schüler der 12. Klasse

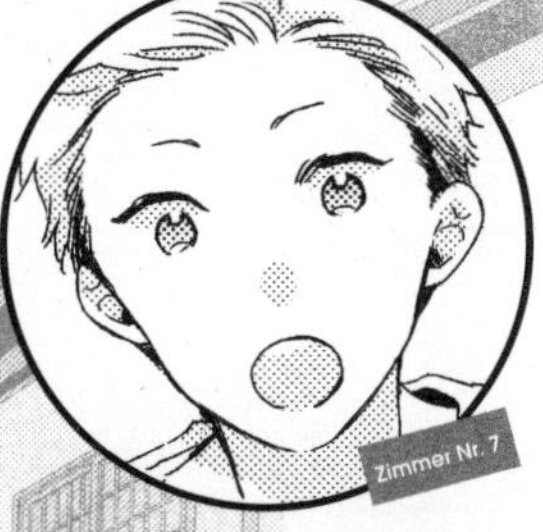

NOBUHIRO ISHIOKA
Nenes fester Freund, Schüler der 11. Klasse

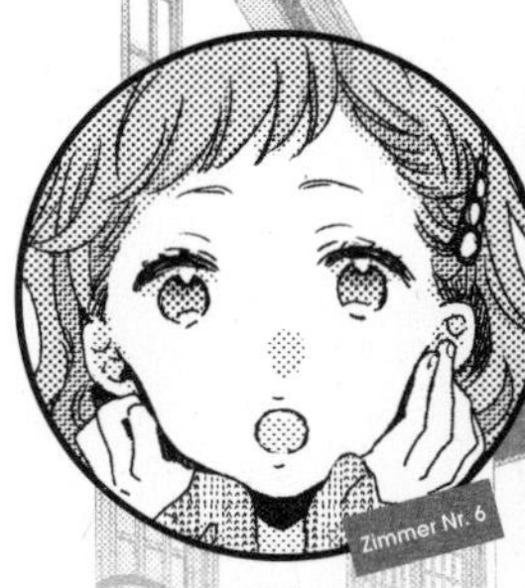

NENE NOGUCHI
Makos Freundin, Schülerin der 11. Klasse

DIE BEWOHNER DES „KAMERA-WOHNHEIMS“

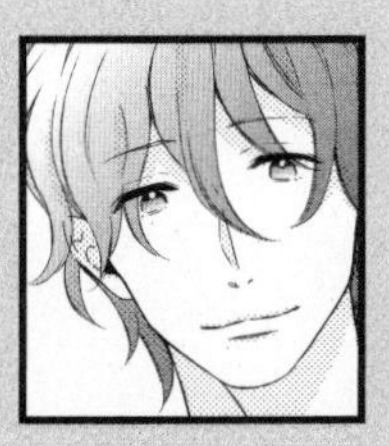

YOSHITO KANO
Unterrichtet im Foto-Klub

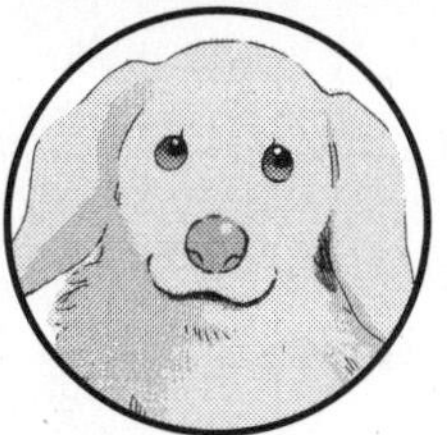

Omochi ♂, der Liebling aller

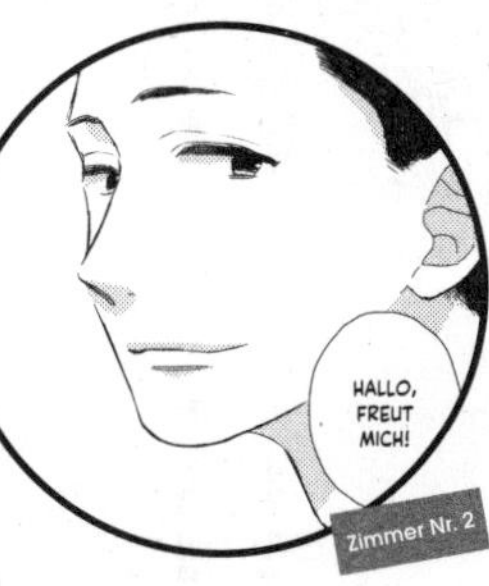

KAORU KUMAGAI
Mitglied des Foto-Klubs, Schüler der 12. Klasse

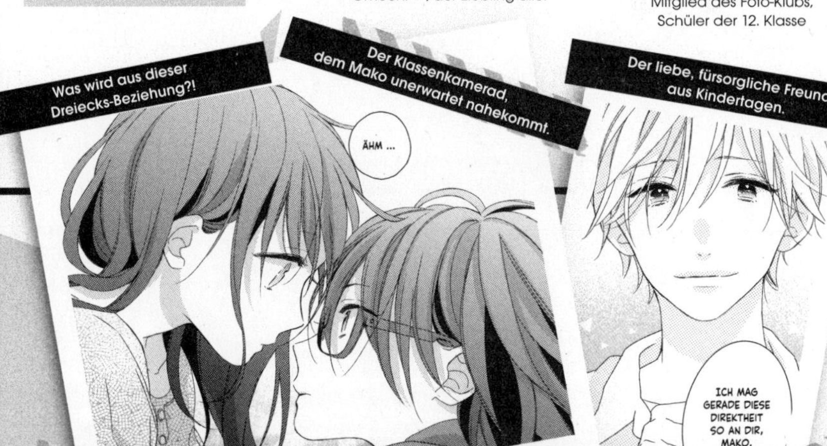

INHALT

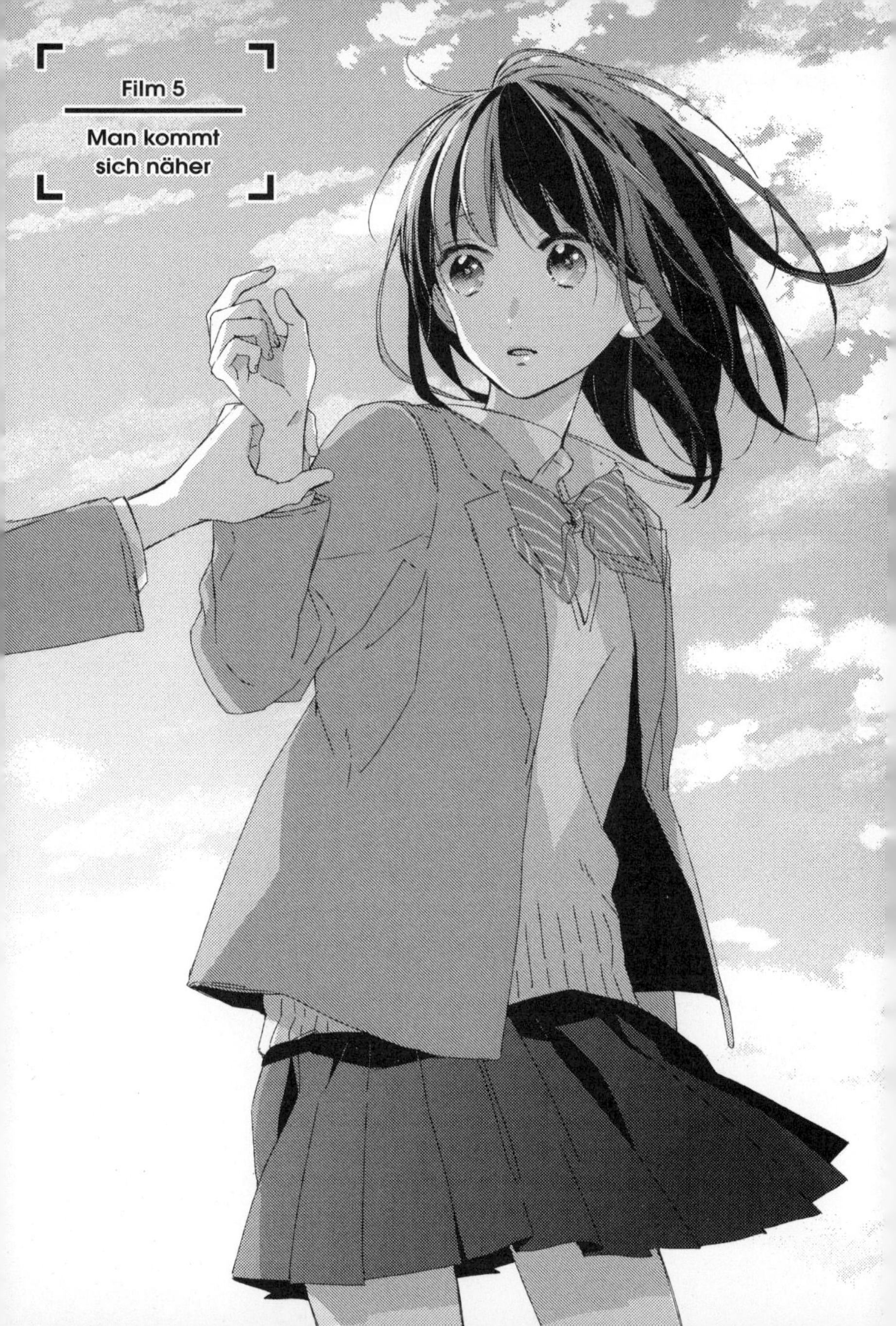
Film 5
Man kommt sich näher

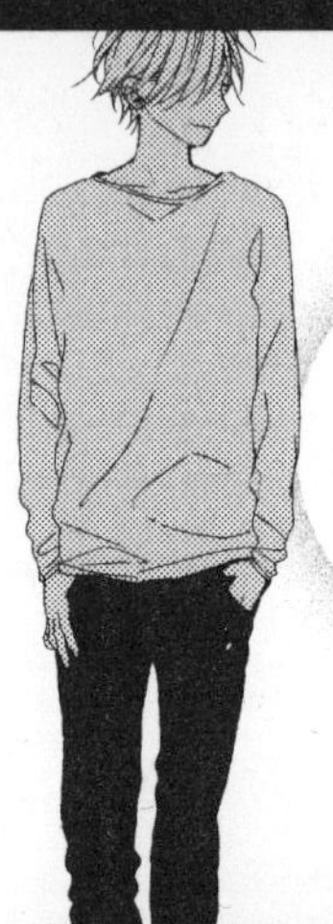

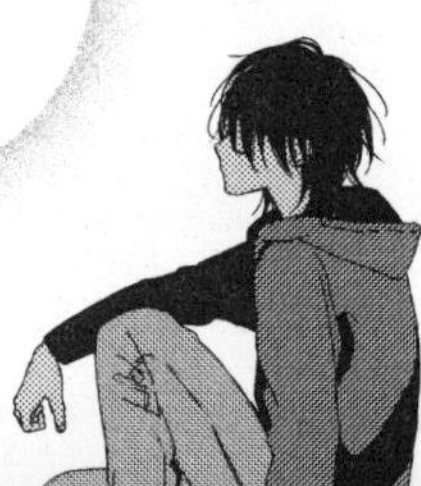

Liebe im Fokus

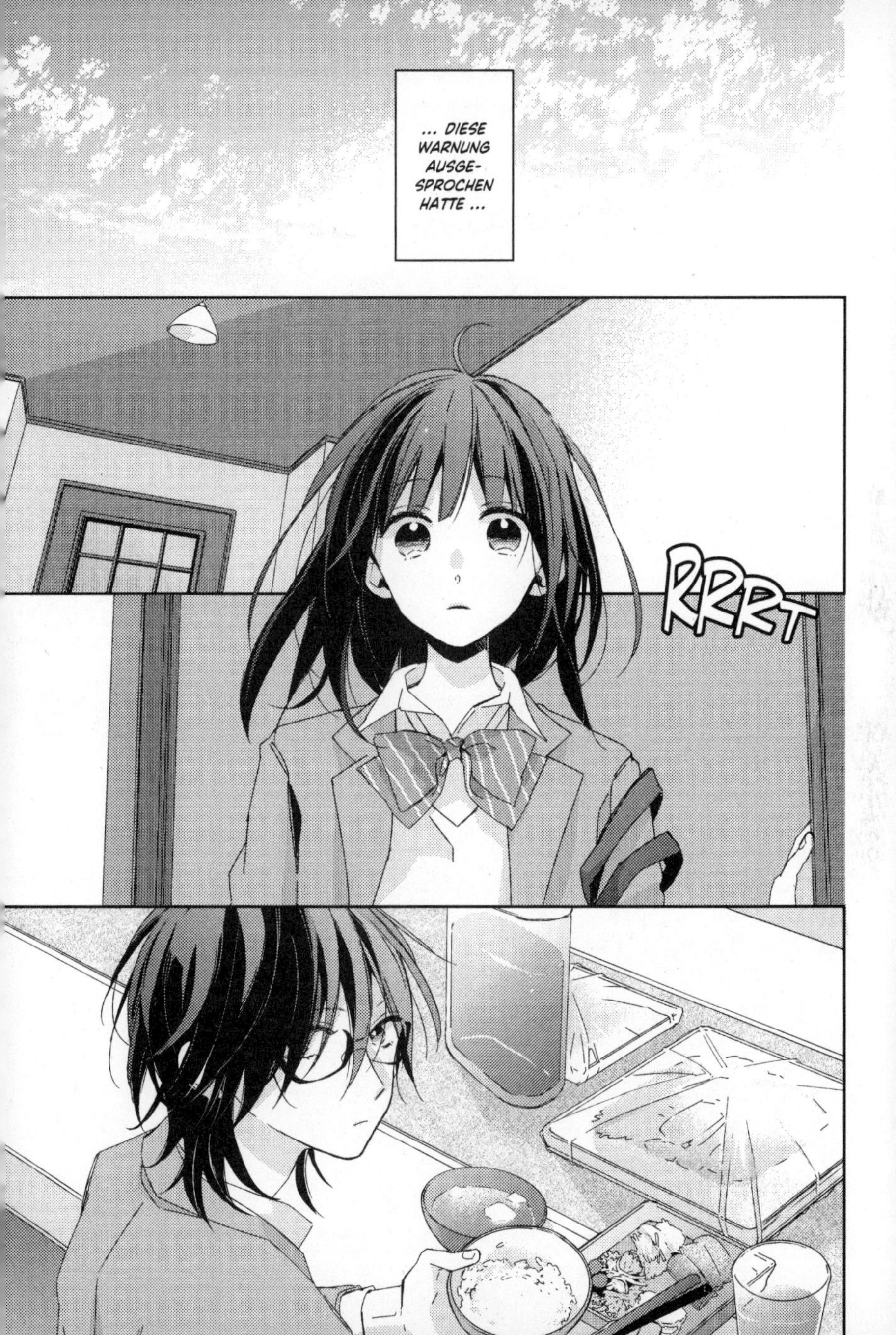
... DIESE WARNUNG AUSGE-SPROCHEN HATTE ...
RRRT

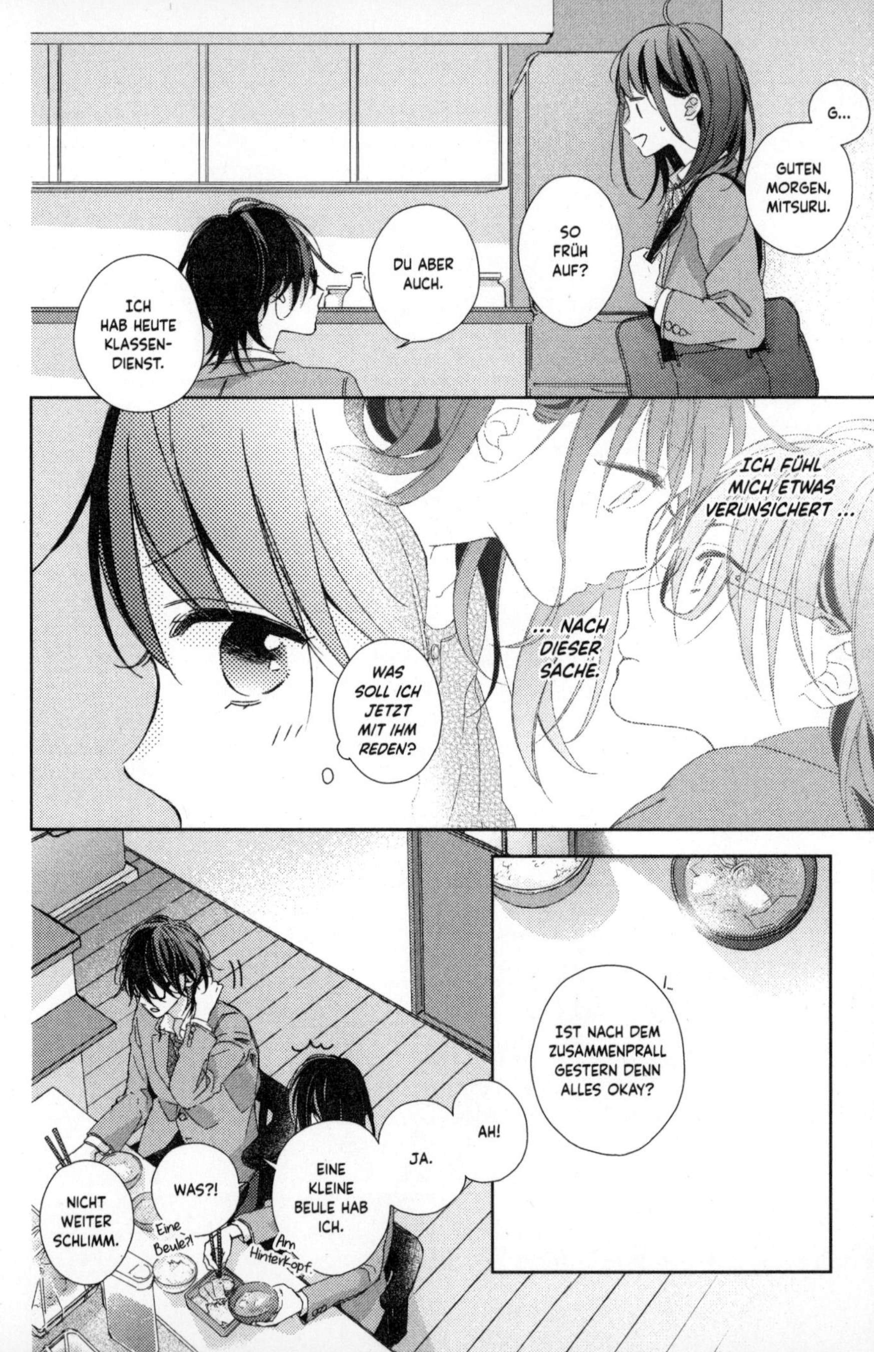
G...
GUTEN MORGEN, MITSURU.
SO FRÜH AUF?
DU ABER AUCH.
ICH HAB HEUTE KLASSEN-DIENST.
ICH FÜHL MICH ETWAS VERUNSICHERT ...
... NACH DIESER SACHE.
WAS SOLL ICH JETZT MIT IHM REDEN?
I..
IST NACH DEM ZUSAMMENPRALL GESTERN DENN ALLES OKAY?
AH!
JA.
EINE KLEINE BEULE HAB ICH.
Am Hinterkopf.
WAS?!
Eine Beule?!
NICHT WEITER SCHLIMM.

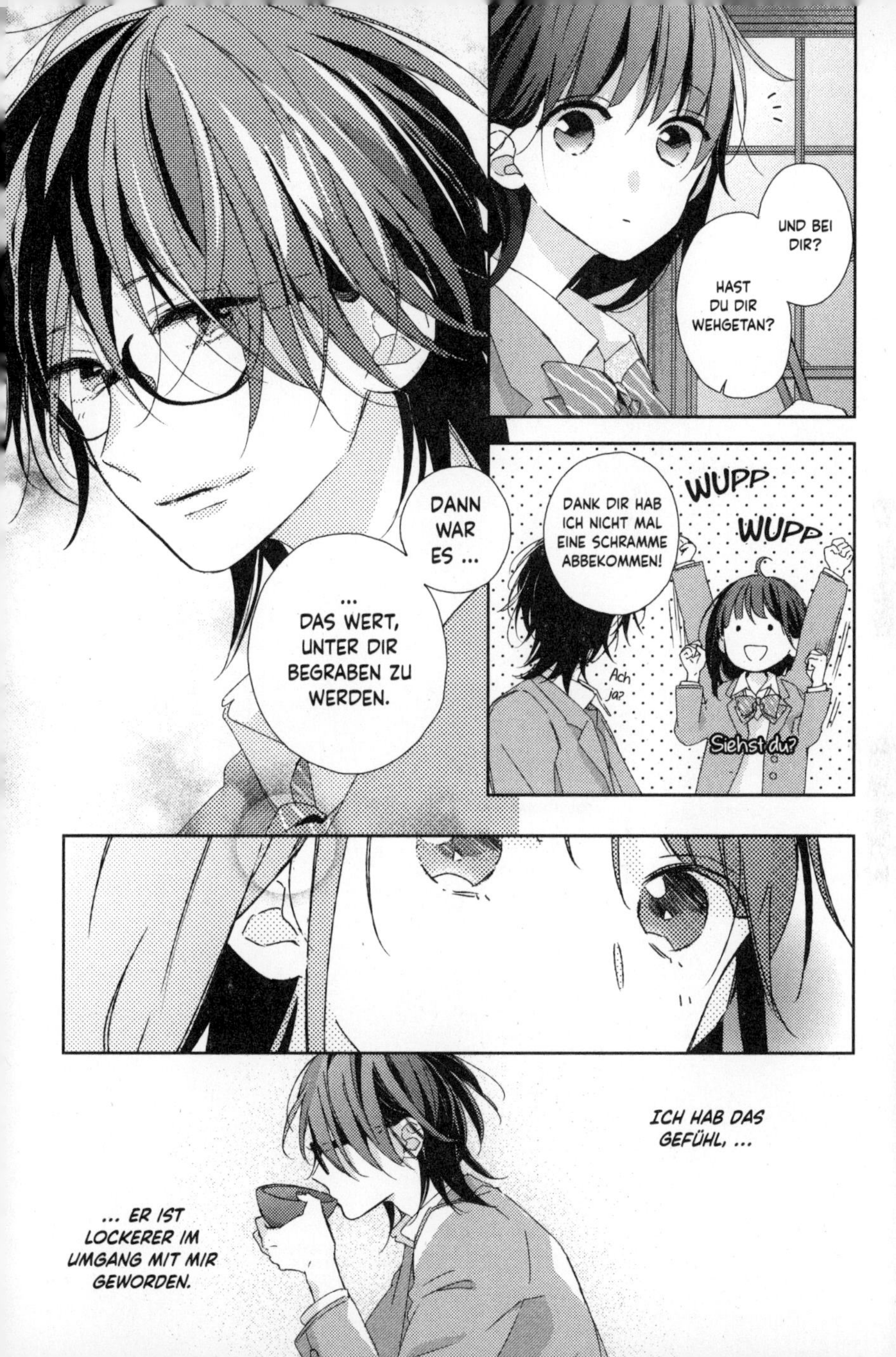
UND BEI DIR?
HAST DU DIR WEHGETAN?
WUPP
WUPP
DANK DIR HAB ICH NICHT MAL EINE SCHRAMME ABBEKOMMEN!
Siehst du?
Ach ja?
DANN WAR ES ...
... DAS WERT, UNTER DIR BEGRABEN ZU WERDEN.
ICH HAB DAS GEFÜHL, ...
... ER IST LOCKERER IM UMGANG MIT MIR GEWORDEN.

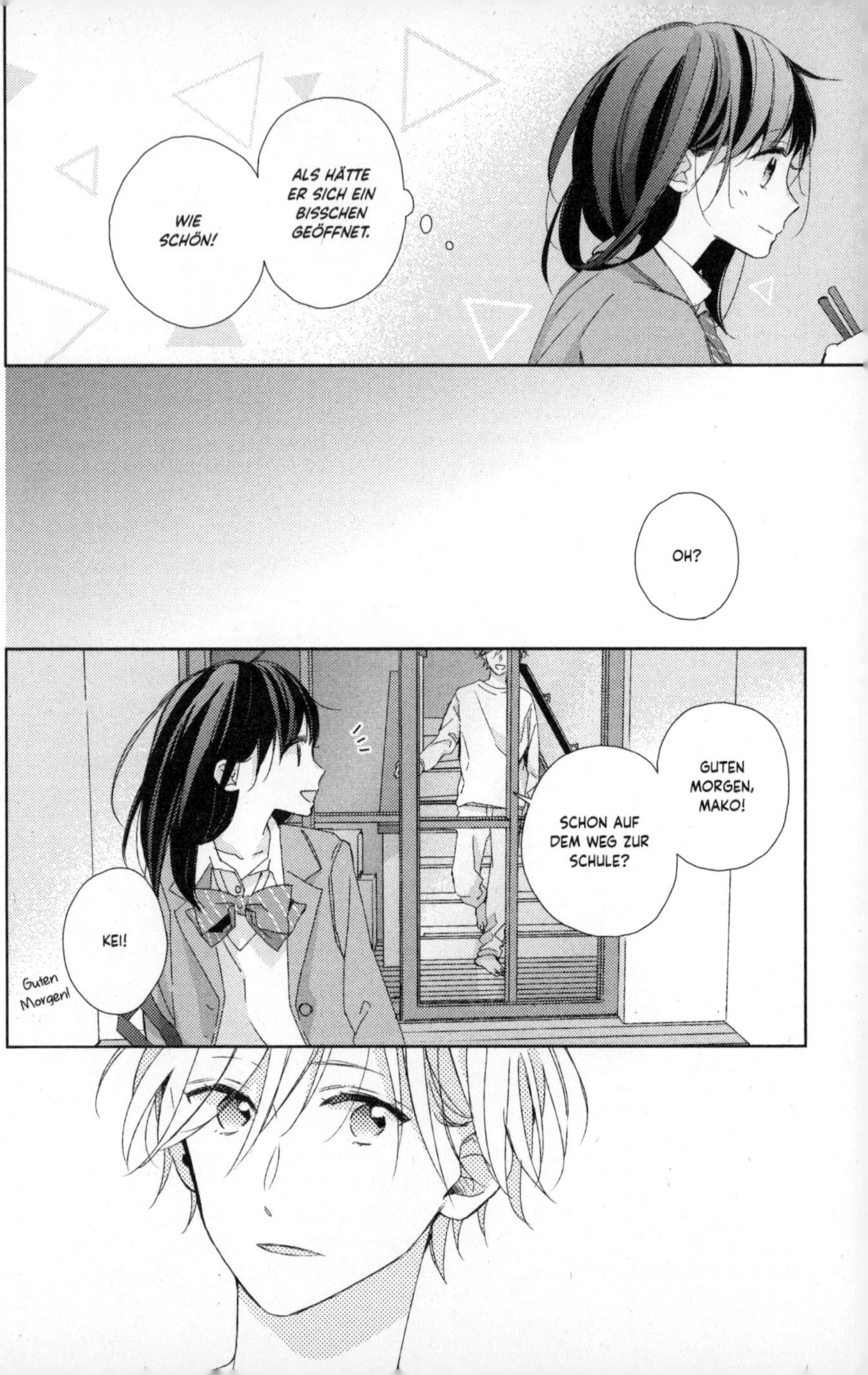

ALS HÄTTE ER SICH EIN BISSCHEN GEÖFFNET.

WIE SCHÖN!

OH?

GUTEN MORGEN, MAKO!

SCHON AUF DEM WEG ZUR SCHULE?

KEI!

Guten Morgen!

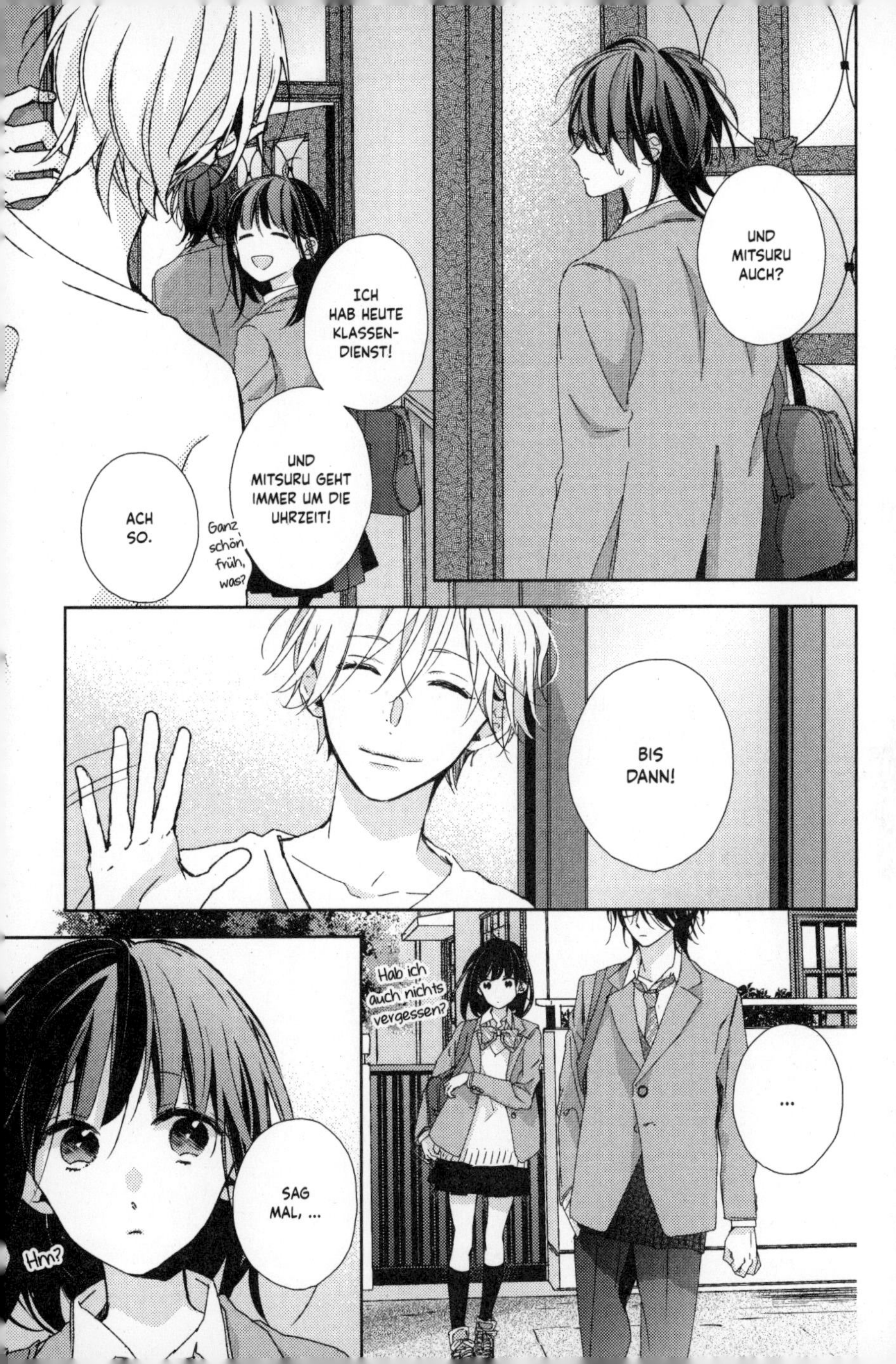
UND MITSURU AUCH?
ICH HAB HEUTE KLASSEN-DIENST!
UND MITSURU GEHT IMMER UM DIE UHRZEIT!
Ganz schön früh, was?
ACH SO.
BIS DANN!
...
Hab ich auch nichts vergessen?
SAG MAL, ...
Hm?

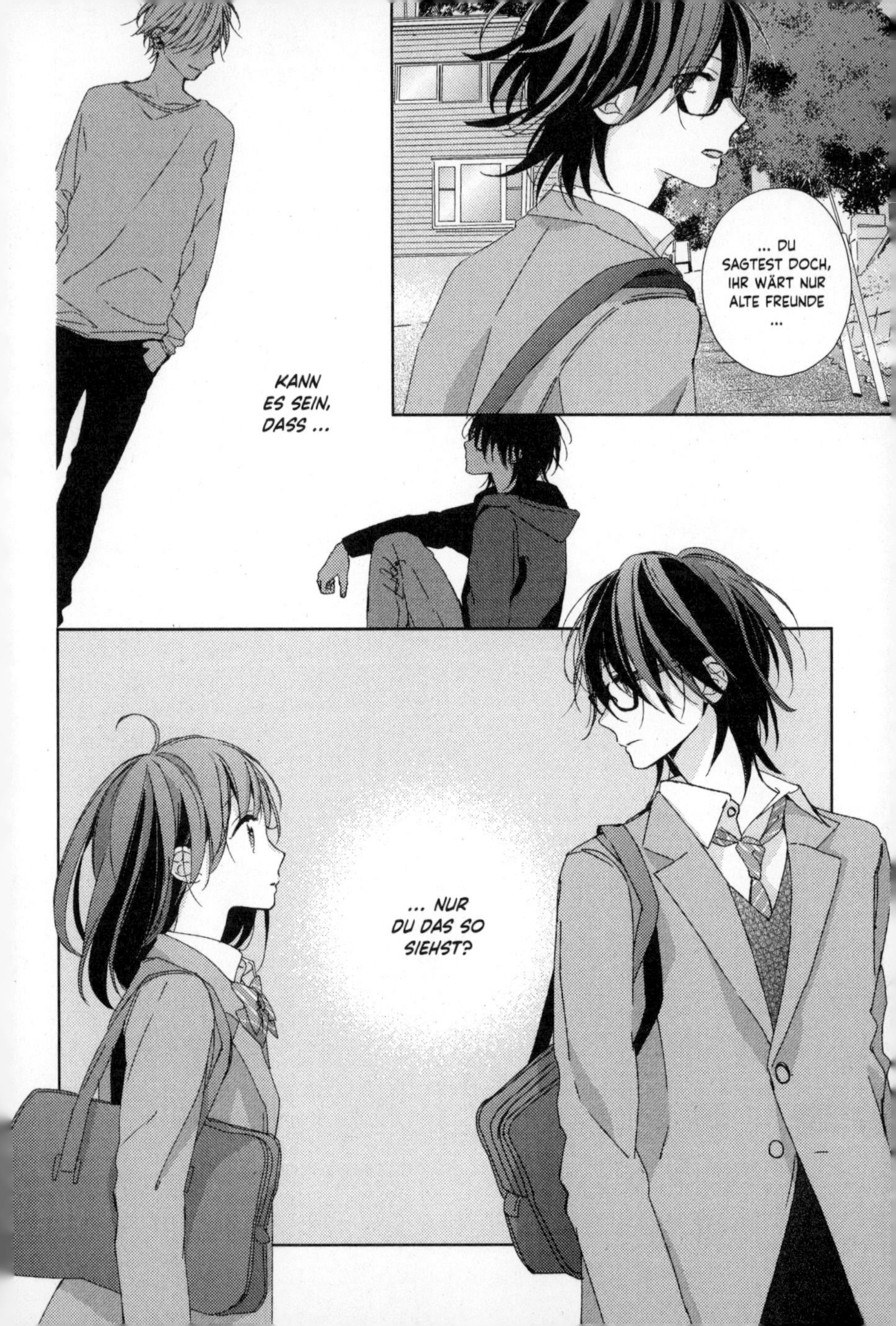
... DU SAGTEST DOCH, IHR WÄRT NUR ALTE FREUNDE ...
KANN ES SEIN, DASS ...
... NUR DU DAS SO SIEHST?

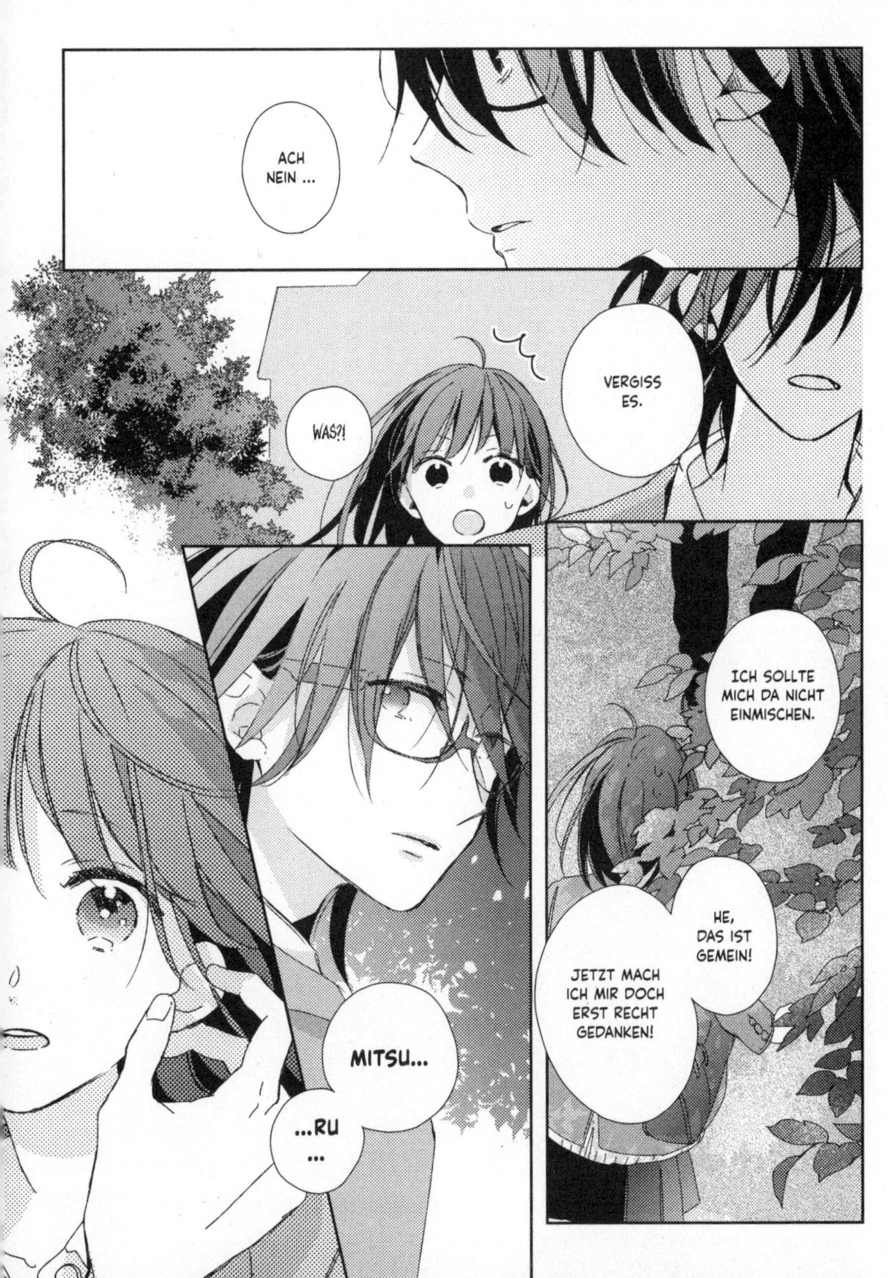
ACH NEIN ...
VERGISS ES.
WAS?!
ICH SOLLTE MICH DA NICHT EINMISCHEN.
HE, DAS IST GEMEIN!
JETZT MACH ICH MIR DOCH ERST RECHT GEDANKEN!
MITSU...
...RU ...

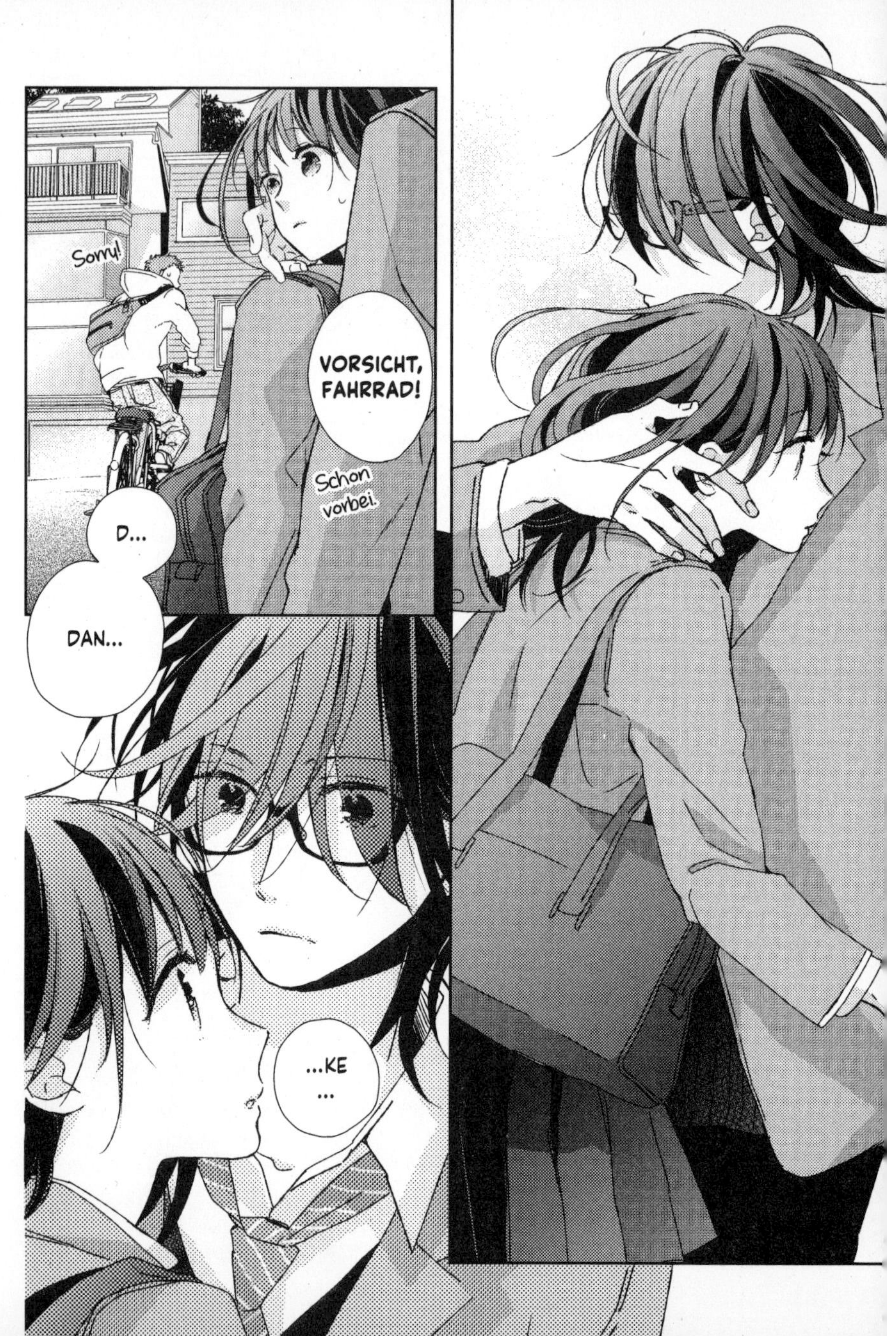
Sorry!
VORSICHT, FAHRRAD!
Schon vorbei.
D...
DAN...
...KE
...

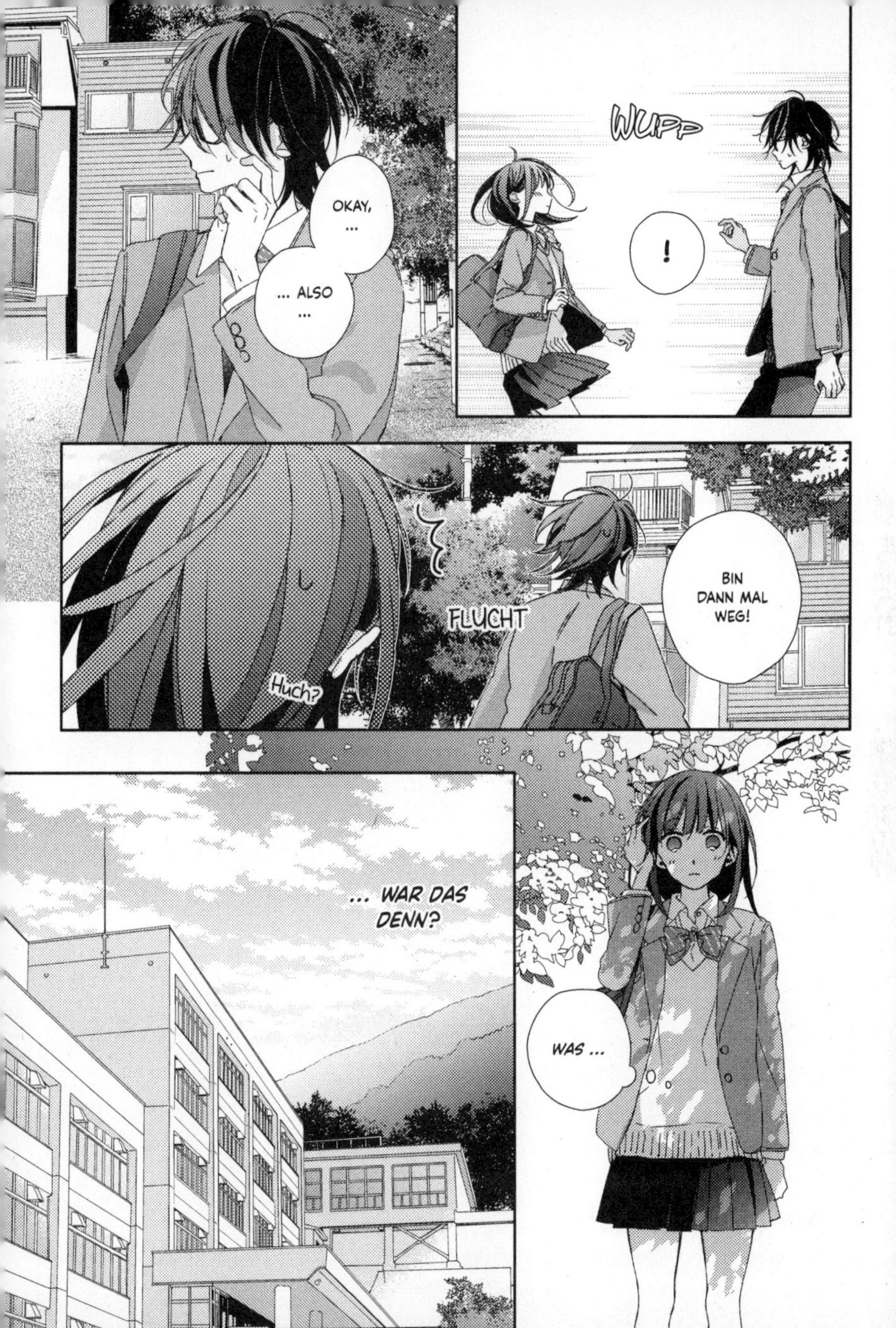
WUPP
!
OKAY, ...
... ALSO ...
BIN DANN MAL WEG!
FLUCHT
Huch?
WAS ...
... WAR DAS DENN?

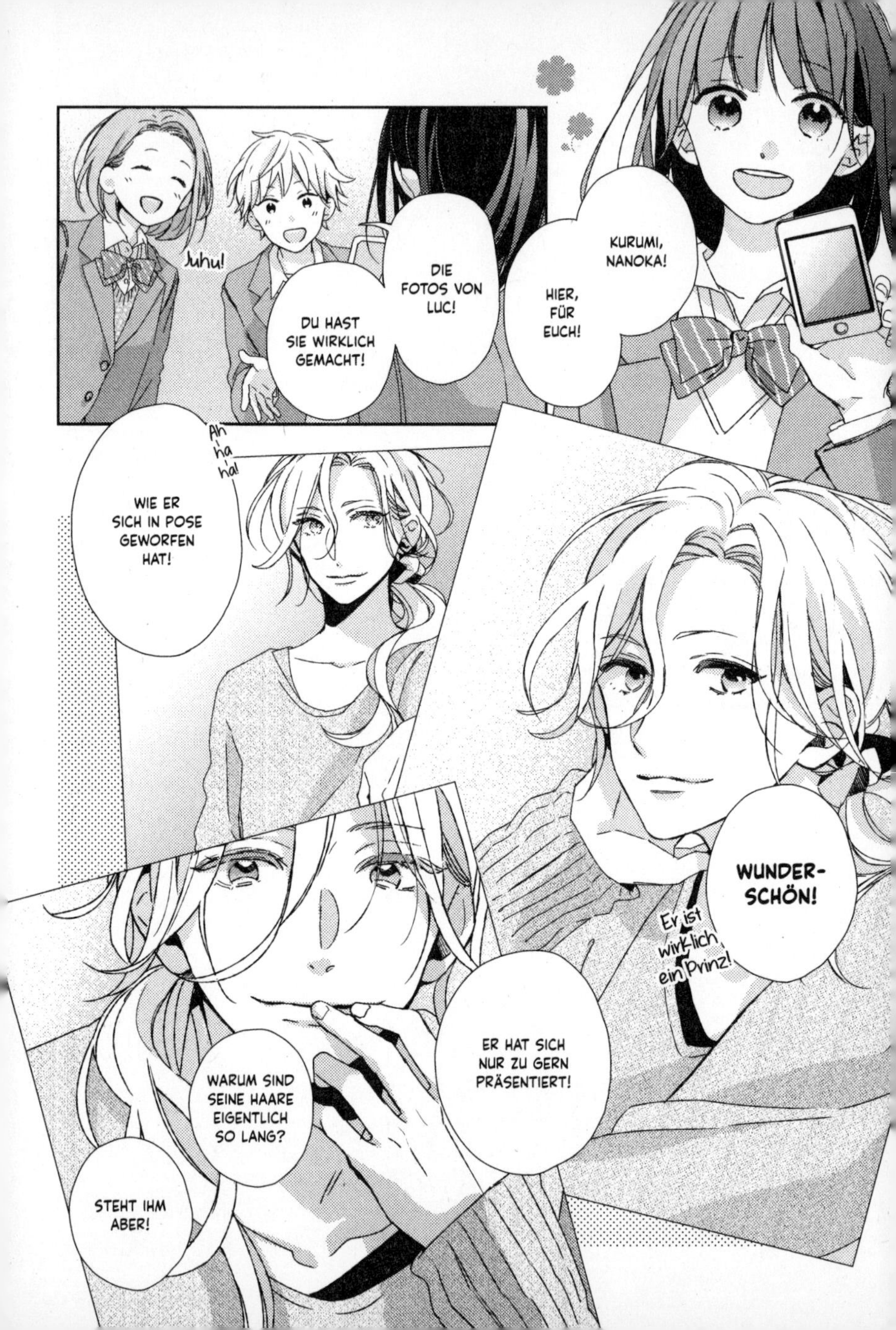
KURUMI, NANOKA!
HIER, FÜR EUCH!
DIE FOTOS VON LUC!
DU HAST SIE WIRKLICH GEMACHT!
Juhu!
WUNDER-SCHÖN!
Er ist wirklich ein Prinz!
WIE ER SICH IN POSE GEWORFEN HAT!
Ah ha ha!
ER HAT SICH NUR ZU GERN PRÄSENTIERT!
WARUM SIND SEINE HAARE EIGENTLICH SO LANG?
STEHT IHM ABER!

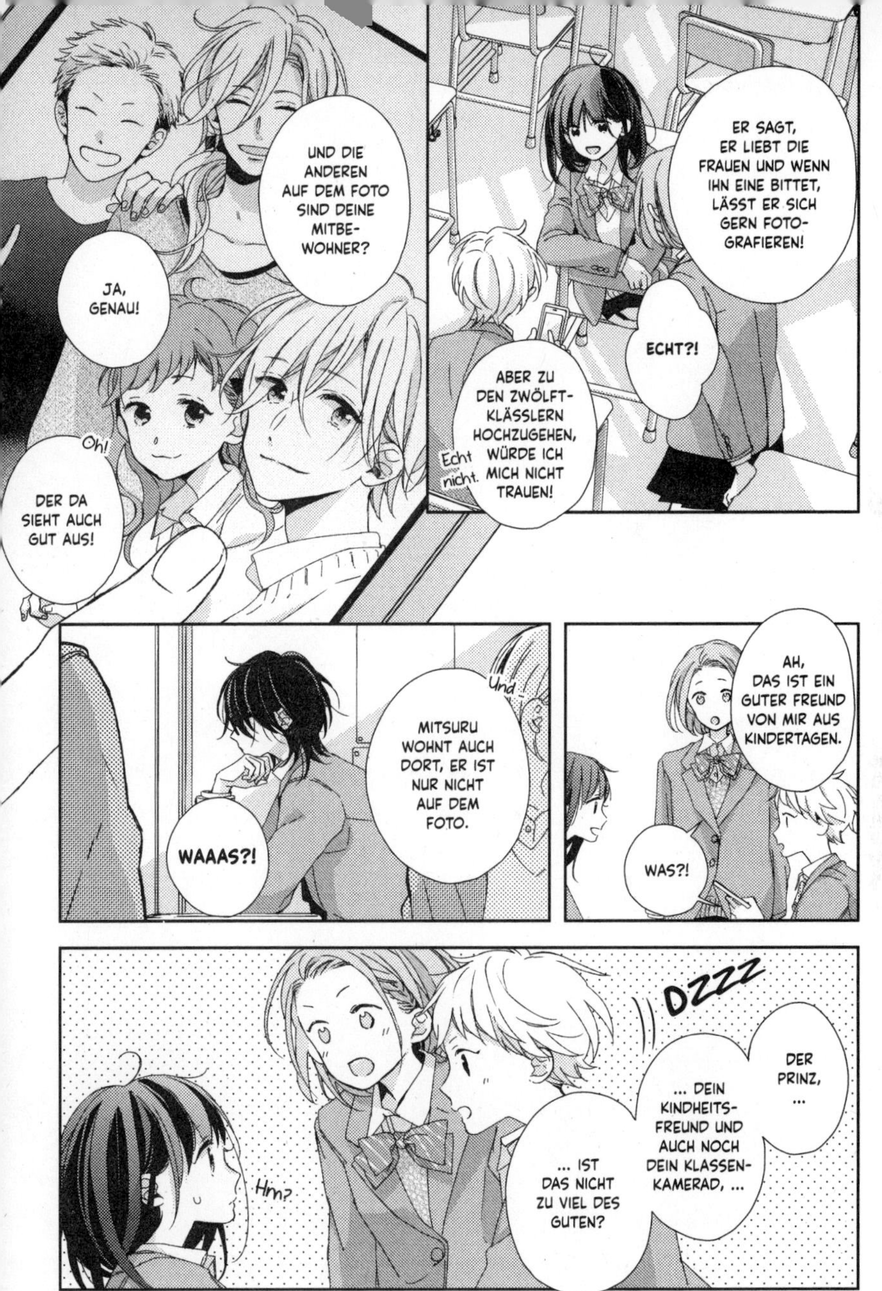
ER SAGT, ER LIEBT DIE FRAUEN UND WENN IHN EINE BITTET, LÄSST ER SICH GERN FOTOGRAFIEREN!
ECHT?!
ABER ZU DEN ZWÖLFTKLÄSSLERN HOCHZUGEHEN, WÜRDE ICH MICH NICHT TRAUEN!
Echt nicht.
UND DIE ANDEREN AUF DEM FOTO SIND DEINE MITBEWOHNER?
JA, GENAU!
Oh!
DER DA SIEHT AUCH GUT AUS!
AH, DAS IST EIN GUTER FREUND VON MIR AUS KINDERTAGEN.
WAS?!
Und ...
MITSURU WOHNT AUCH DORT, ER IST NUR NICHT AUF DEM FOTO.
WAAAS?!
DZZZ
DER PRINZ, ...
... DEIN KINDHEITSFREUND UND AUCH NOCH DEIN KLASSENKAMERAD, ...
... IST DAS NICHT ZU VIEL DES GUTEN?
Hm?

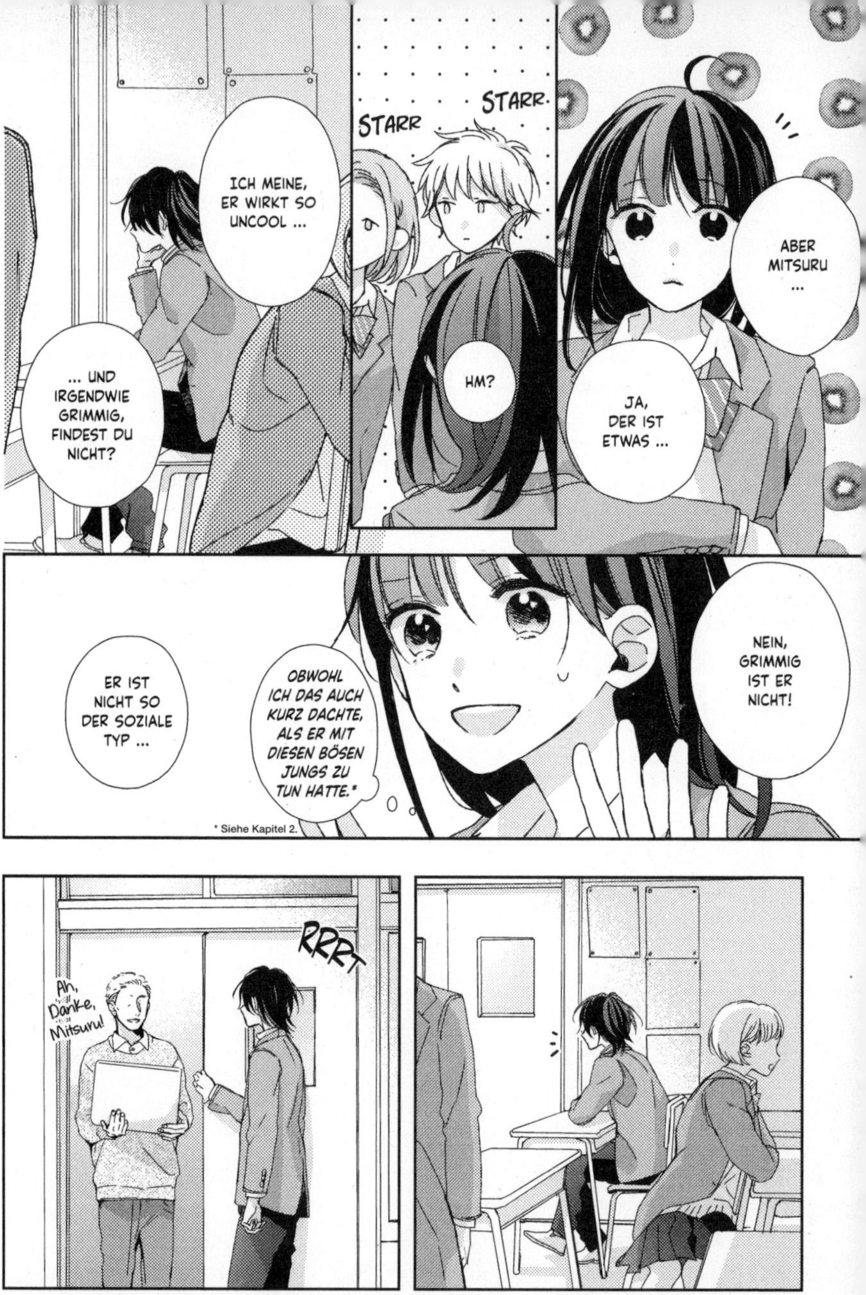

ABER MITSURU ...

JA, DER IST ETWAS ...

STARR.

STARR

HM?

ICH MEINE, ER WIRKT SO UNCOOL ...

... UND IRGENDWIE GRIMMIG, FINDEST DU NICHT?

NEIN, GRIMMIG IST ER NICHT!

OBWOHL ICH DAS AUCH KURZ DACHTE, ALS ER MIT DIESEN BÖSEN JUNGS ZU TUN HATTE.*

ER IST NICHT SO DER SOZIALE TYP ...

* Siehe Kapitel 2.

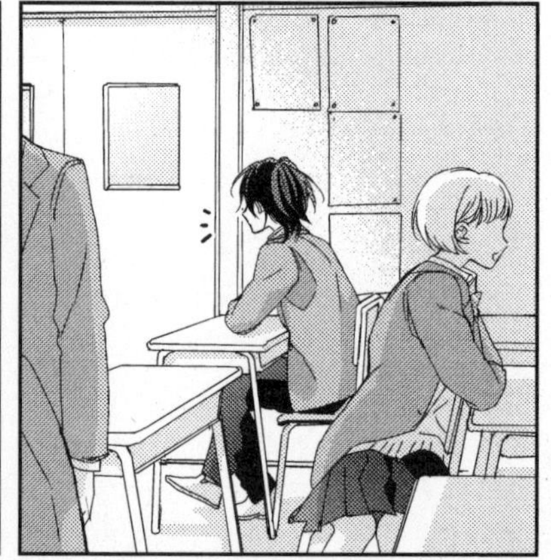

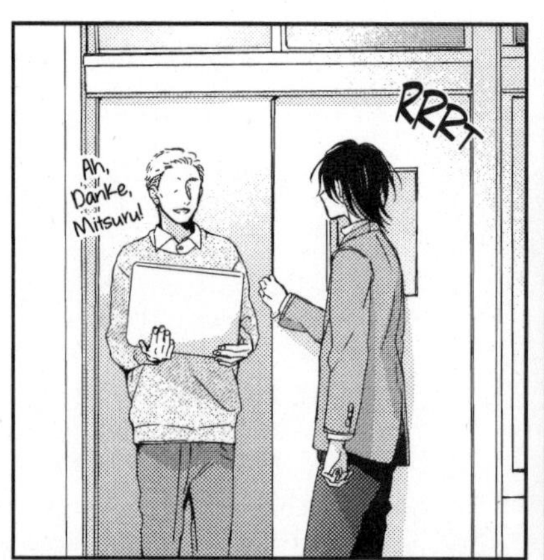

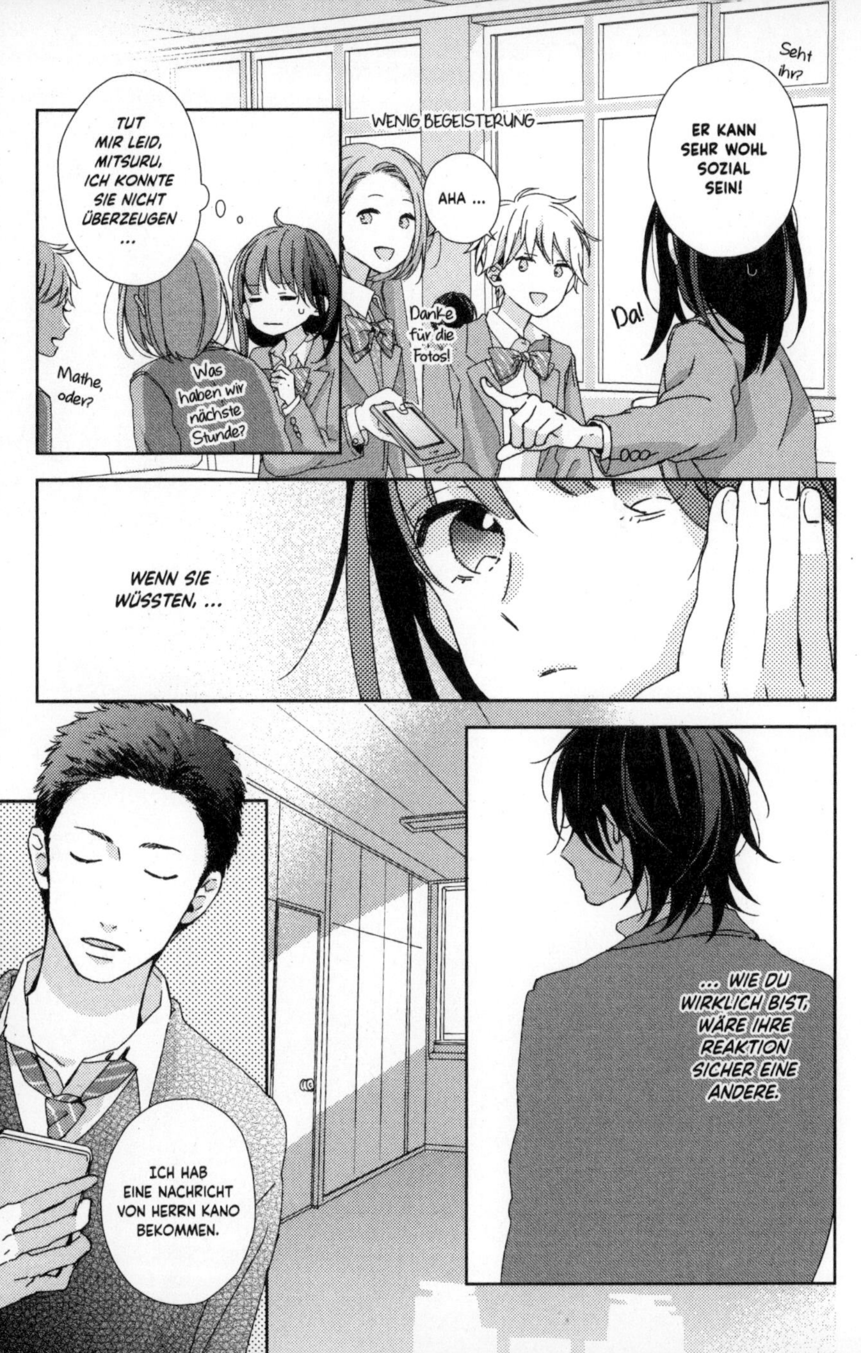

Seht ihr?
ER KANN SEHR WOHL SOZIAL SEIN!
Da!
WENIG BEGEISTERUNG
AHA ...
Danke für die Fotos!
TUT MIR LEID, MITSURU, ICH KONNTE SIE NICHT ÜBERZEUGEN ...
Was haben wir nächste Stunde?
Mathe, oder?
WENN SIE WÜSSTEN, ...
... WIE DU WIRKLICH BIST, WÄRE IHRE REAKTION SICHER EINE ANDERE.
ICH HAB EINE NACHRICHT VON HERRN KANO BEKOMMEN.

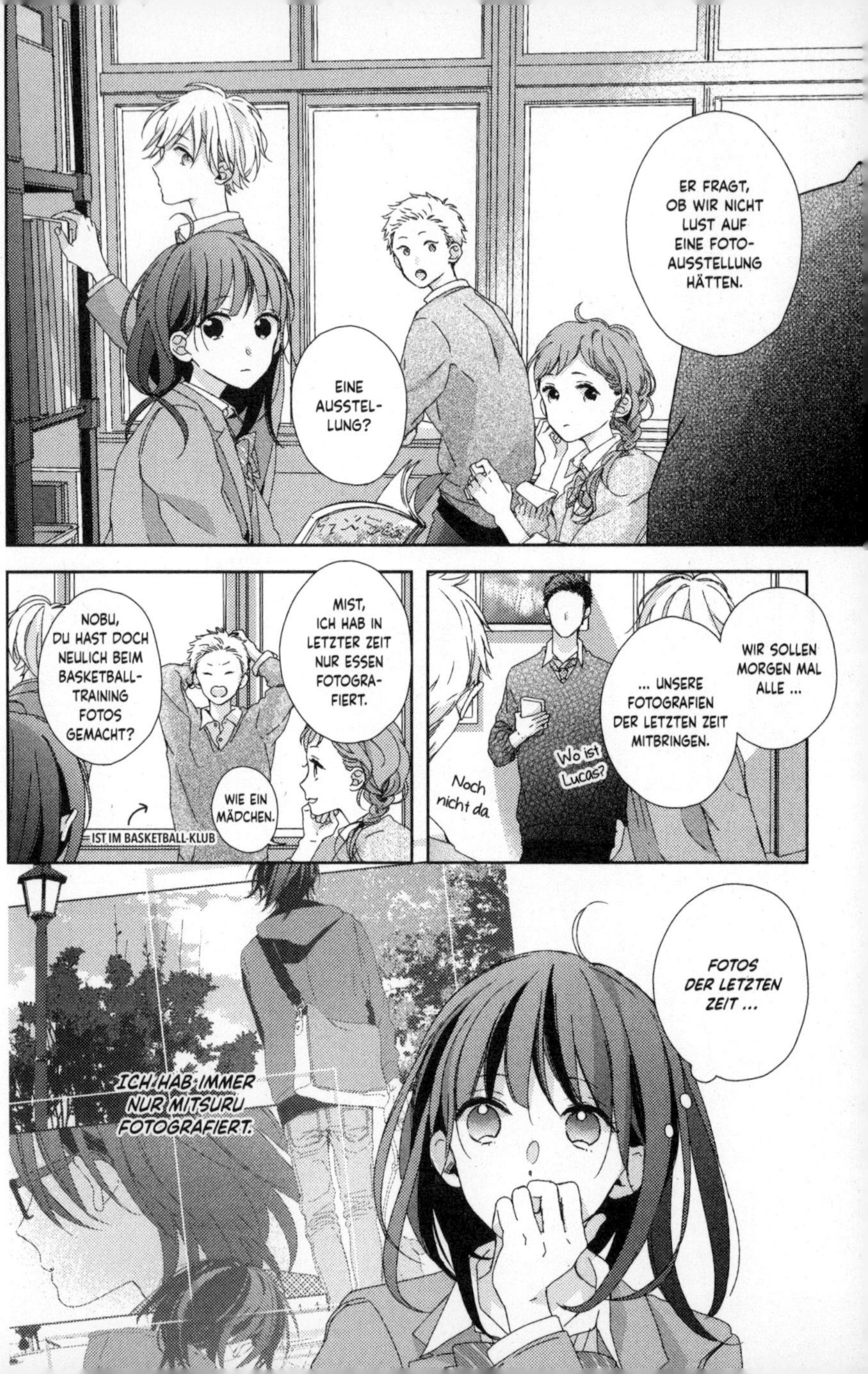

ER FRAGT, OB WIR NICHT LUST AUF EINE FOTO-AUSSTELLUNG HÄTTEN.

EINE AUSSTEL-LUNG?

WIR SOLLEN MORGEN MAL ALLE ...

... UNSERE FOTOGRAFIEN DER LETZTEN ZEIT MITBRINGEN.

Wo ist Lucas?

Noch nicht da.

MIST, ICH HAB IN LETZTER ZEIT NUR ESSEN FOTOGRAFIERT.

NOBU, DU HAST DOCH NEULICH BEIM BASKETBALL-TRAINING FOTOS GEMACHT?

WIE EIN MÄDCHEN.

= IST IM BASKETBALL-KLUB

FOTOS DER LETZTEN ZEIT ...

ICH HAB IMMER NUR MITSURU FOTOGRAFIERT.

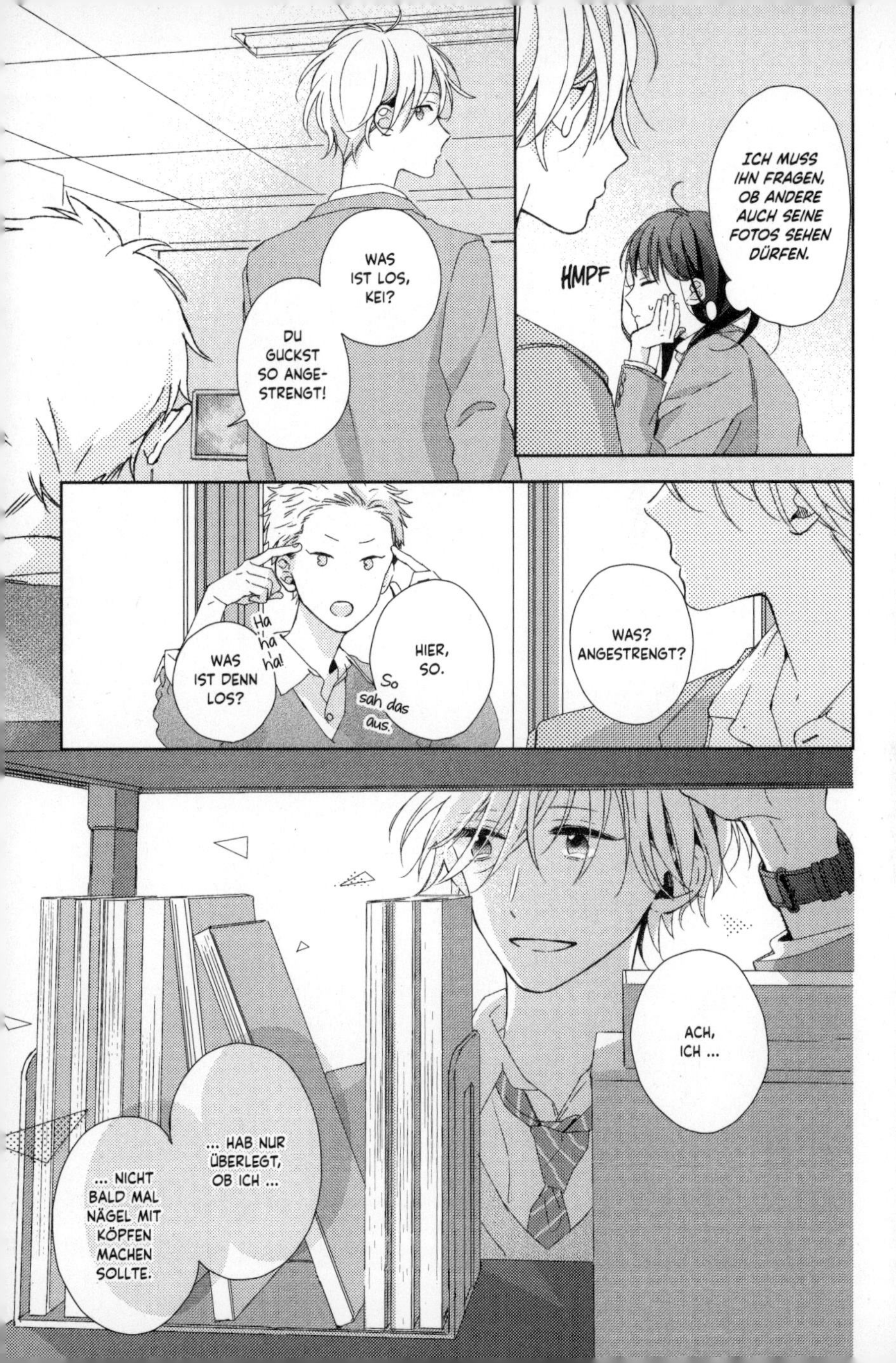
ICH MUSS IHN FRAGEN, OB ANDERE AUCH SEINE FOTOS SEHEN DÜRFEN.
HMPF
WAS IST LOS, KEI?
DU GUCKST SO ANGE-STRENGT!
WAS? ANGESTRENGT?
HIER, SO.
So sah das aus.
Ha ha ha!
WAS IST DENN LOS?
ACH, ICH ...
... HAB NUR ÜBERLEGT, OB ICH ...
... NICHT BALD MAL NÄGEL MIT KÖPFEN MACHEN SOLLTE.

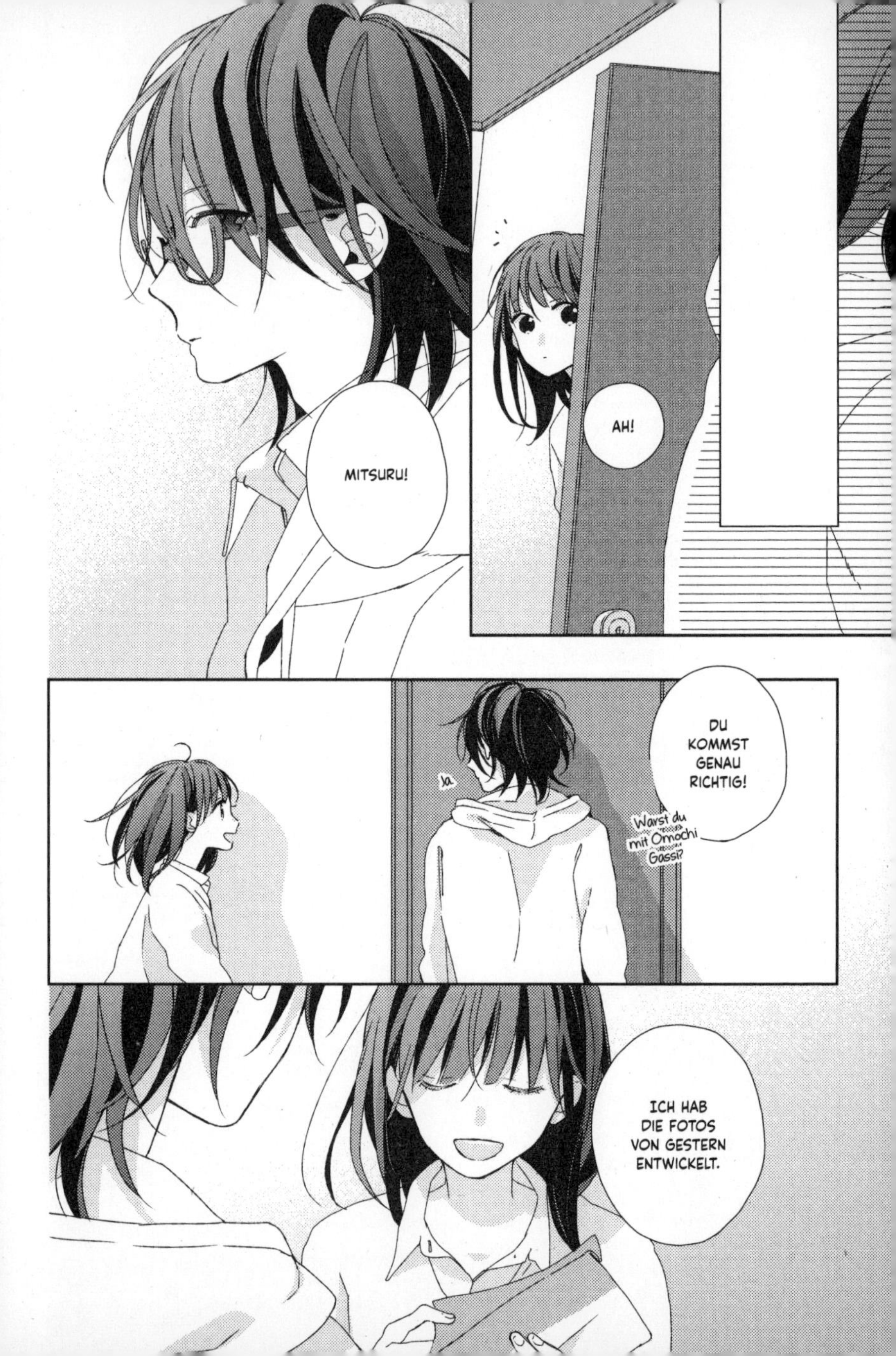
AH!
MITSURU!
DU KOMMST GENAU RICHTIG!
Warst du mit Omochi Gassi?
Ja.
ICH HAB DIE FOTOS VON GESTERN ENTWICKELT.

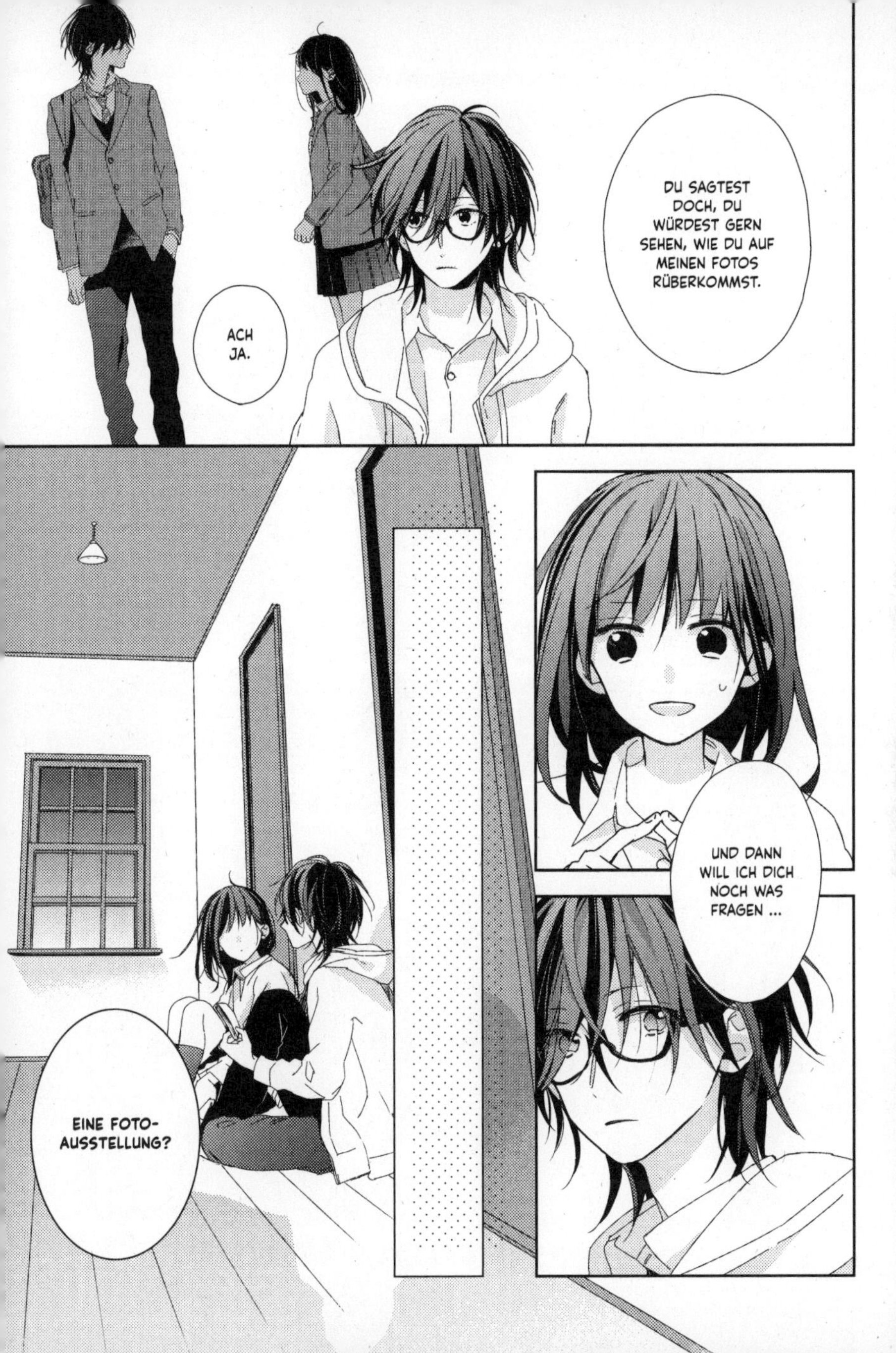
DU SAGTEST DOCH, DU WÜRDEST GERN SEHEN, WIE DU AUF MEINEN FOTOS RÜBERKOMMST.
ACH JA.
UND DANN WILL ICH DICH NOCH WAS FRAGEN ...
EINE FOTO-AUSSTELLUNG?

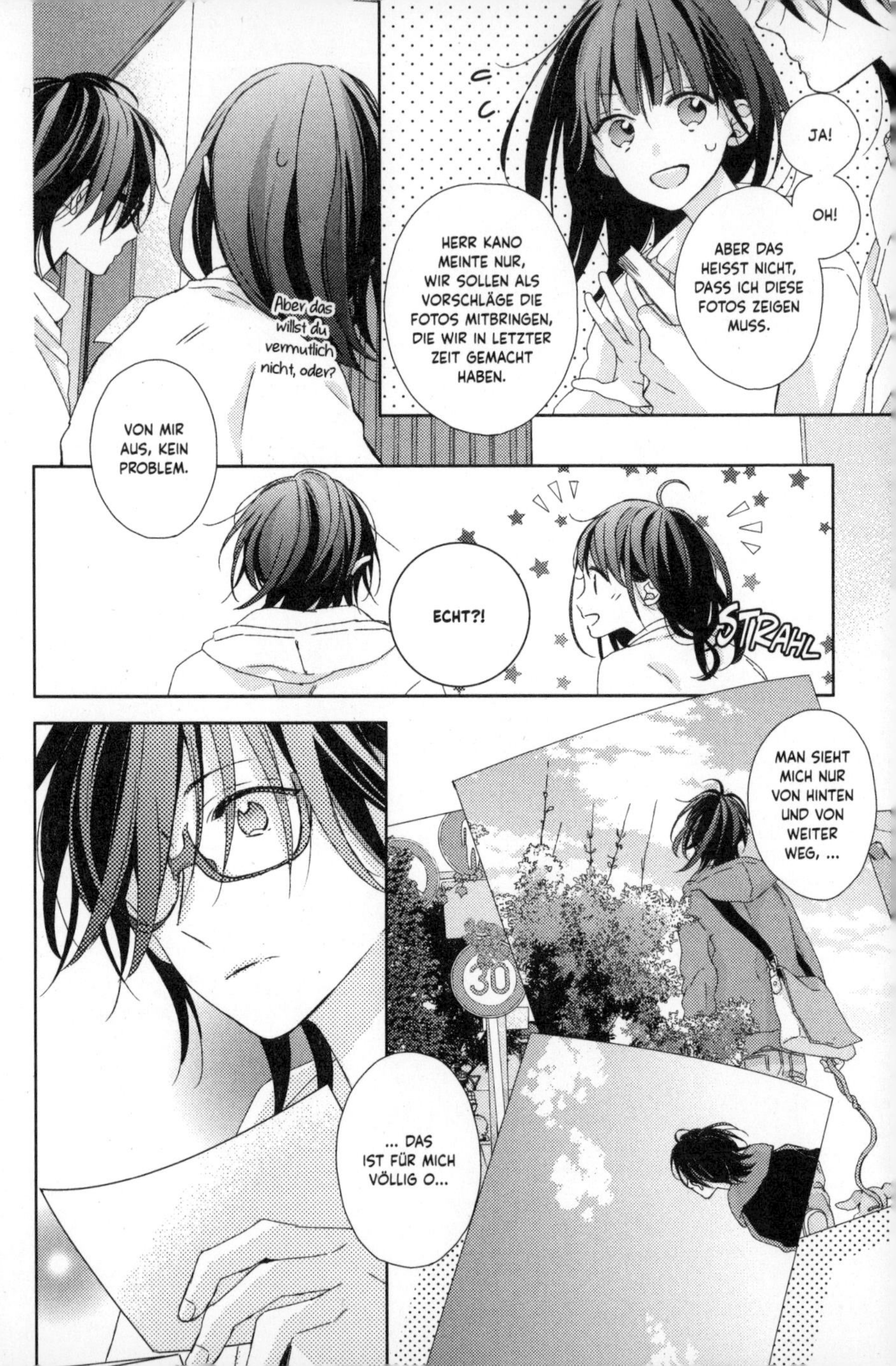
JA!
OH!
ABER DAS HEISST NICHT, DASS ICH DIESE FOTOS ZEIGEN MUSS.
HERR KANO MEINTE NUR, WIR SOLLEN ALS VORSCHLÄGE DIE FOTOS MITBRINGEN, DIE WIR IN LETZTER ZEIT GEMACHT HABEN.
Aber das willst du vermutlich nicht, oder?
VON MIR AUS, KEIN PROBLEM.
STRAHL
ECHT?!
MAN SIEHT MICH NUR VON HINTEN UND VON WEITER WEG, ...
30
... DAS IST FÜR MICH VÖLLIG O...

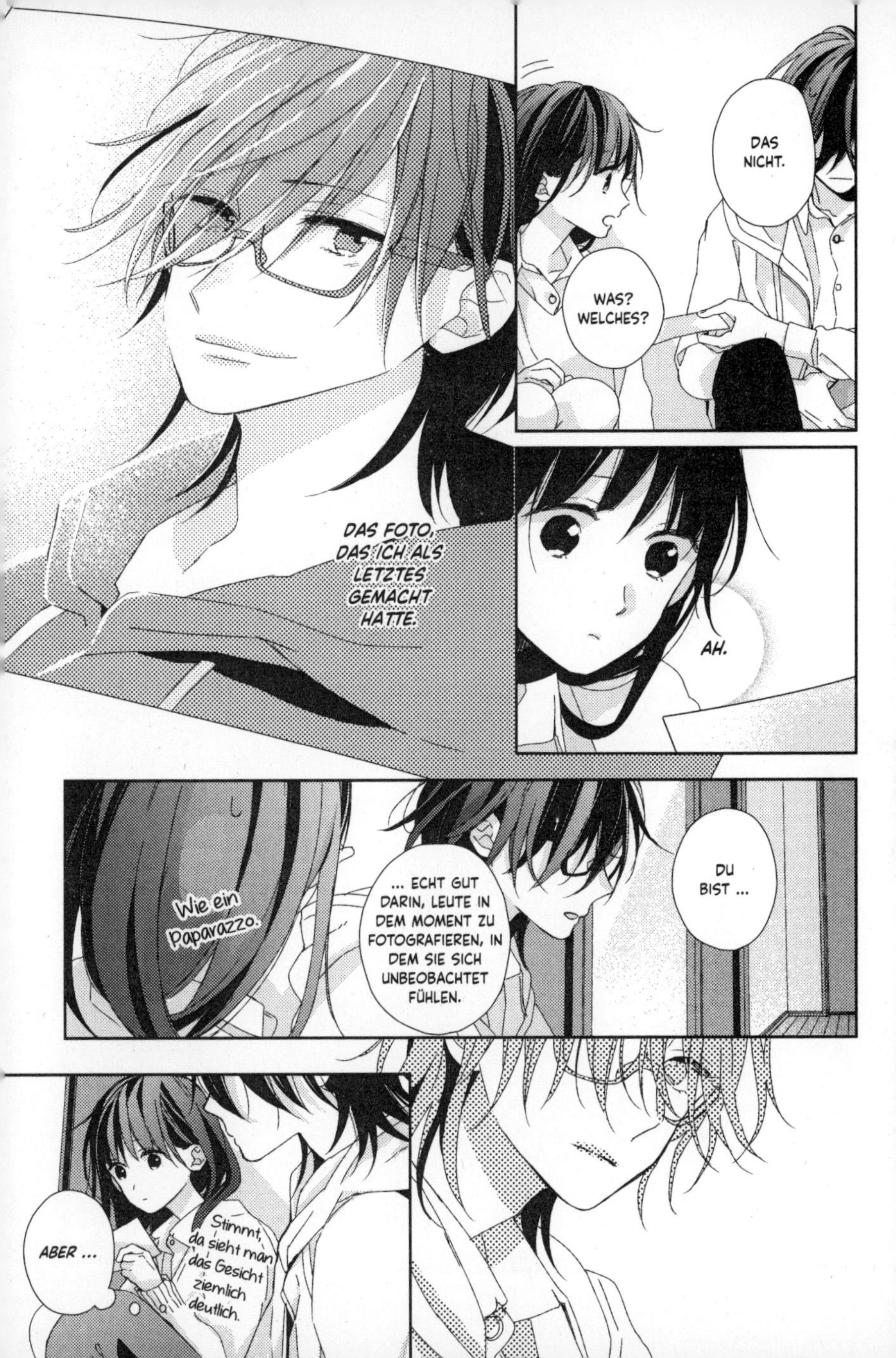

DAS NICHT.
WAS? WELCHES?
DAS FOTO, DAS ICH ALS LETZTES GEMACHT HATTE.
AH.
DU BIST ...
... ECHT GUT DARIN, LEUTE IN DEM MOMENT ZU FOTOGRAFIEREN, IN DEM SIE SICH UNBEOBACHTET FÜHLEN.
Wie ein Paparazzo.
Stimmt, da sieht man das Gesicht ziemlich deutlich.
ABER ...

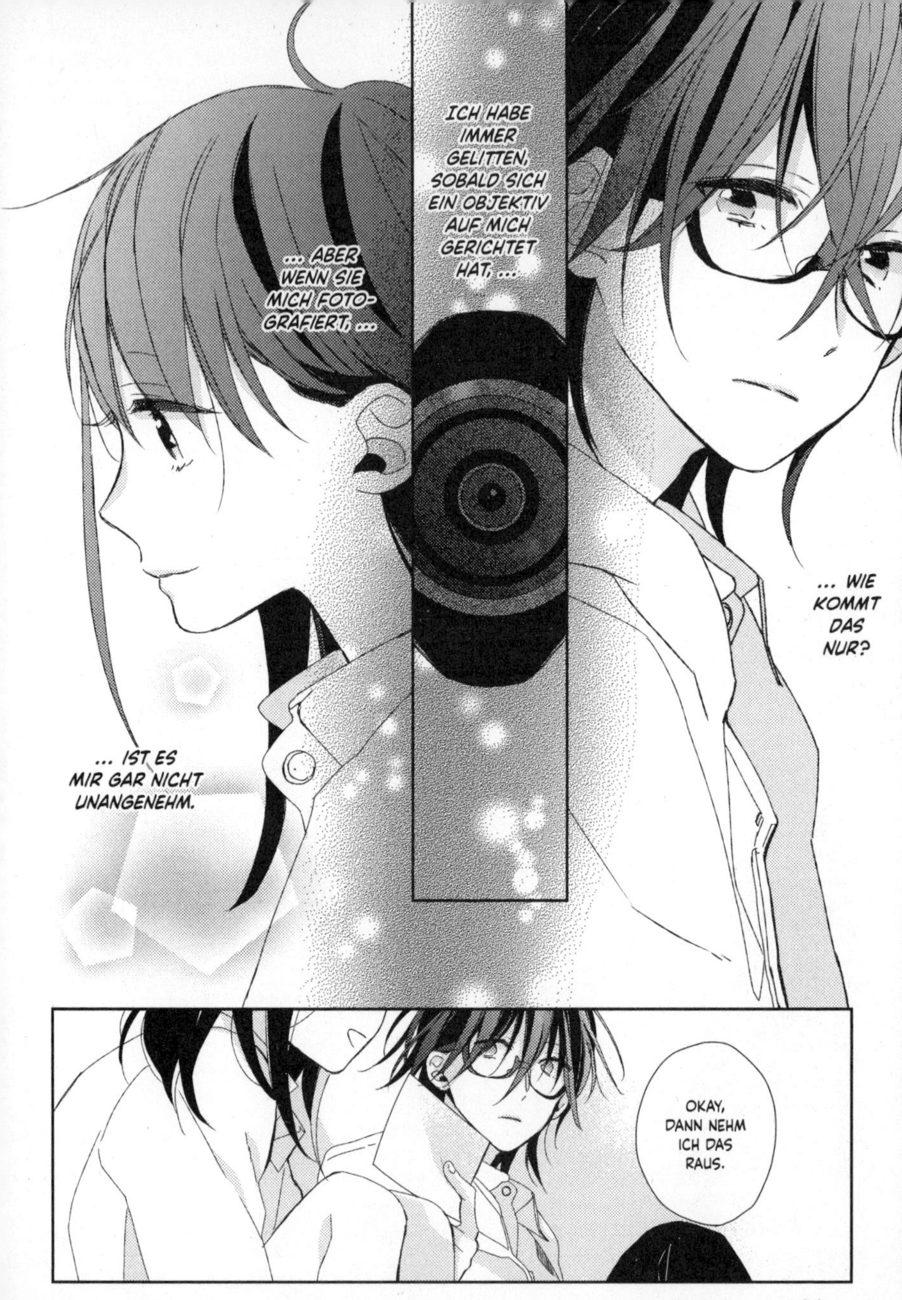
ICH HABE IMMER GELITTEN, SOBALD SICH EIN OBJEKTIV AUF MICH GERICHTET HAT, ...
... ABER WENN SIE MICH FOTO-GRAFIERT, ...
... IST ES MIR GAR NICHT UNANGENEHM.
... WIE KOMMT DAS NUR?
OKAY, DANN NEHM ICH DAS RAUS.

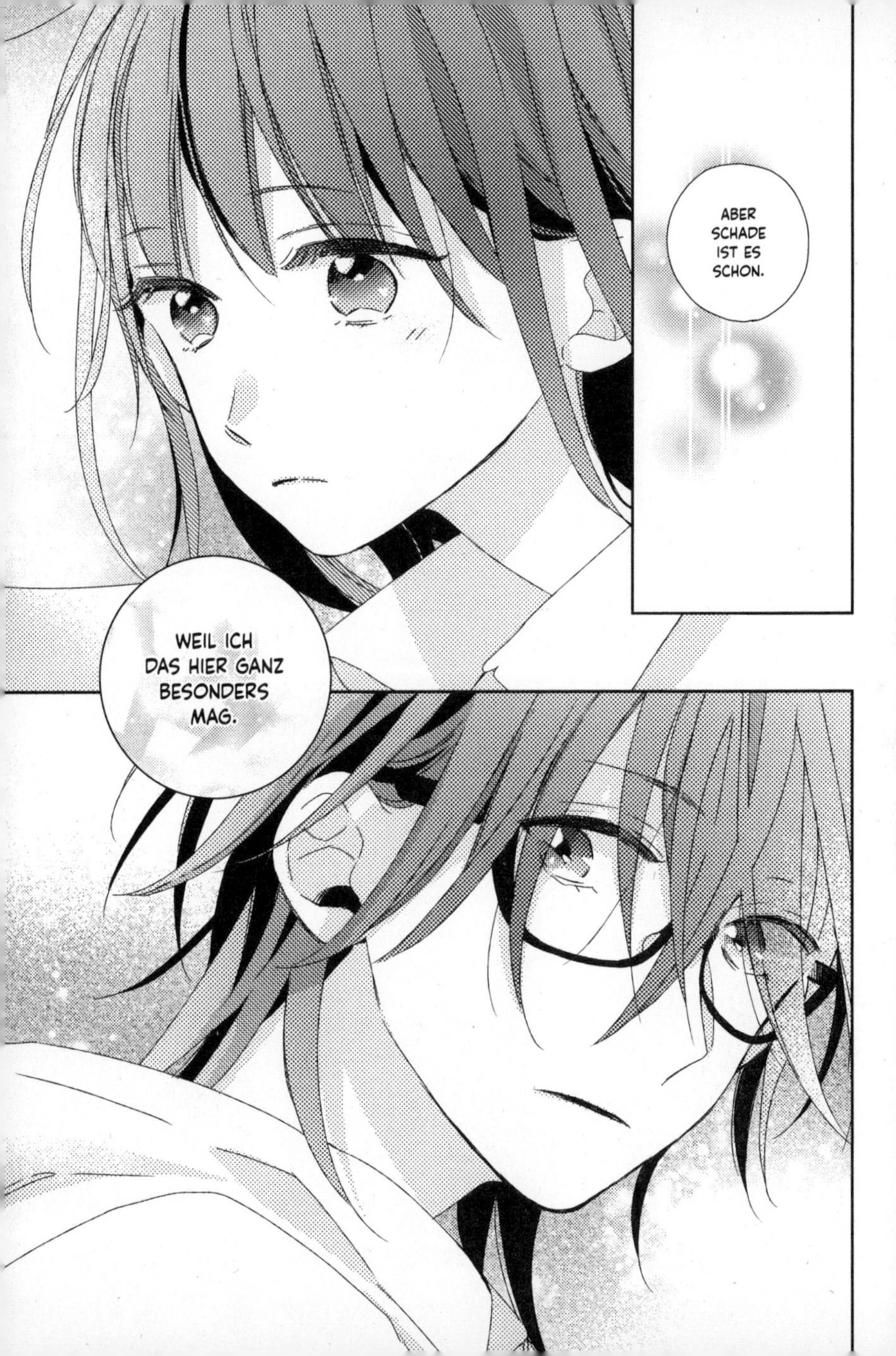
ABER SCHADE IST ES SCHON.
WEIL ICH DAS HIER GANZ BESONDERS MAG.

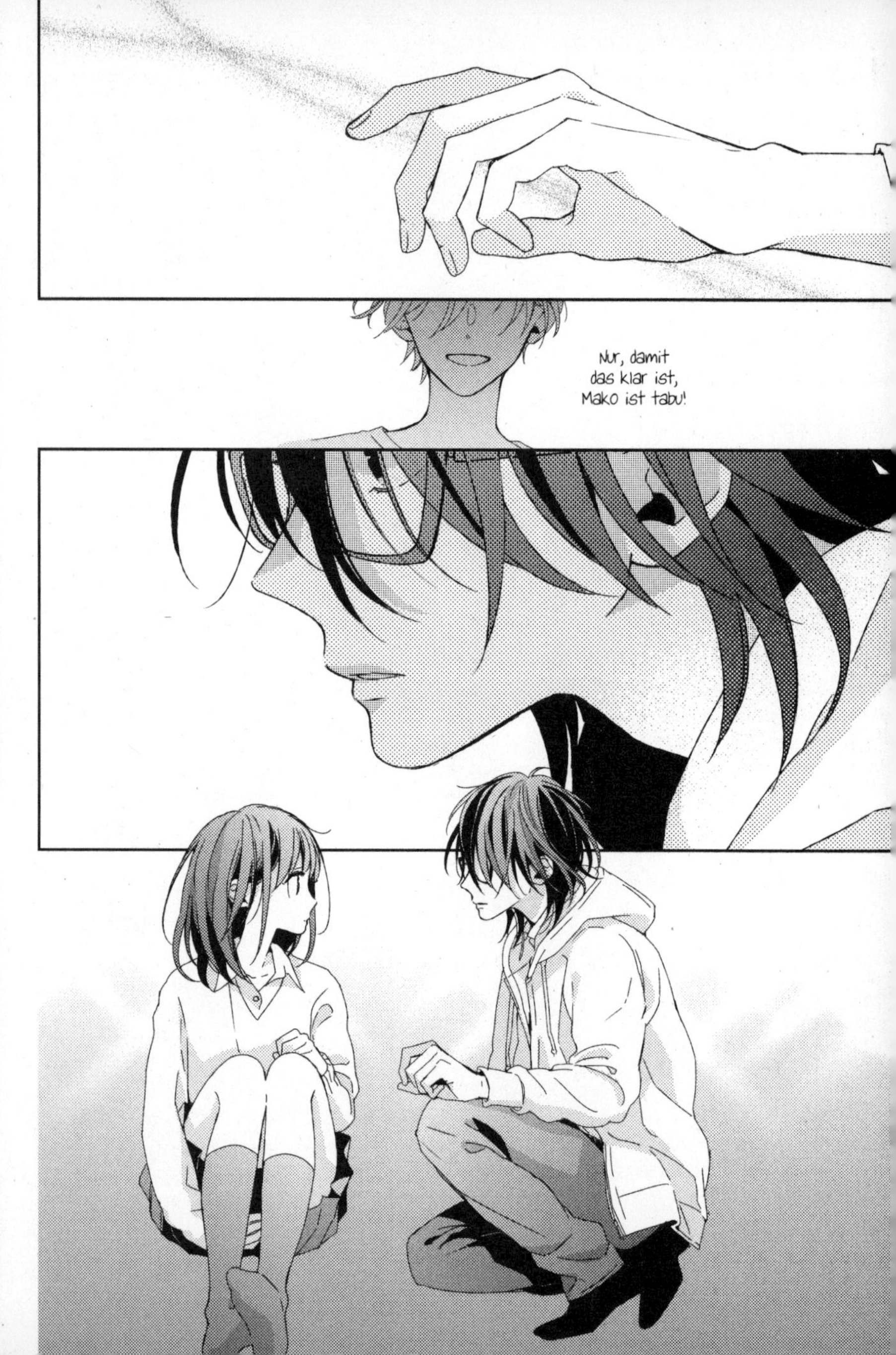
Nur, damit
das klar ist,
Mako ist tabu!

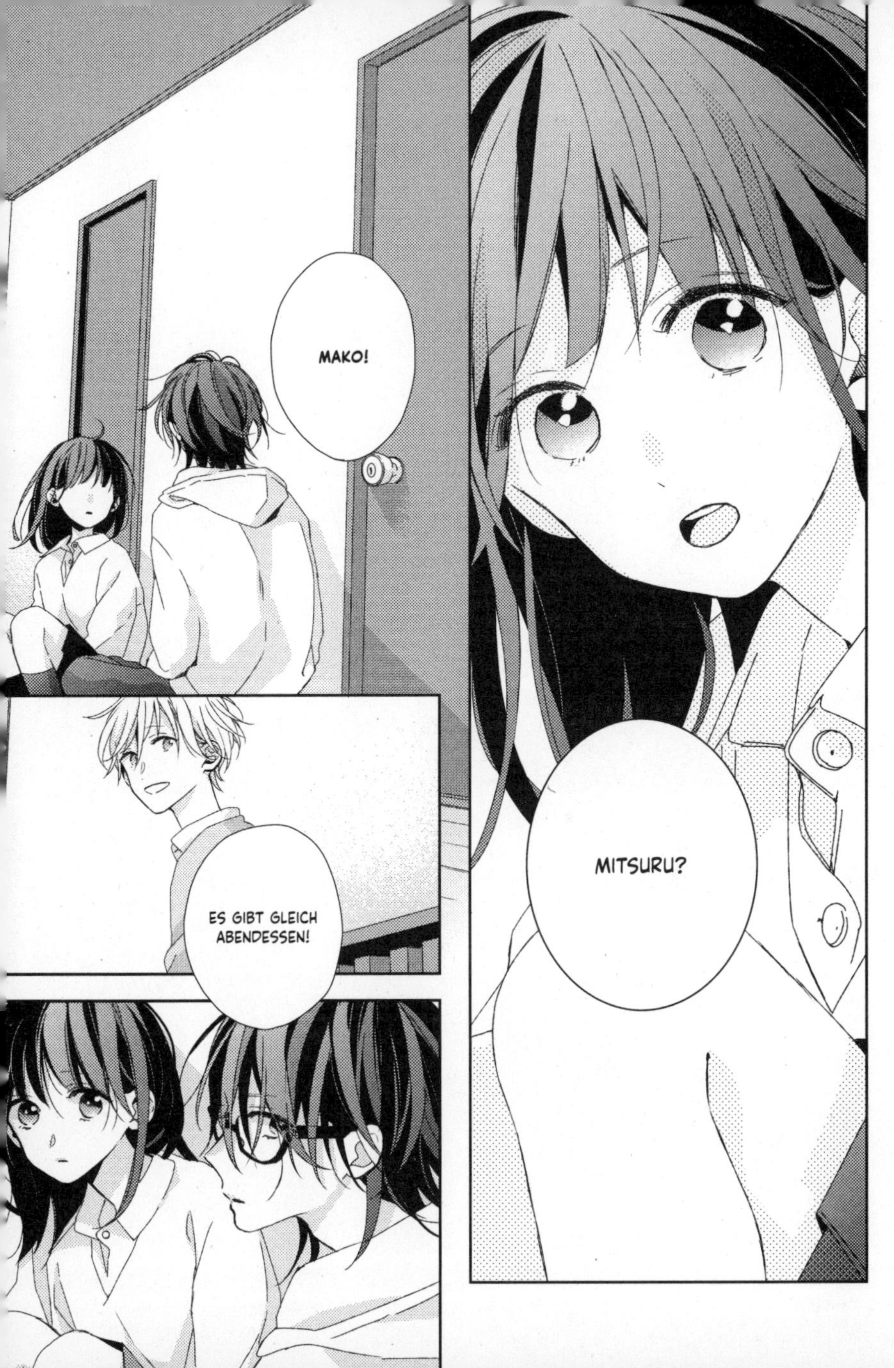
MITSURU?
MAKO!
ES GIBT GLEICH ABENDESSEN!

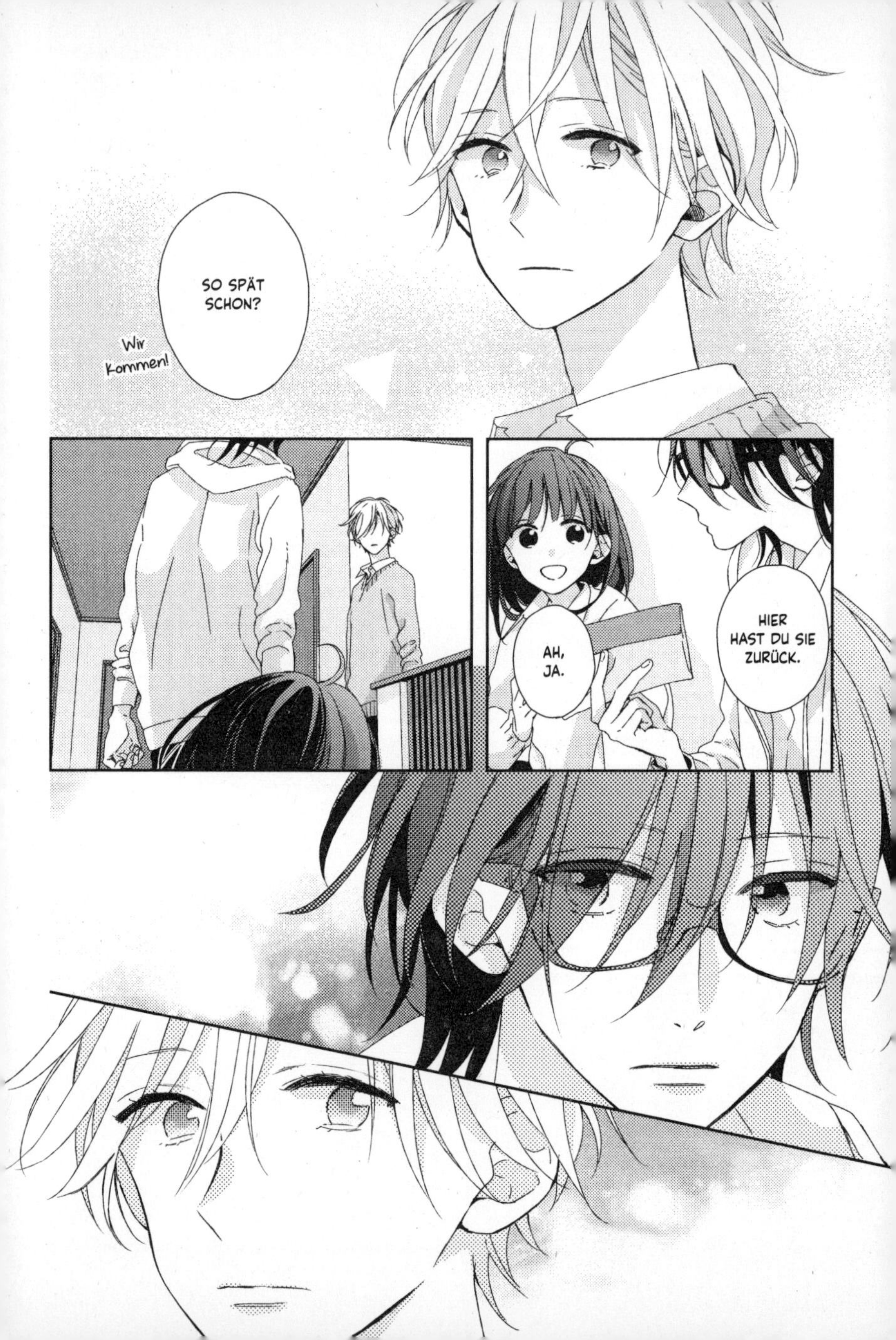
SO SPÄT SCHON?
Wir Kommen!
HIER HAST DU SIE ZURÜCK.
AH, JA.

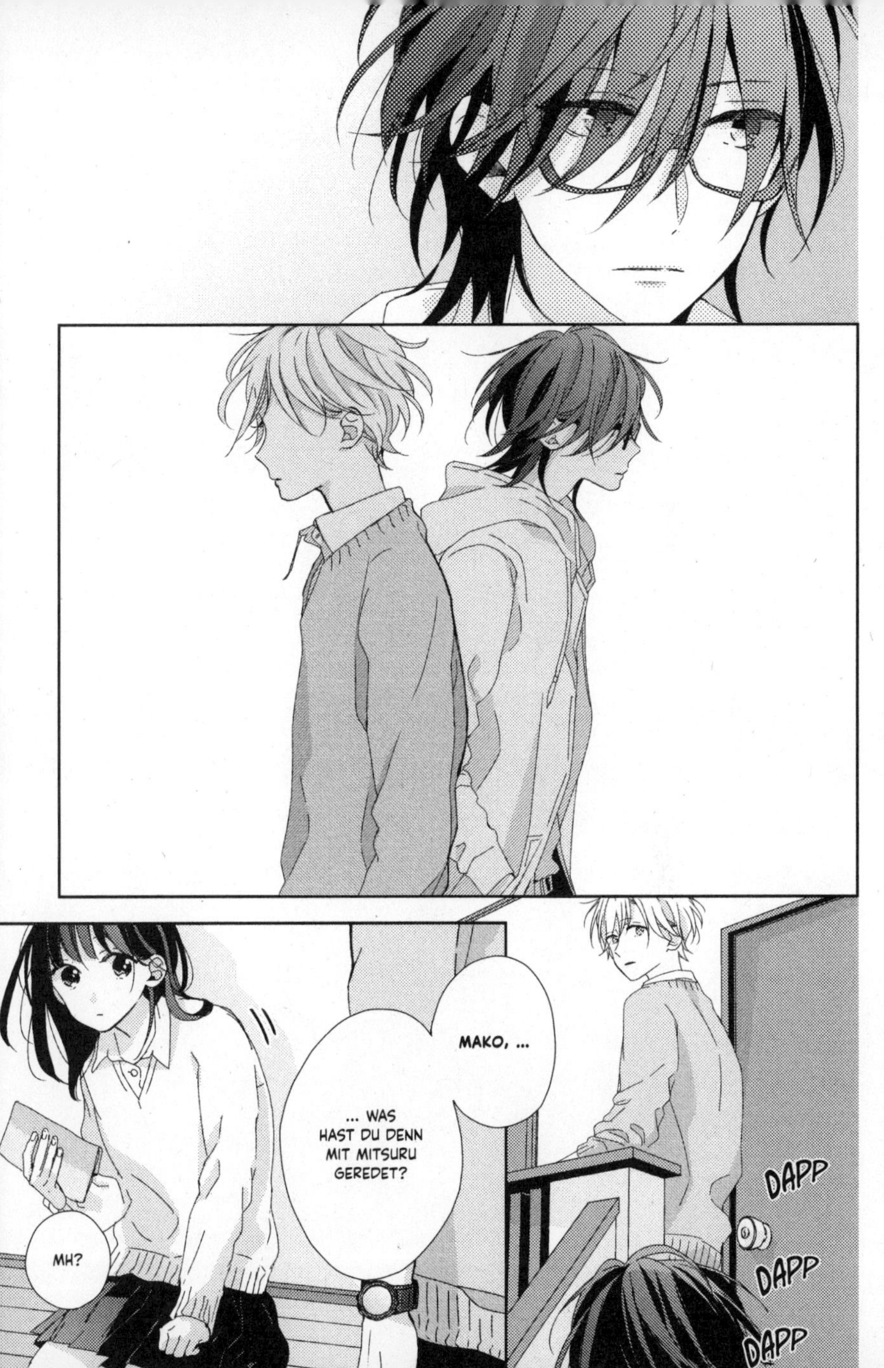

MAKO, ...
... WAS HAST DU DENN MIT MITSURU GEREDET?
MH?
DAPP
DAPP
DAPP

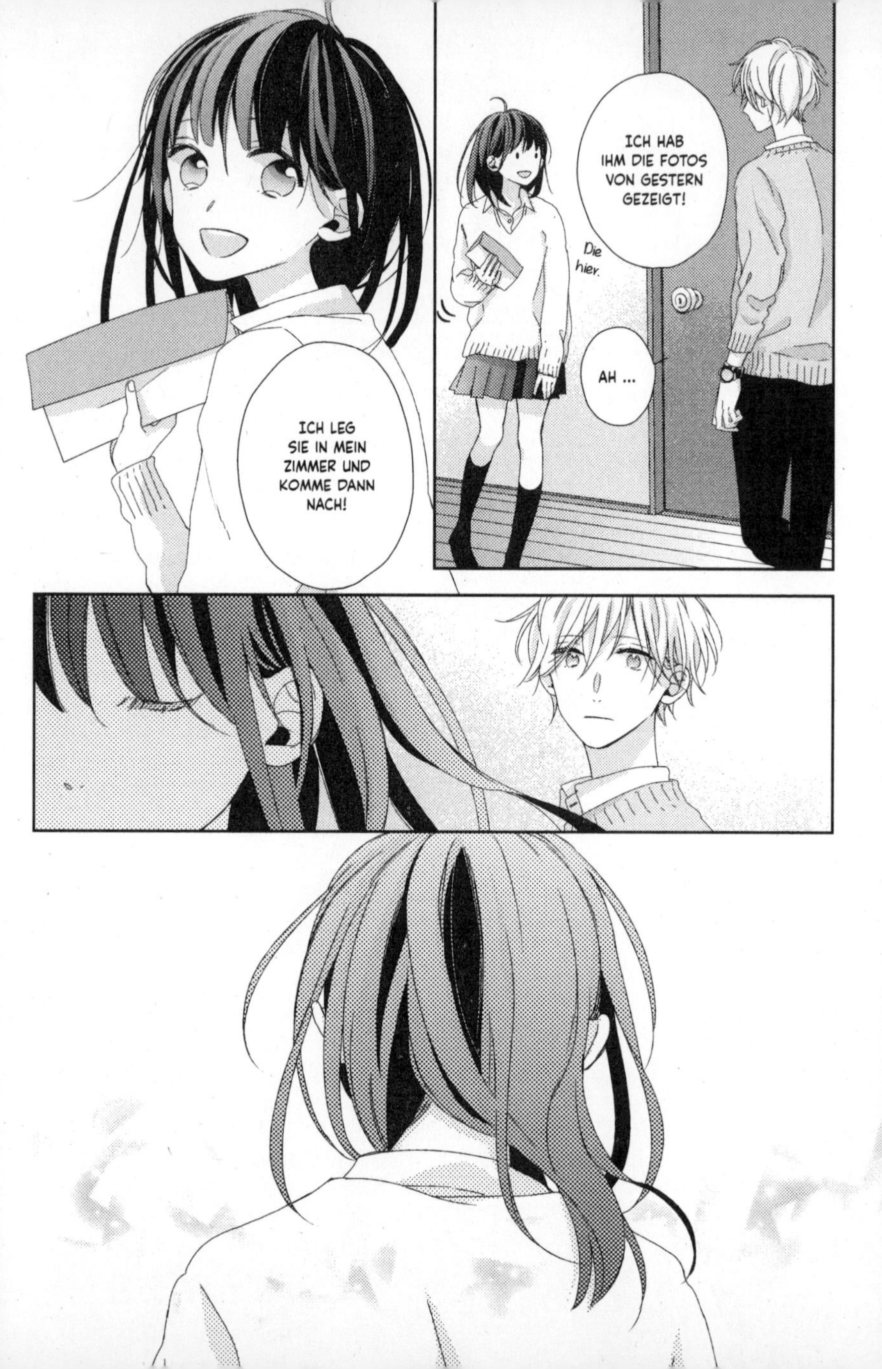
ICH HAB IHM DIE FOTOS VON GESTERN GEZEIGT!
Die hier.
AH ...
ICH LEG SIE IN MEIN ZIMMER UND KOMME DANN NACH!

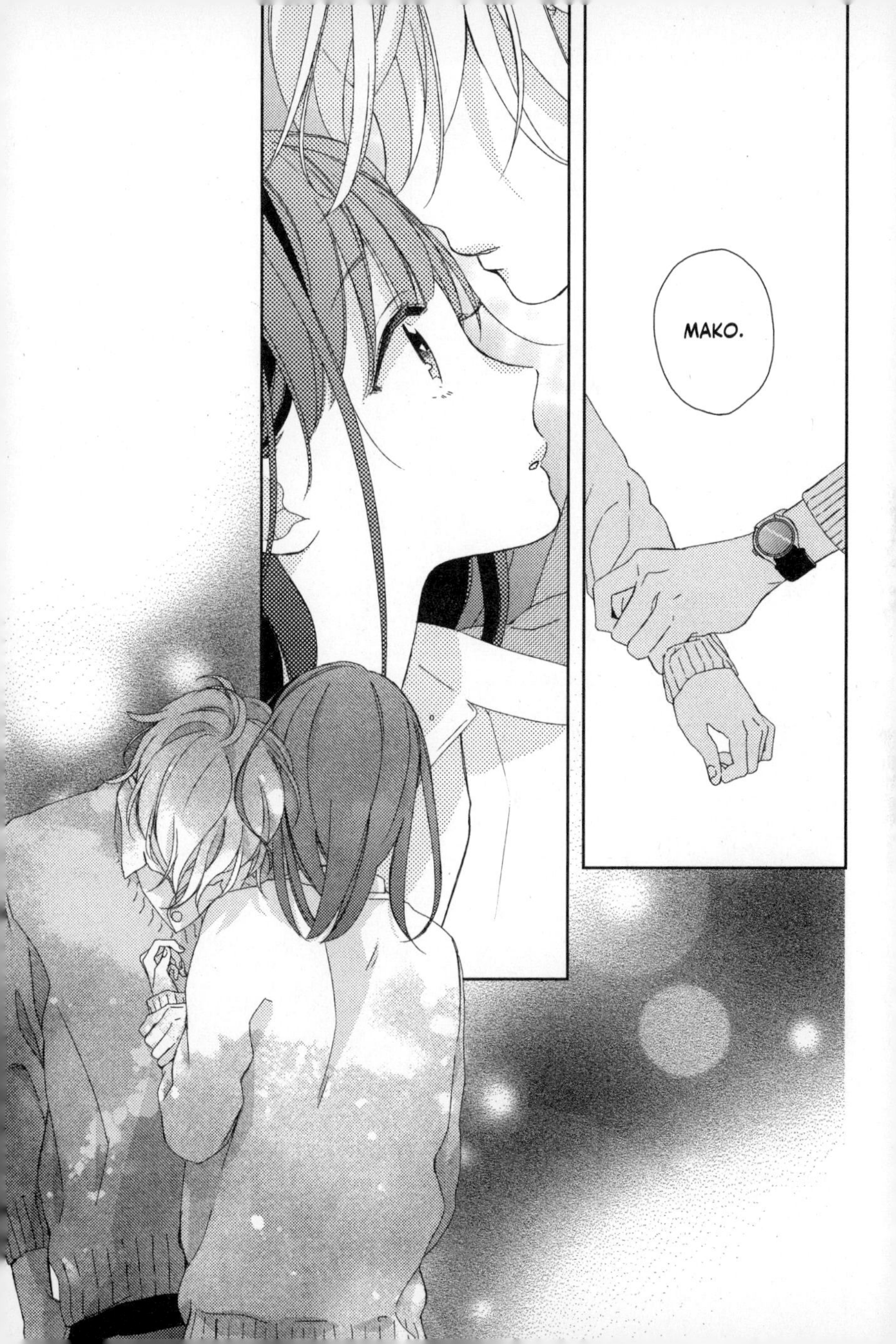
MAKO.

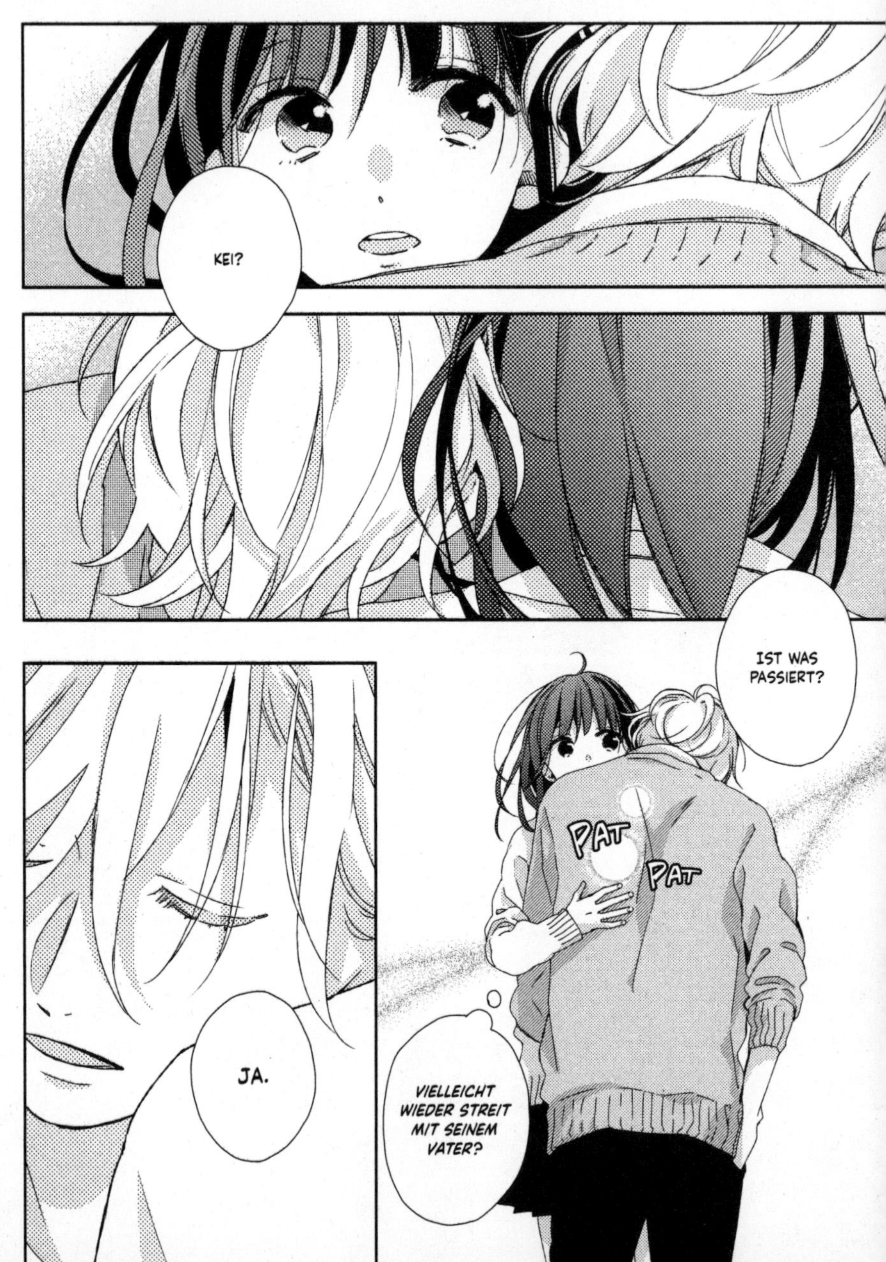
KEI?
IST WAS PASSIERT?
PAT
PAT
VIELLEICHT WIEDER STREIT MIT SEINEM VATER?
JA.

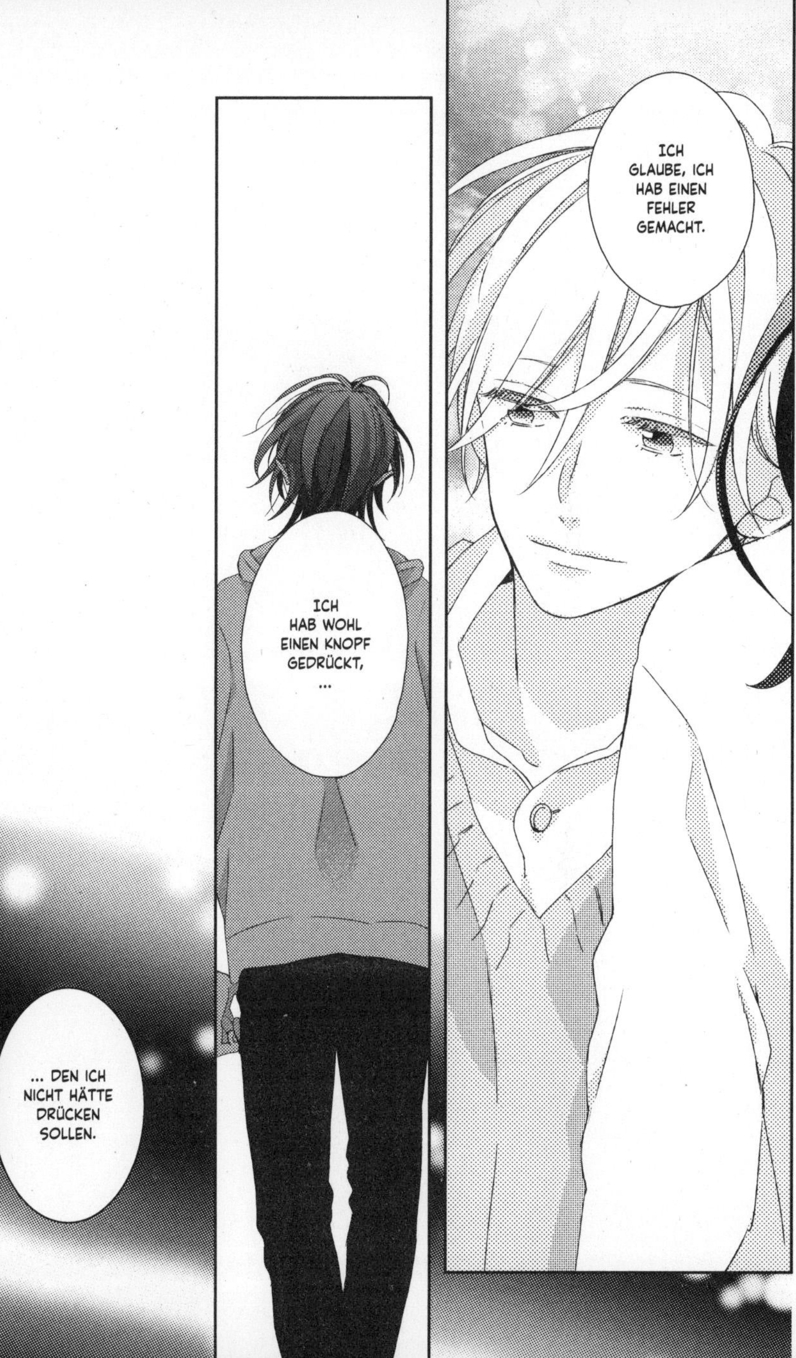
ICH GLAUBE, ICH HAB EINEN FEHLER GEMACHT.
ICH HAB WOHL EINEN KNOPF GEDRÜCKT, ...
... DEN ICH NICHT HÄTTE DRÜCKEN SOLLEN.

Liebe im Fokus

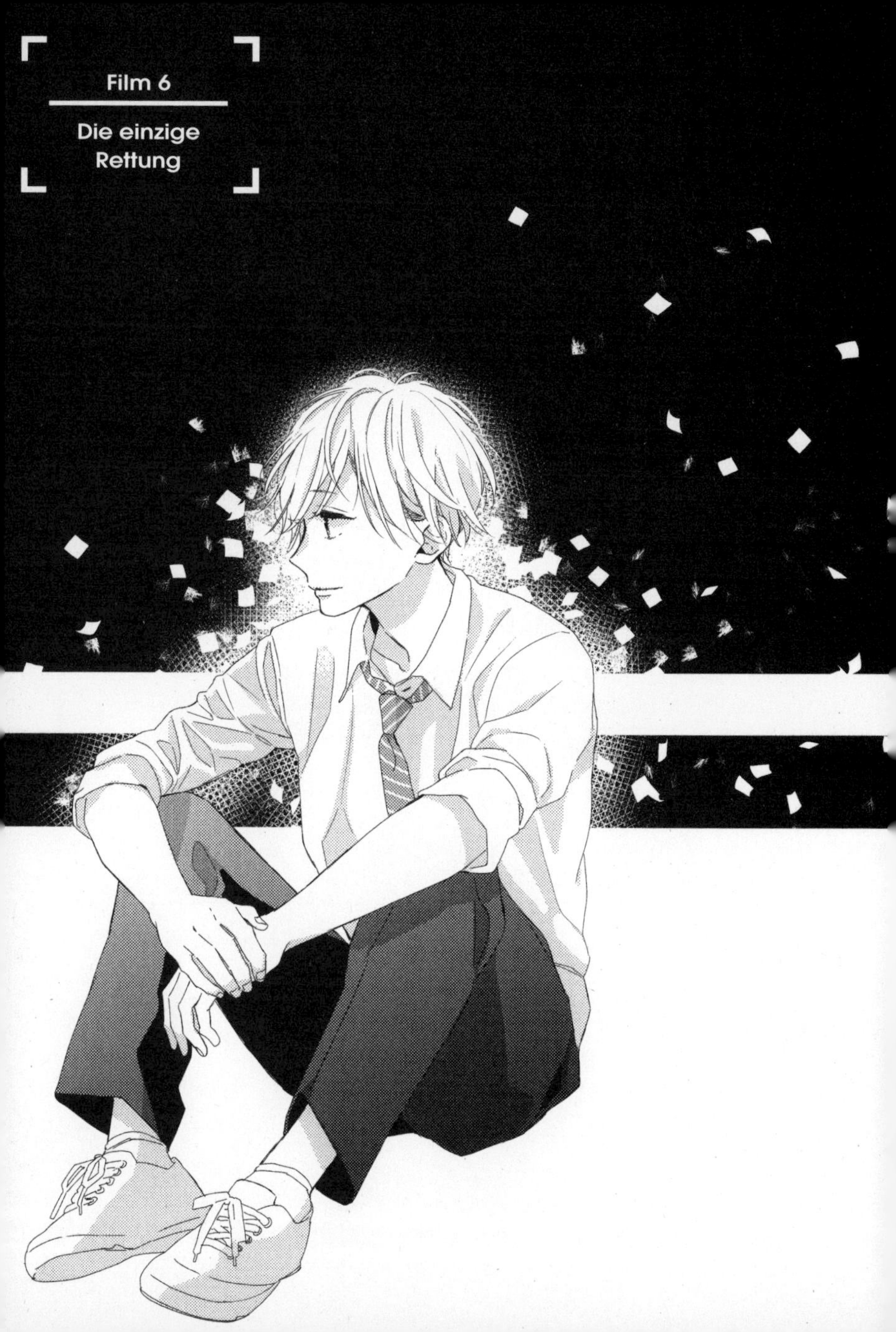
Film 6
Die einzige Rettung

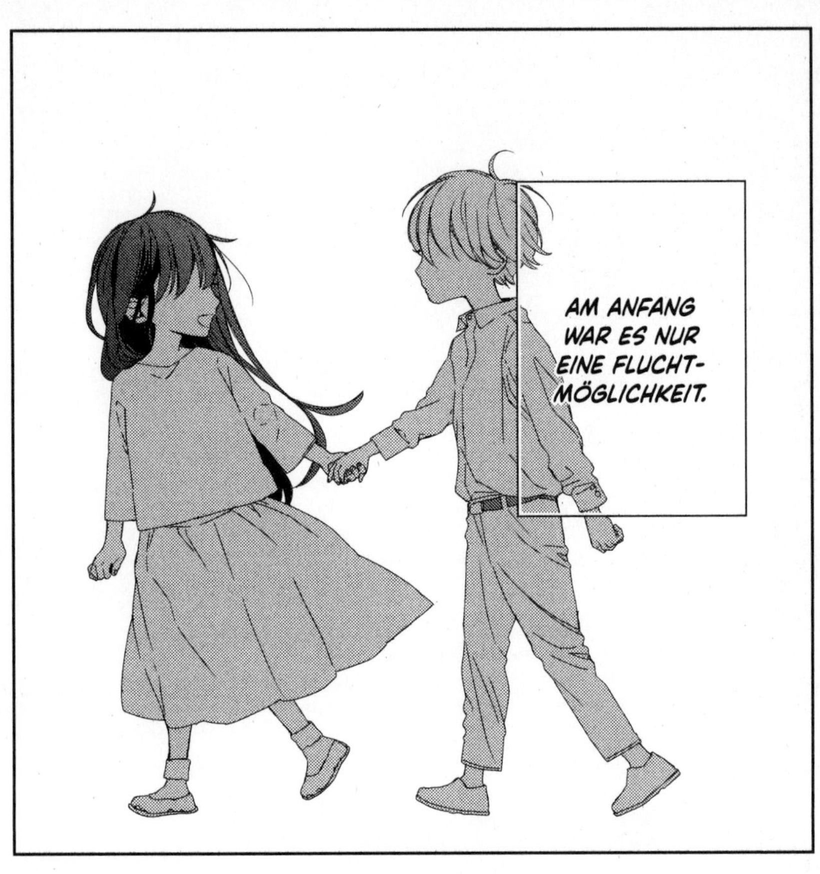
AM ANFANG WAR ES NUR EINE FLUCHT-MÖGLICHKEIT.

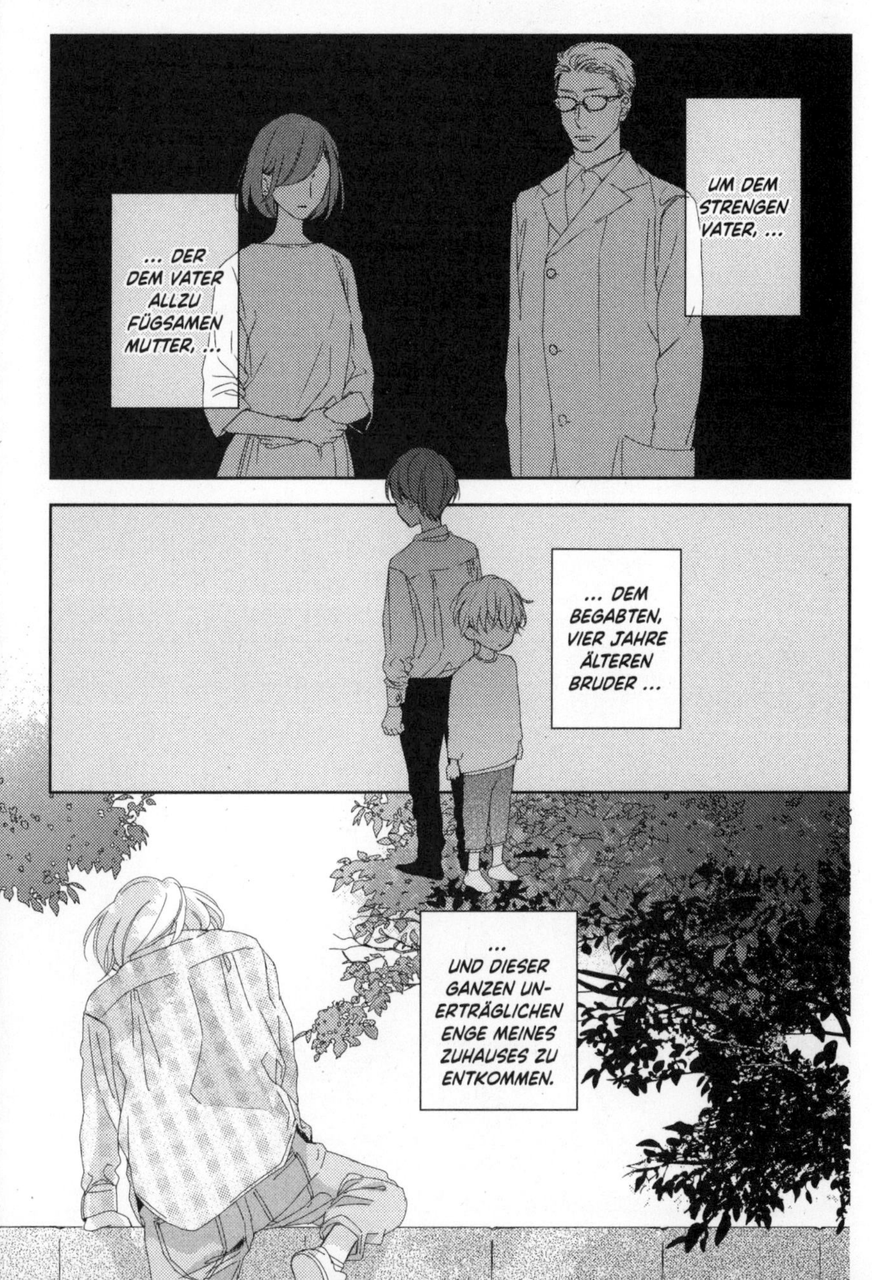
UM DEM STRENGEN VATER, ...
... DER DEM VATER ALLZU FÜGSAMEN MUTTER, ...
... DEM BEGABTEN, VIER JAHRE ÄLTEREN BRUDER ...
... UND DIESER GANZEN UNERTRÄGLICHEN ENGE MEINES ZUHAUSES ZU ENTKOMMEN.

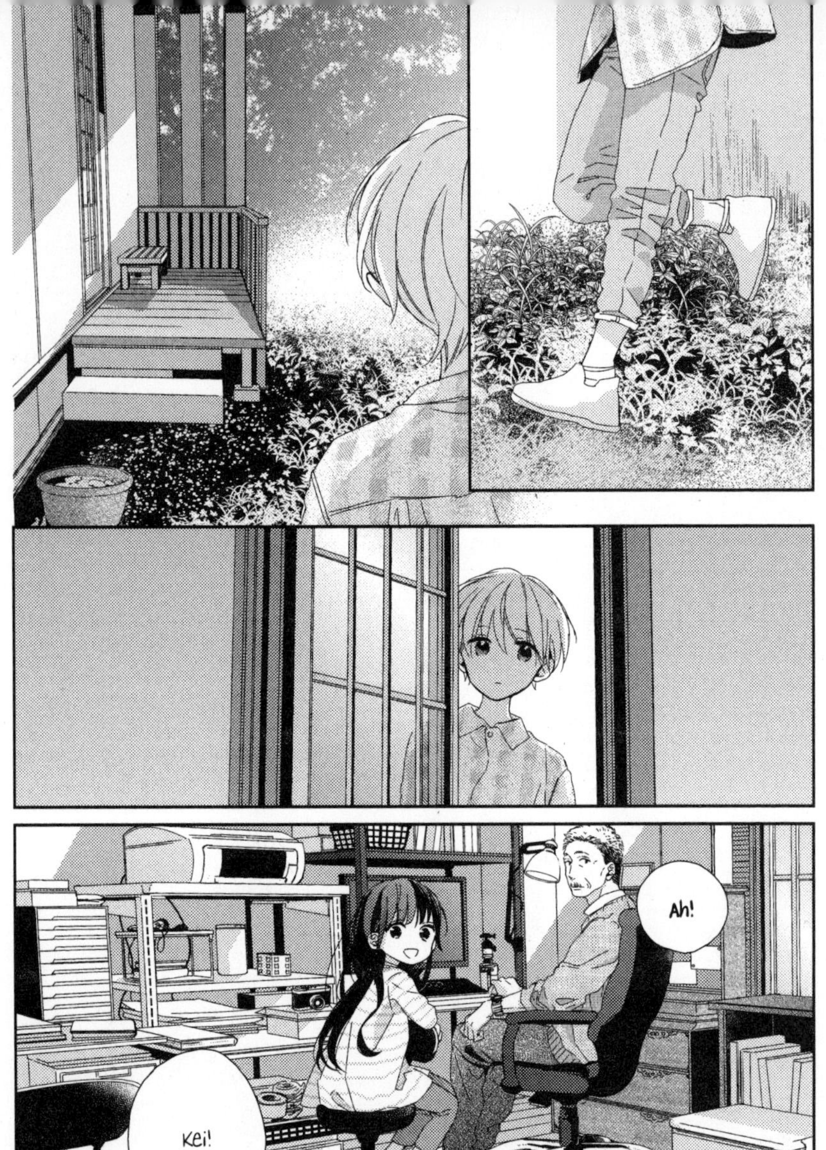
Ah!
Kei!

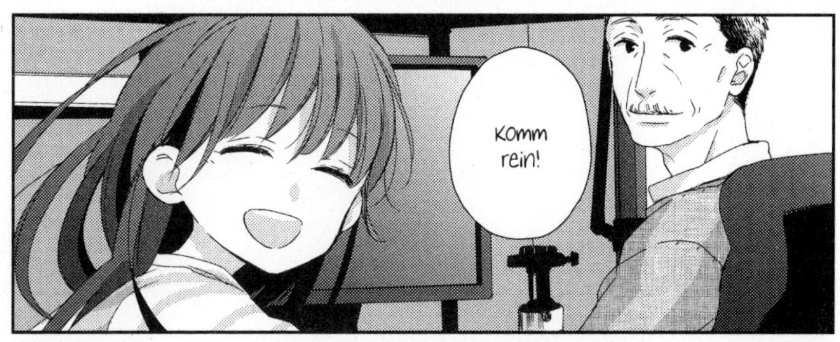
Komm rein!

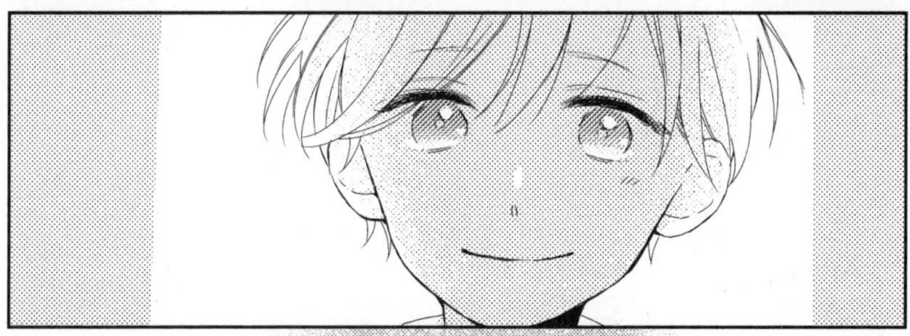

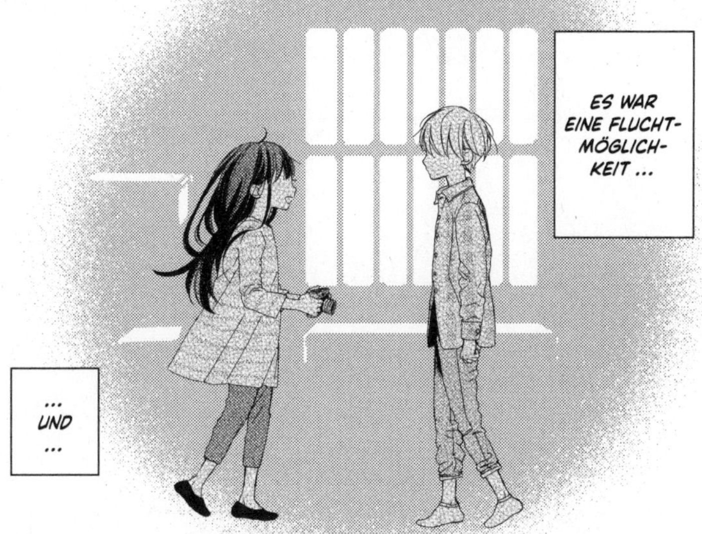
ES WAR EINE FLUCHT-MÖGLICH-KEIT ...
... UND ...

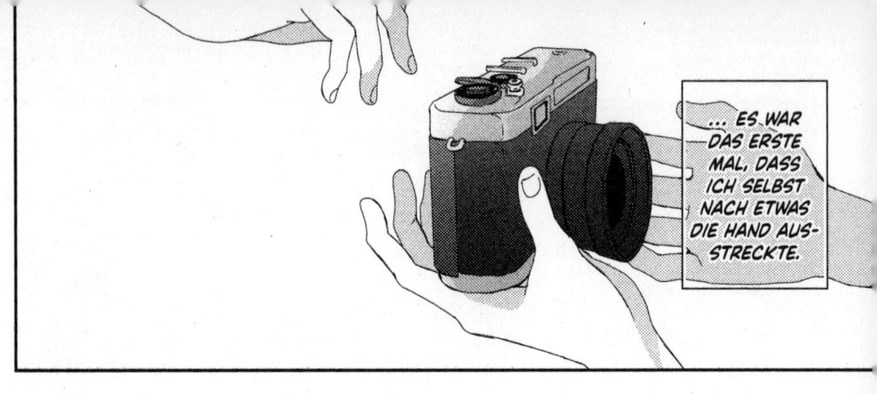

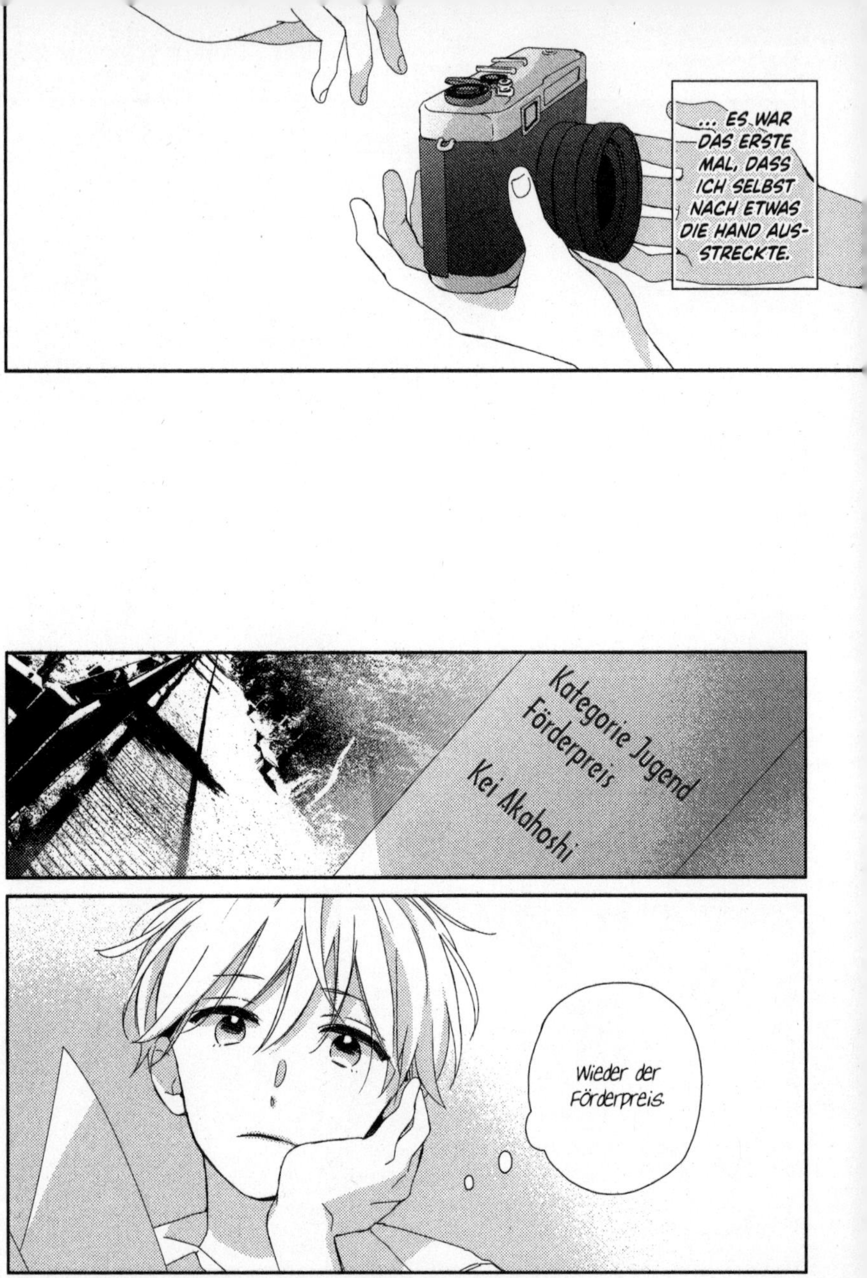

Kategorie Jugend
Förderpreis
Kei Akahoshi

Wieder der Förderpreis.

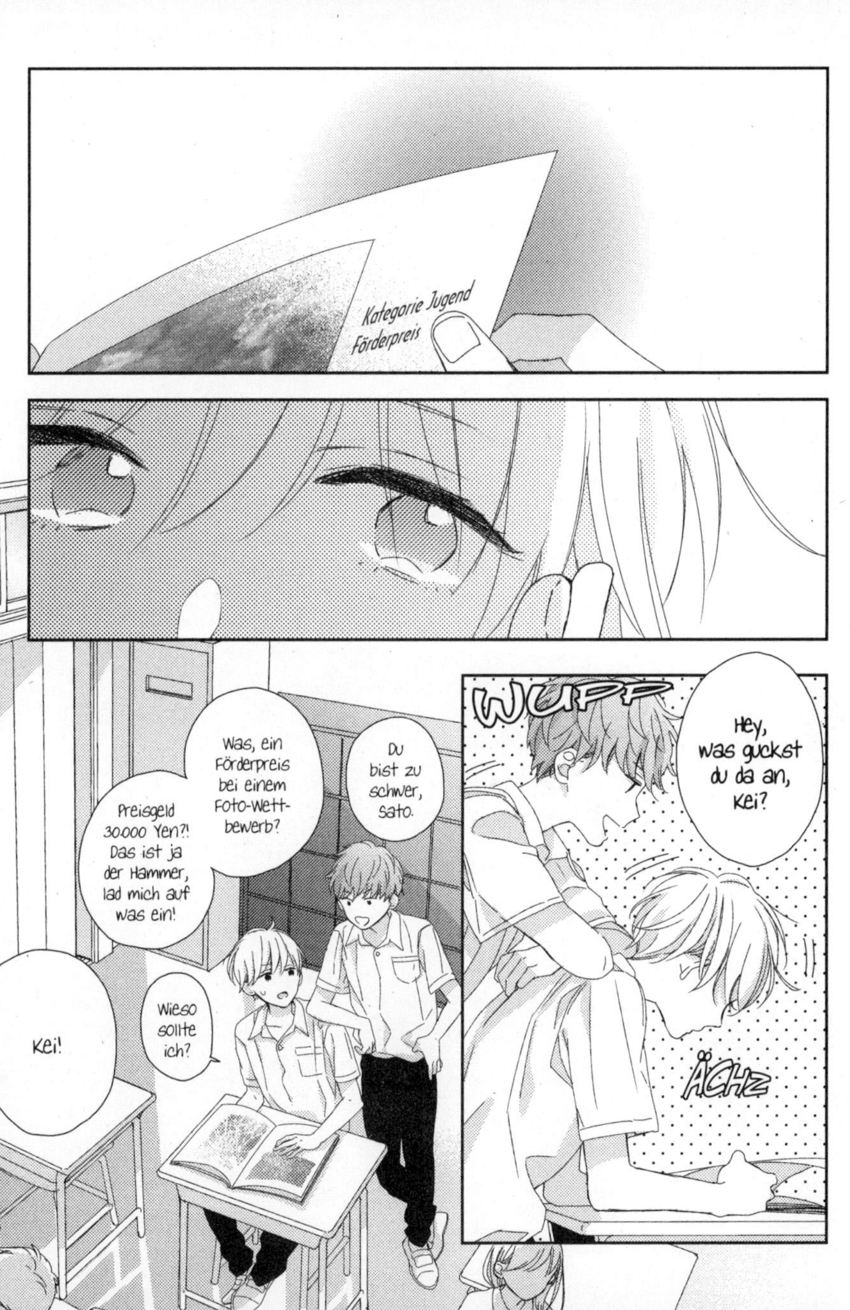
Kategorie Jugend
Förderpreis
WUPP
Hey, was guckst du da an, Kei?
ÄCHZ
Du bist zu schwer, Sato.
Was, ein Förderpreis bei einem Foto-Wett-bewerb?
Preisgeld 30.000 Yen?! Das ist ja der Hammer, lad mich auf was ein!
Wieso sollte ich?
Kei!

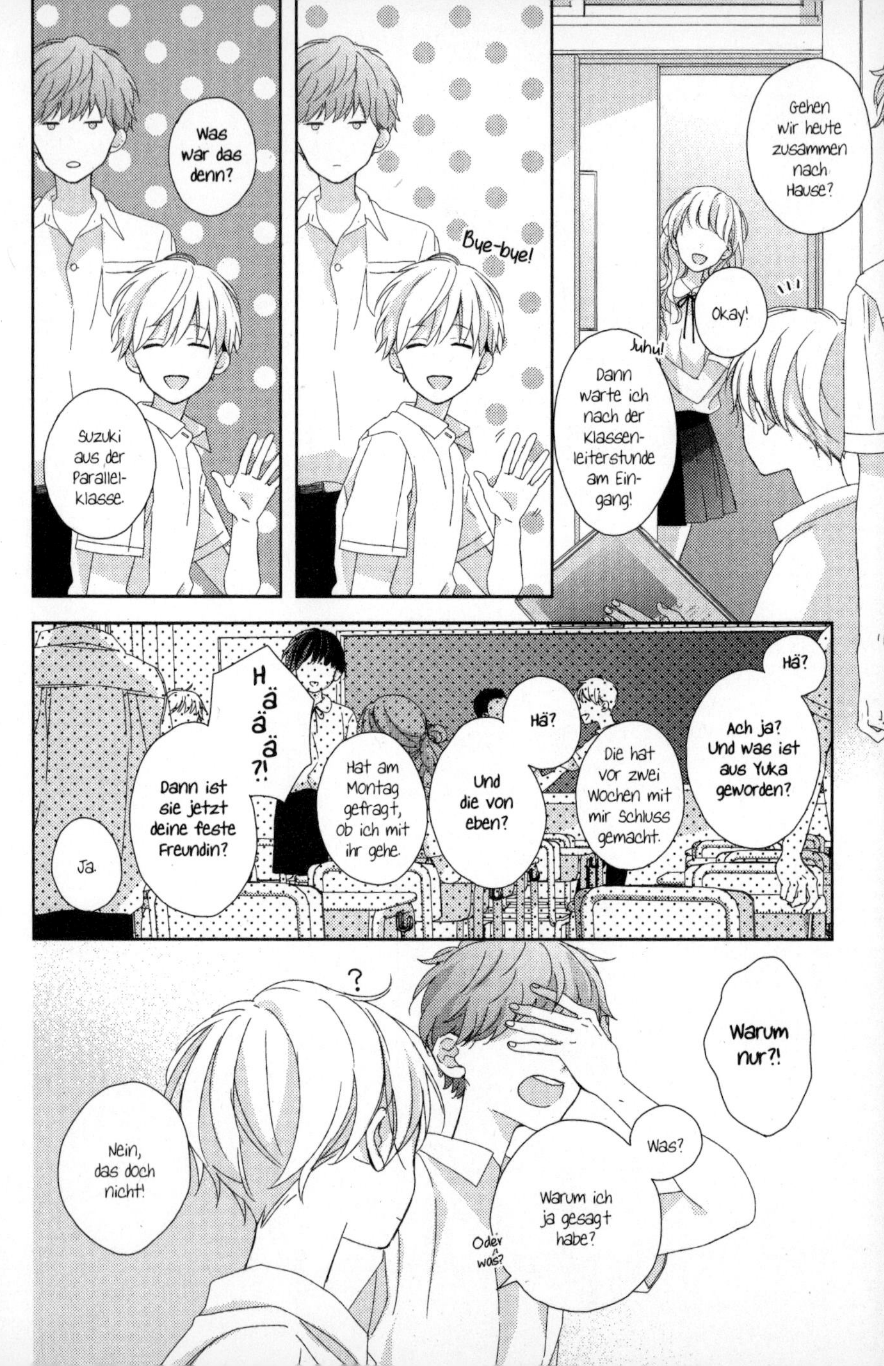
Gehen wir heute zusammen nach Hause?
Okay!
Juhu!
Dann warte ich nach der Klassenleiterstunde am Eingang!
Bye-bye!
Was war das denn?
Suzuki aus der Parallelklasse.
Hä?
Ach ja? Und was ist aus Yuka geworden?
Die hat vor zwei Wochen mit mir Schluss gemacht.
Hä?
Und die von eben?
Hat am Montag gefragt, ob ich mit ihr gehe.
Häää?!
Dann ist sie jetzt deine feste Freundin?
Ja.
Warum nur?!
Was?
Warum ich ja gesagt habe?
Oder was?
?
Nein, das doch nicht!

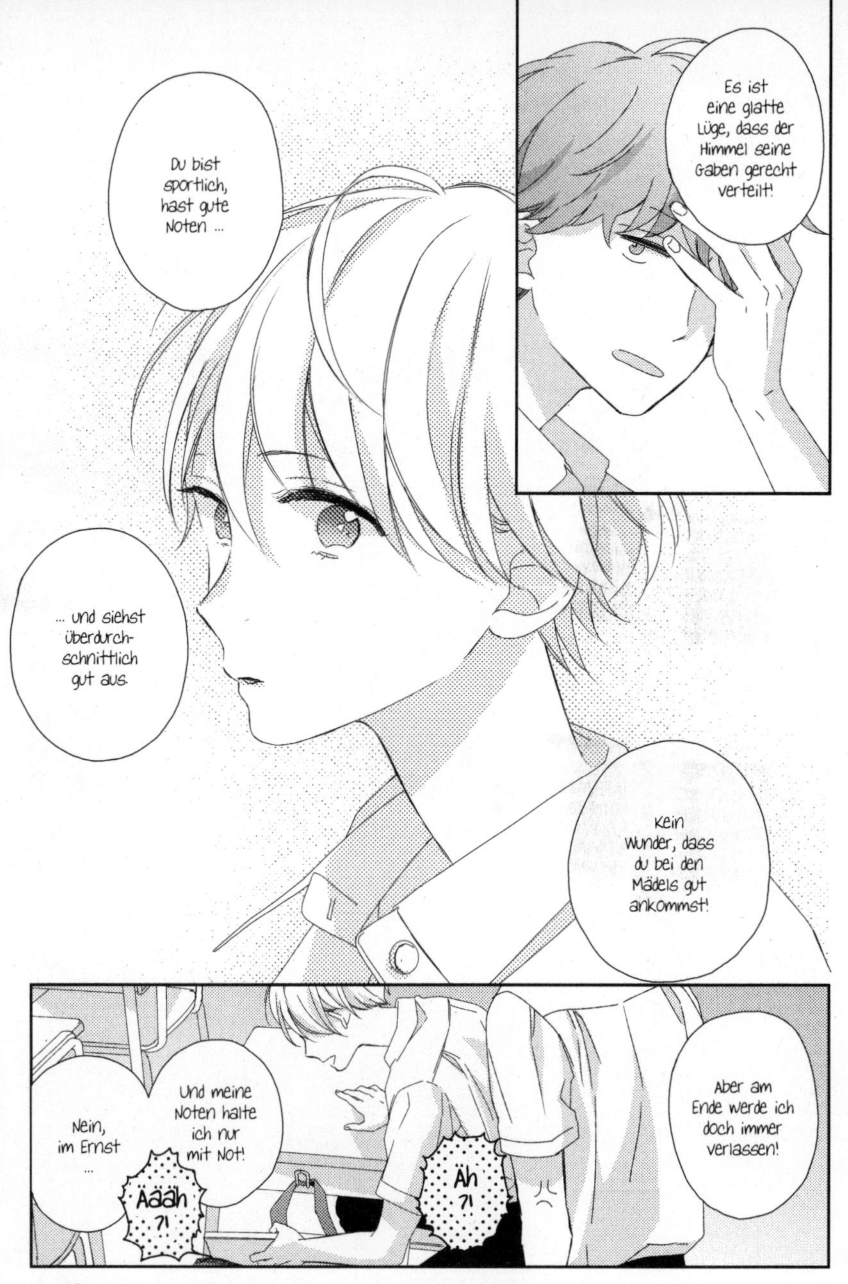
Es ist eine glatte Lüge, dass der Himmel seine Gaben gerecht verteilt!
Du bist sportlich, hast gute Noten ...
... und siehst überdurch-schnittlich gut aus.
Kein Wunder, dass du bei den Mädels gut ankommst!
Aber am Ende werde ich doch immer verlassen!
Äh ?!
Und meine Noten halte ich nur mit Not!
Nein, im Ernst ...
Aääh ?!

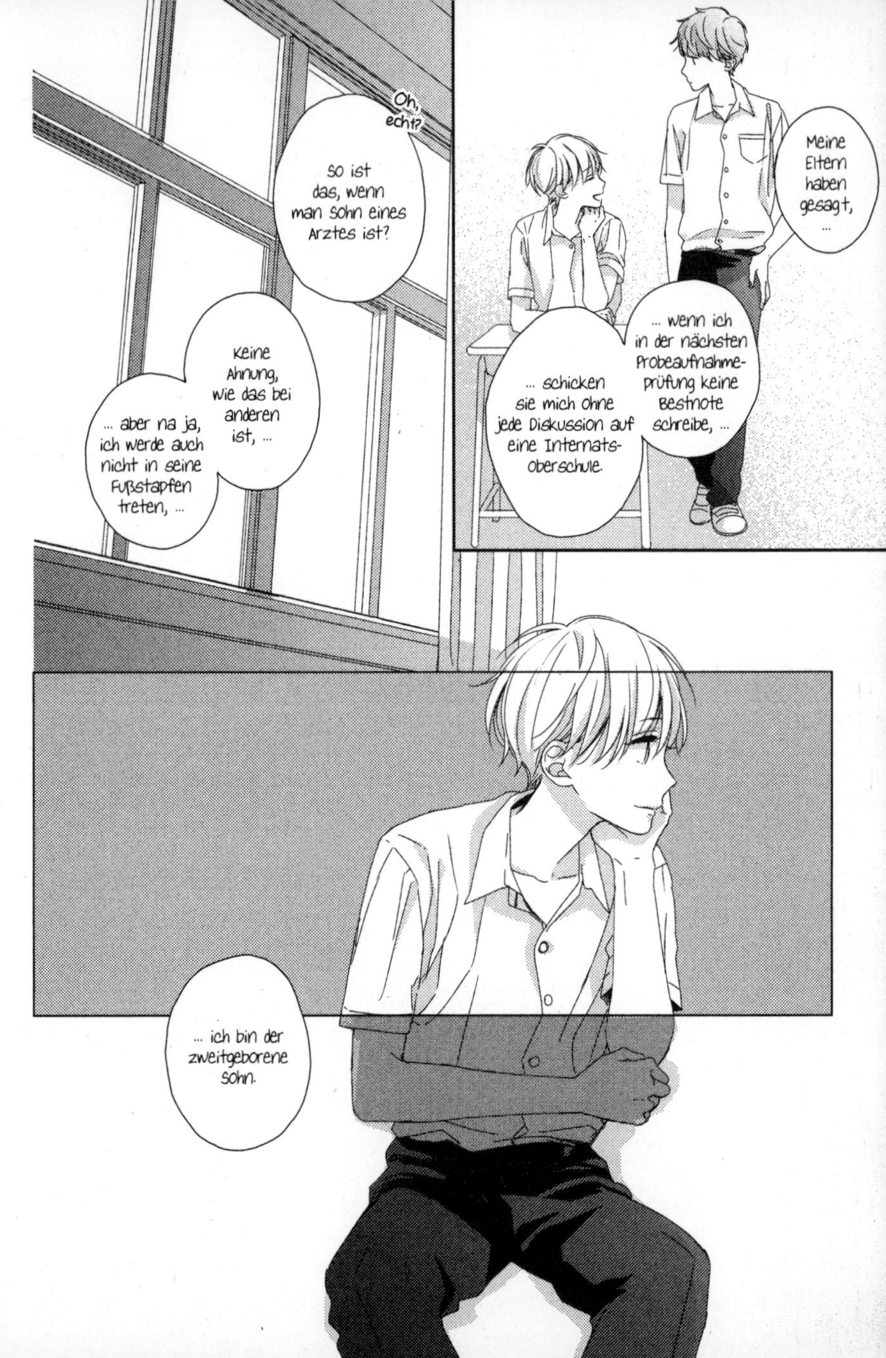
Meine Eltern haben gesagt, ...
... wenn ich in der nächsten Probeaufnahme-prüfung keine Bestnote schreibe, ...
... schicken sie mich ohne jede Diskussion auf eine Internats-oberschule.
Oh, echt?
So ist das, wenn man Sohn eines Arztes ist?
Keine Ahnung, wie das bei anderen ist, ...
... aber na ja, ich werde auch nicht in seine Fußstapfen treten, ...
... ich bin der zweitgeborene Sohn.

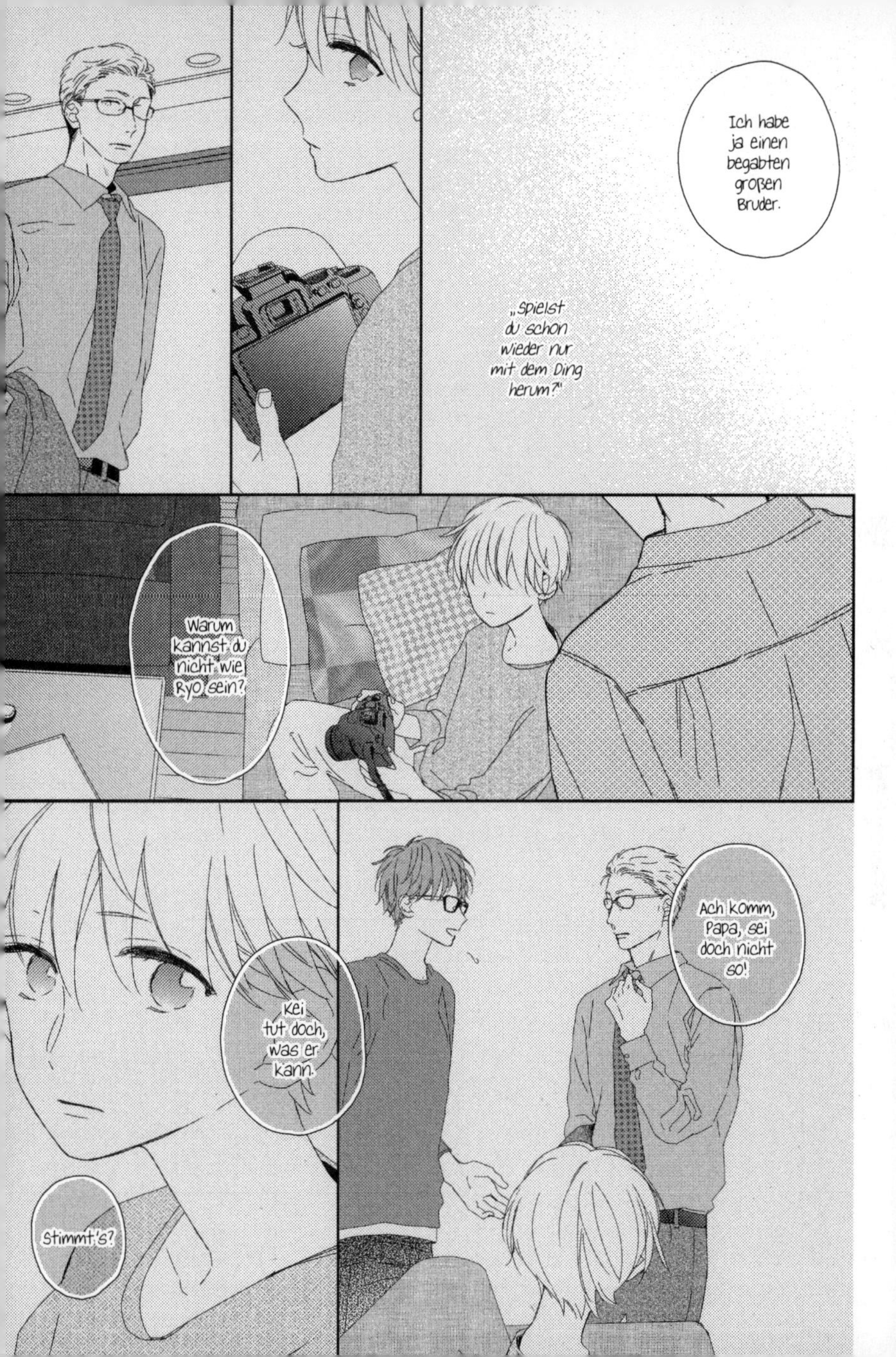
Ich habe ja einen begabten großen Bruder.
„Spielst du schon wieder nur mit dem Ding herum?"
Warum kannst du nicht wie Ryo sein?
Ach komm, Papa, sei doch nicht so!
Kei tut doch, was er kann.
Stimmt's?

MIT EINEM BRUDER, DEM IMMER ALLES GELANG, ...

... HATTE ES IN MEINEM LEBEN BISHER KEINEN RAUM GEGEBEN FÜR FEHLER ...

... ODER AUFLEHNUNG.

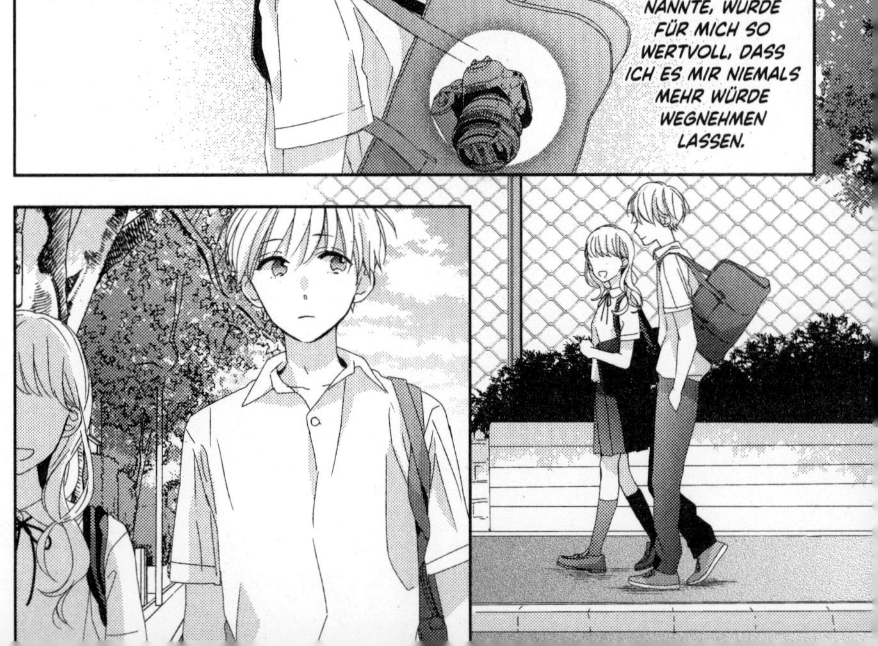

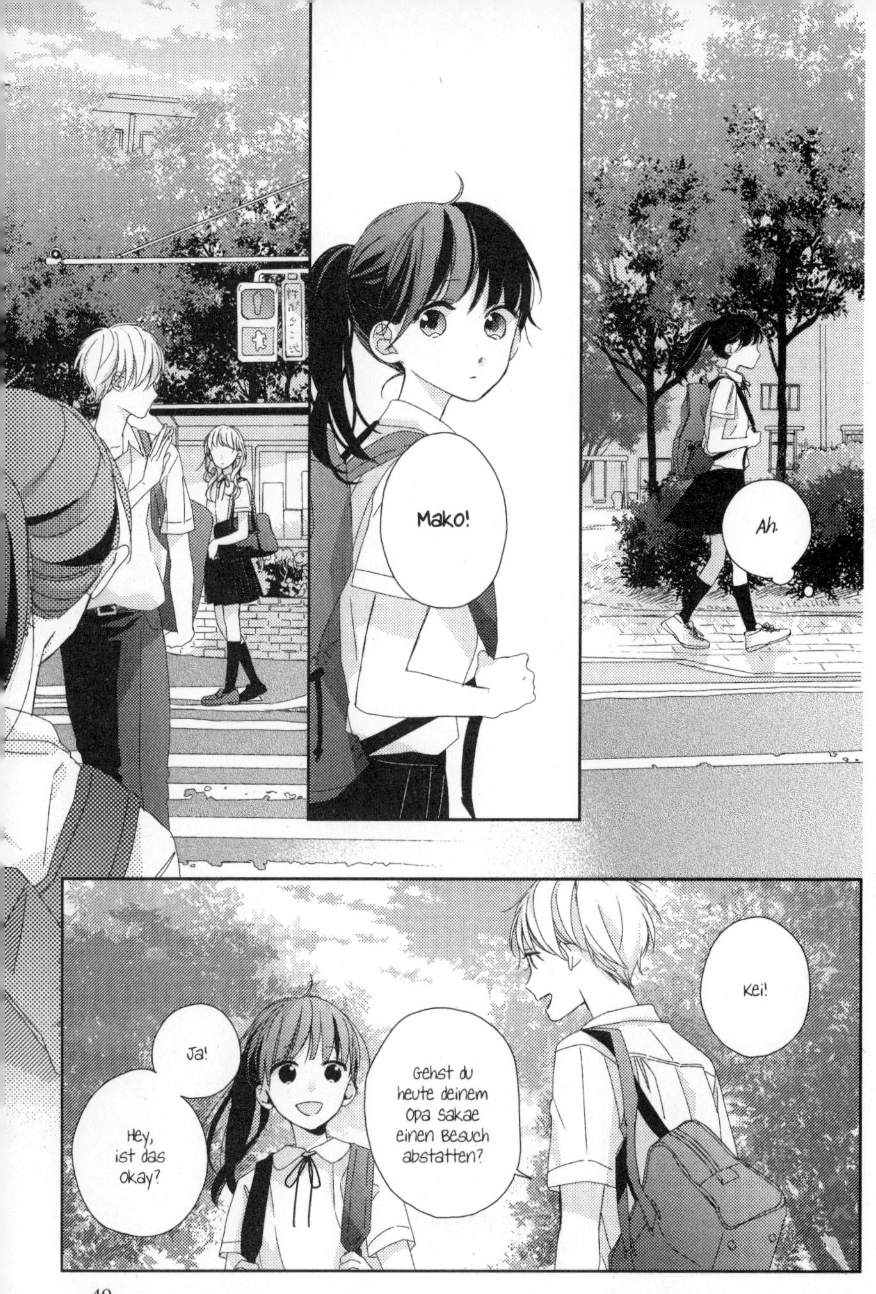
Ah.
Mako!
Kei!
Gehst du heute deinem Opa Sakae einen Besuch abstatten?
Ja!
Hey, ist das okay?

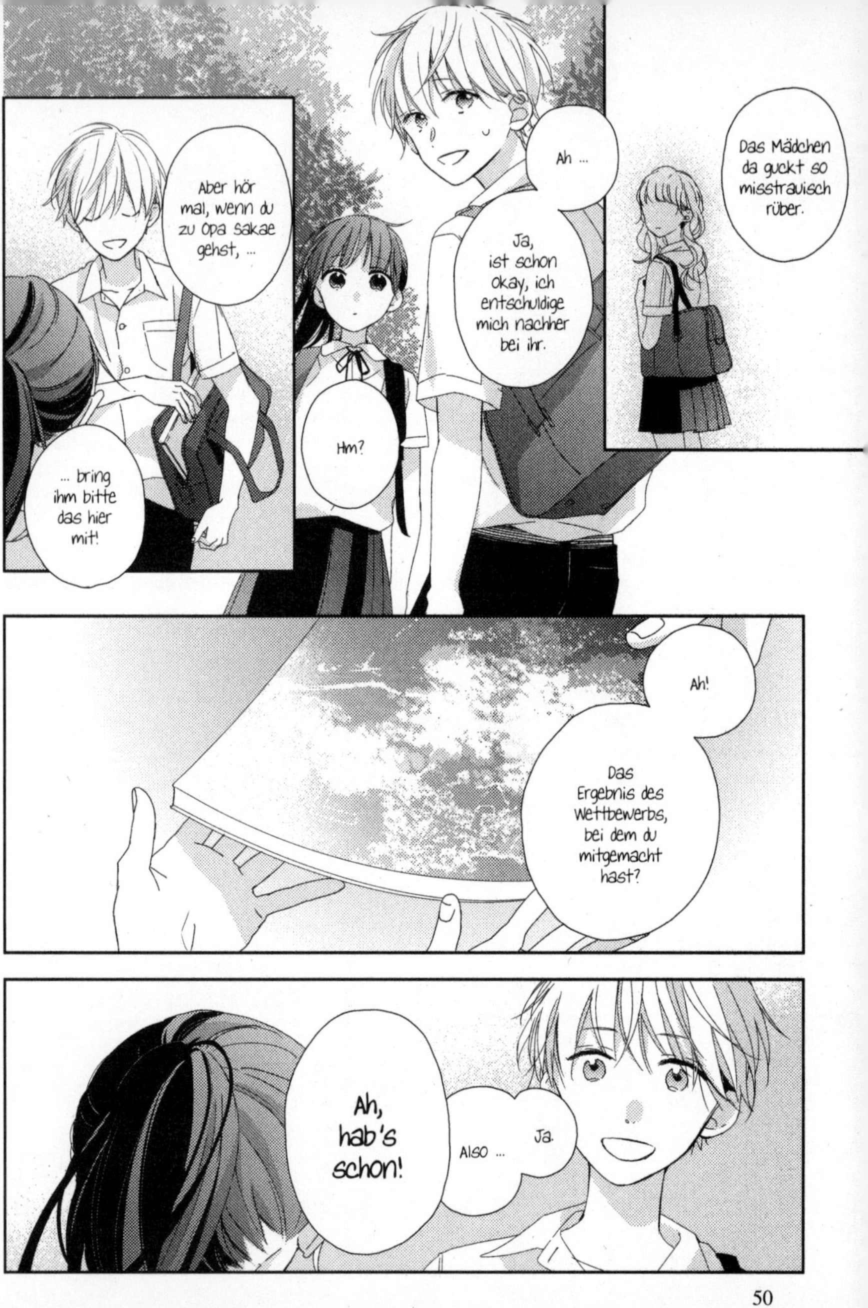

Das Mädchen da guckt so misstrauisch rüber.

Ah ...

Ja, ist schon okay, ich entschuldige mich nachher bei ihr.

Hm?

Aber hör mal, wenn du zu Opa Sakae gehst, ...

... bring ihm bitte das hier mit!

Ah!

Das Ergebnis des Wettbewerbs, bei dem du mitgemacht hast?

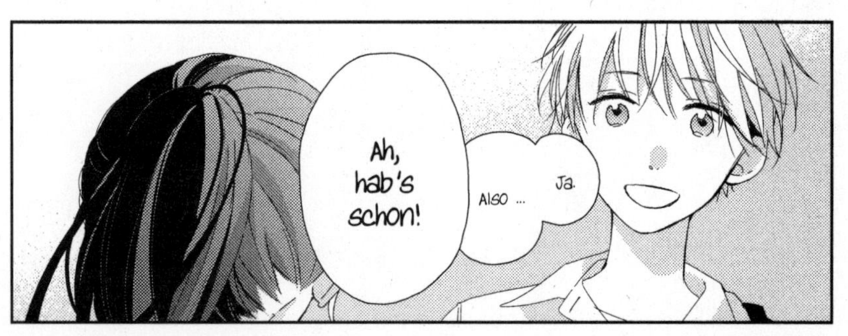

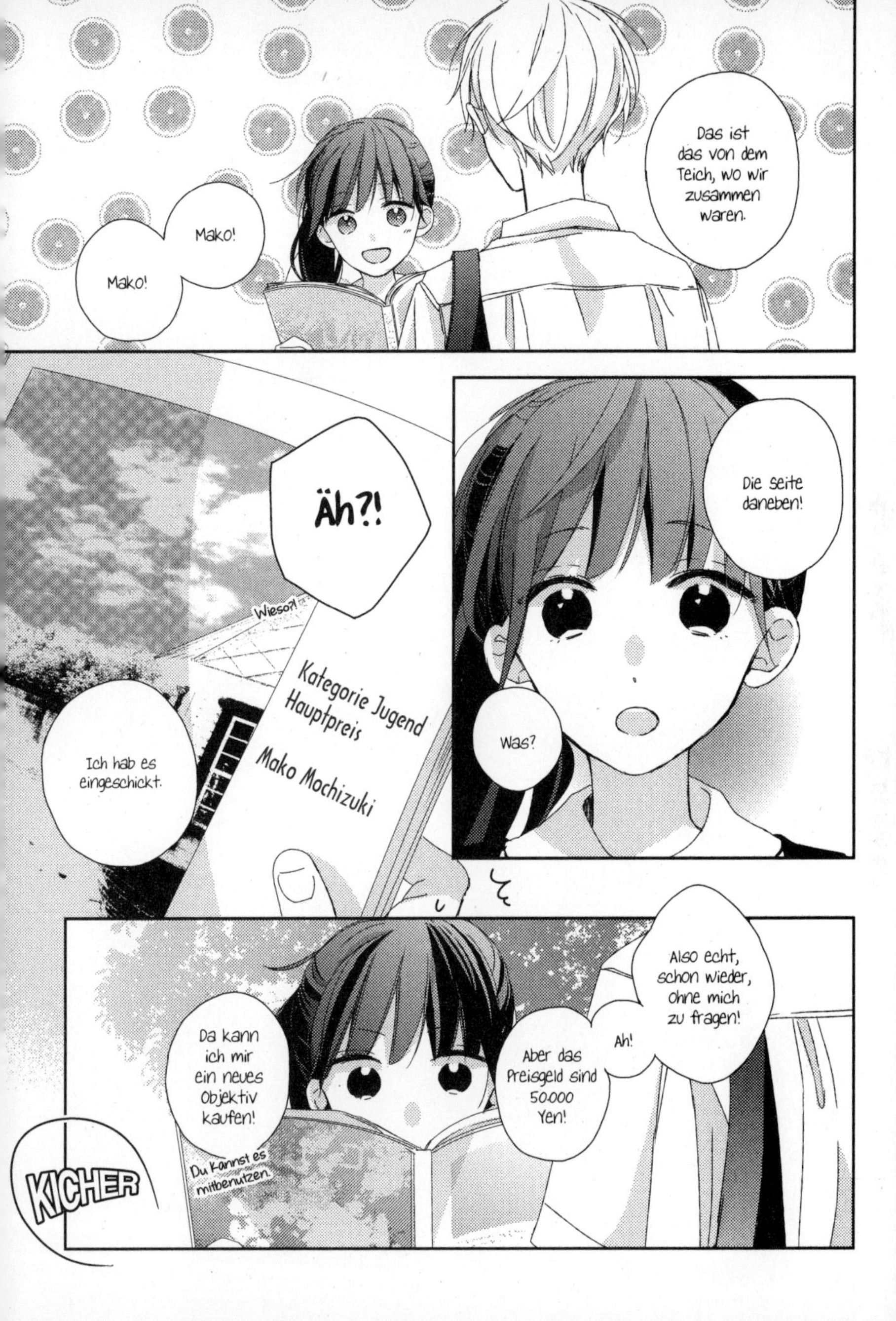
Das ist das von dem Teich, wo wir zusammen waren.
Mako!
Mako!
Die seite daneben!
Äh?!
Wieso?!
Kategorie Jugend Hauptpreis
Mako Mochizuki
Was?
Ich hab es eingeschickt.
Also echt, schon wieder, ohne mich zu fragen!
Ah!
Aber das Preisgeld sind 50.000 Yen!
Da kann ich mir ein neues Objektiv kaufen!
Du kannst es mitbenutzen.
KICHER

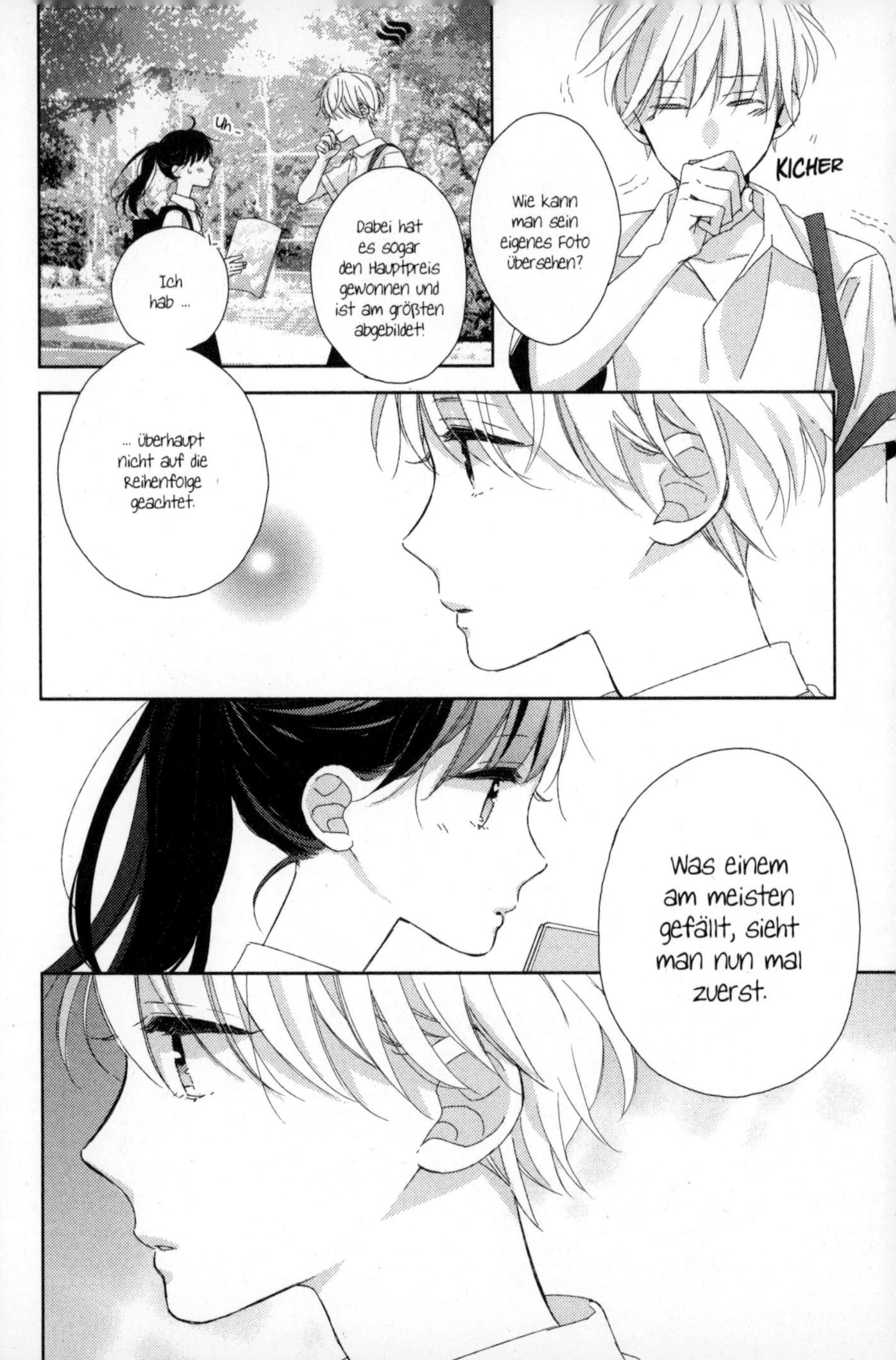
KICHER
Wie kann man sein eigenes Foto übersehen?
Dabei hat es sogar den Hauptpreis gewonnen und ist am größten abgebildet!
Uh–
Ich hab …
… überhaupt nicht auf die Reihenfolge geachtet.
Was einem am meisten gefällt, sieht man nun mal zuerst.

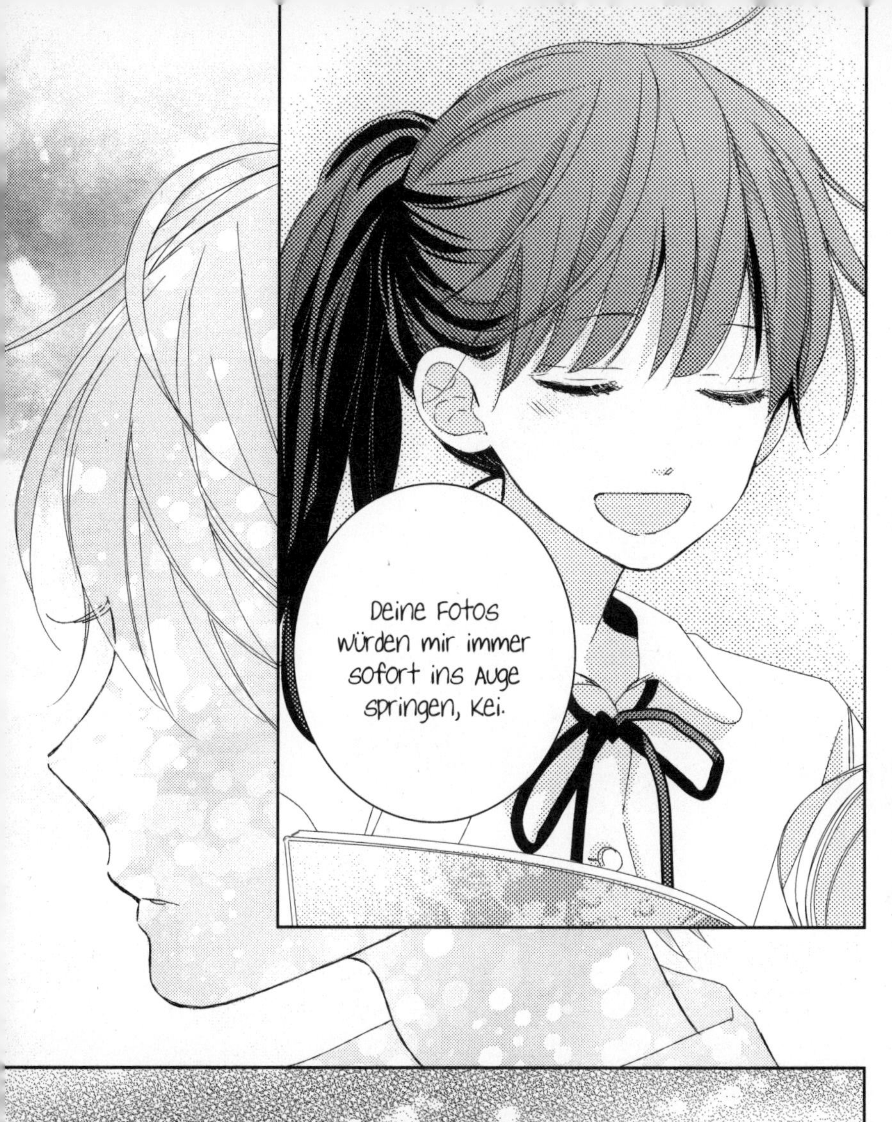
Deine Fotos würden mir immer sofort ins Auge springen, Kei.
MAKO ...
... UND IHRE DIREKTHEIT ...

... WAREN IMMER MEINE RETTUNG.

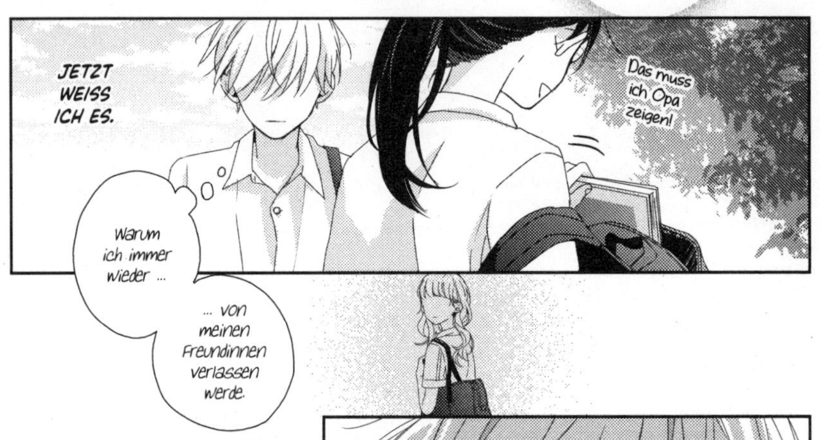

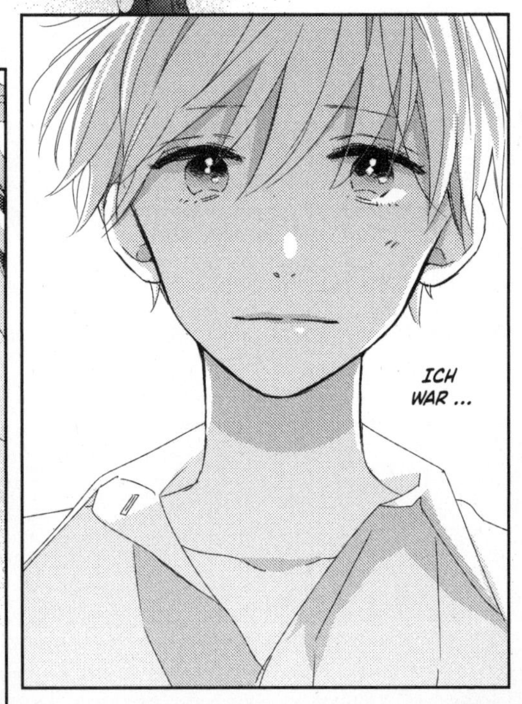

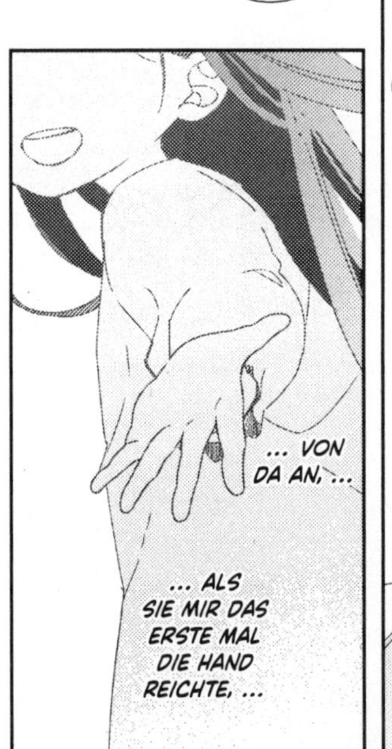

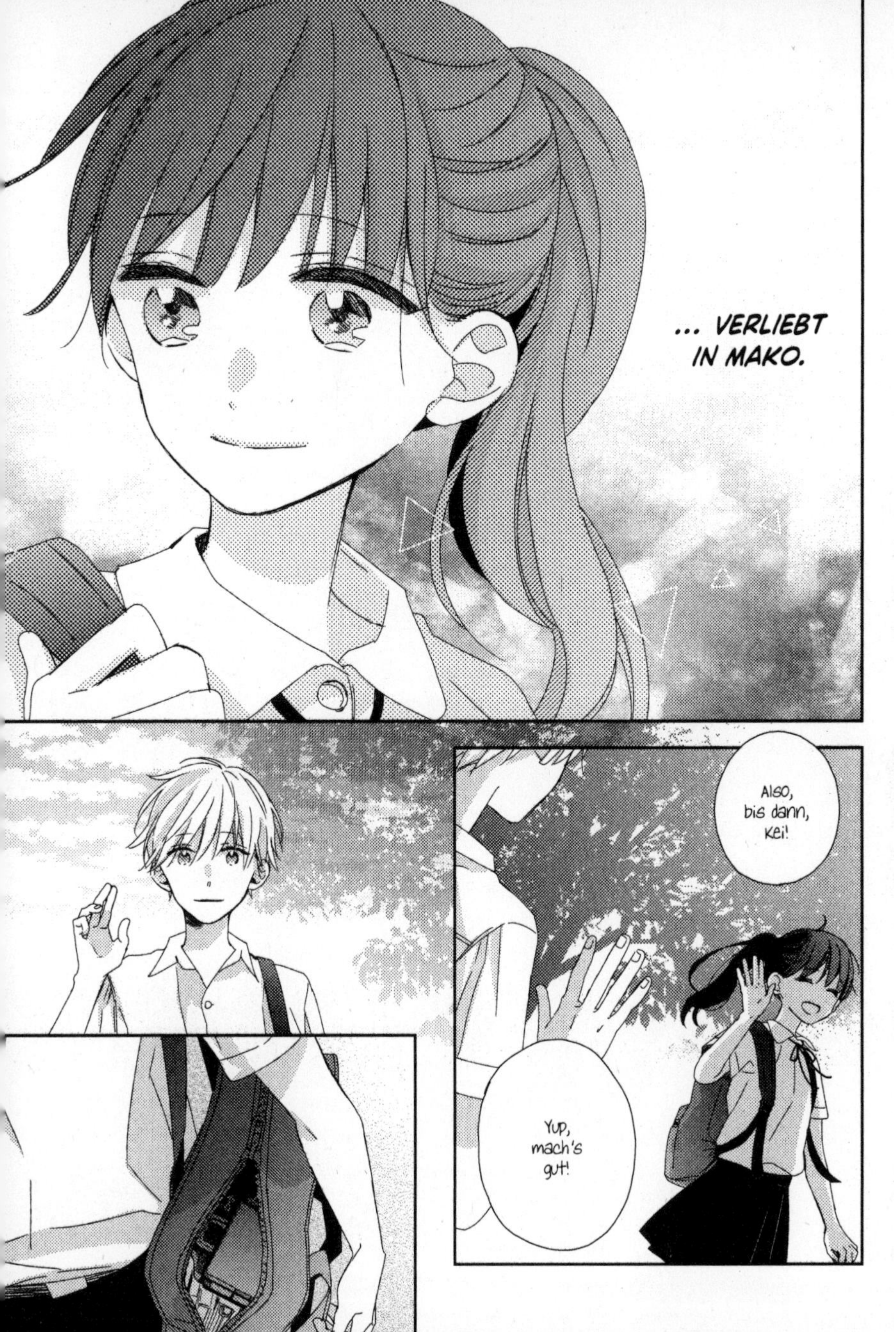
... VERLIEBT IN MAKO.
Also, bis dann, Kei!
Yup, mach's gut!

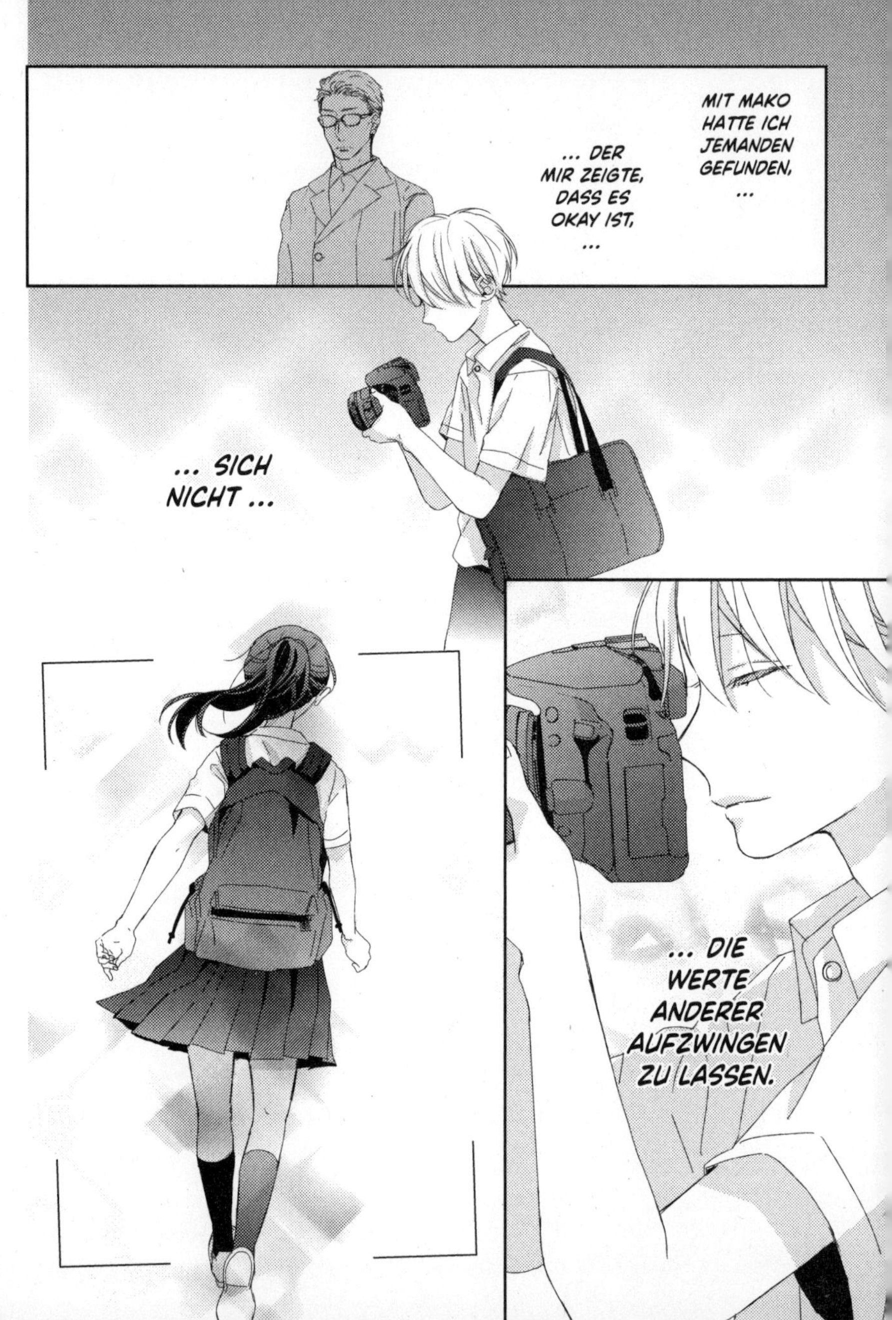
MIT MAKO HATTE ICH JEMANDEN GEFUNDEN, ...
... DER MIR ZEIGTE, DASS ES OKAY IST, ...
... SICH NICHT ...
... DIE WERTE ANDERER AUFZWINGEN ZU LASSEN.

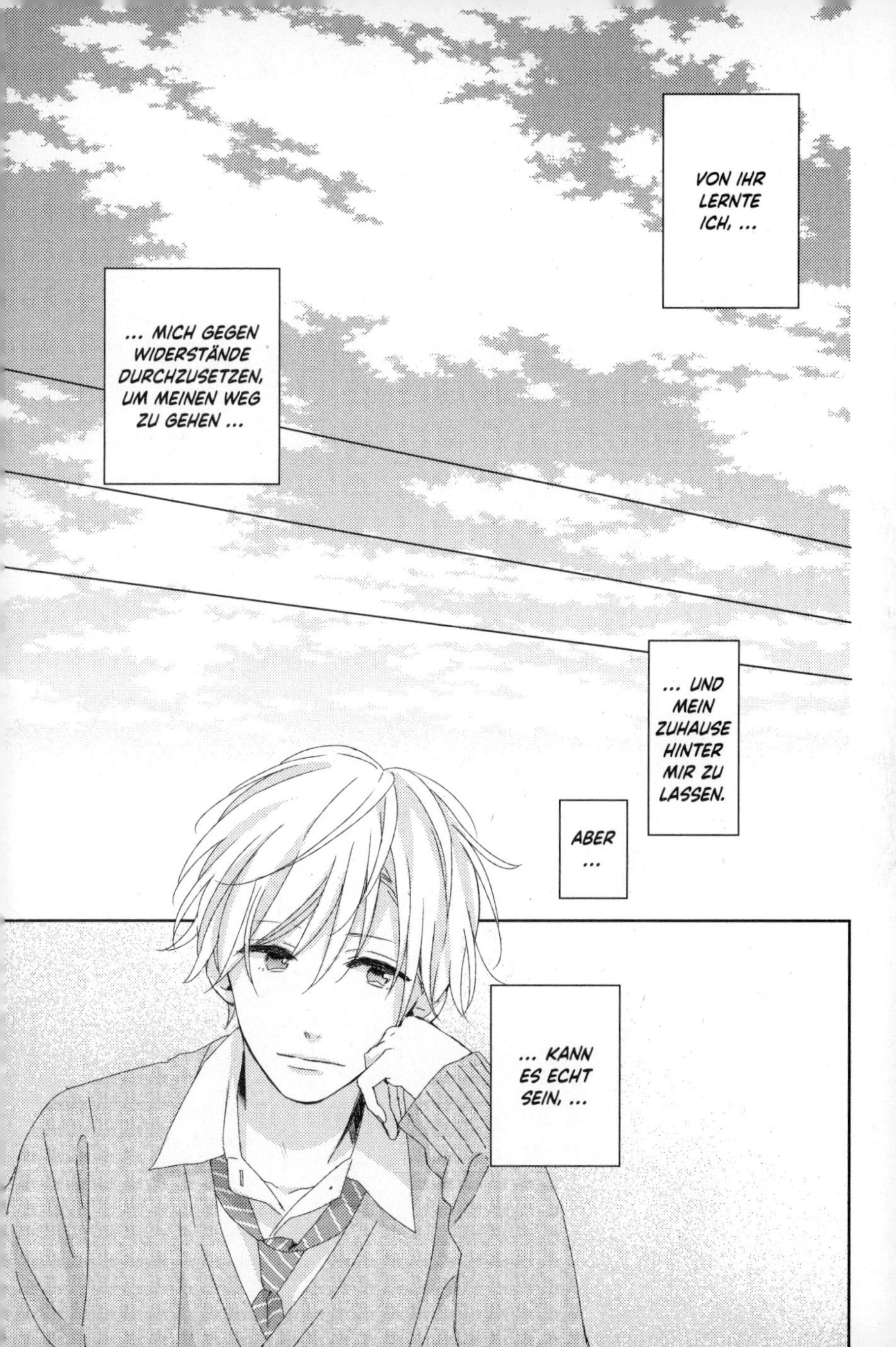
VON IHR LERNTE ICH, ...
... MICH GEGEN WIDERSTÄNDE DURCHZUSETZEN, UM MEINEN WEG ZU GEHEN ...
... UND MEIN ZUHAUSE HINTER MIR ZU LASSEN.
ABER ...
... KANN ES ECHT SEIN, ...

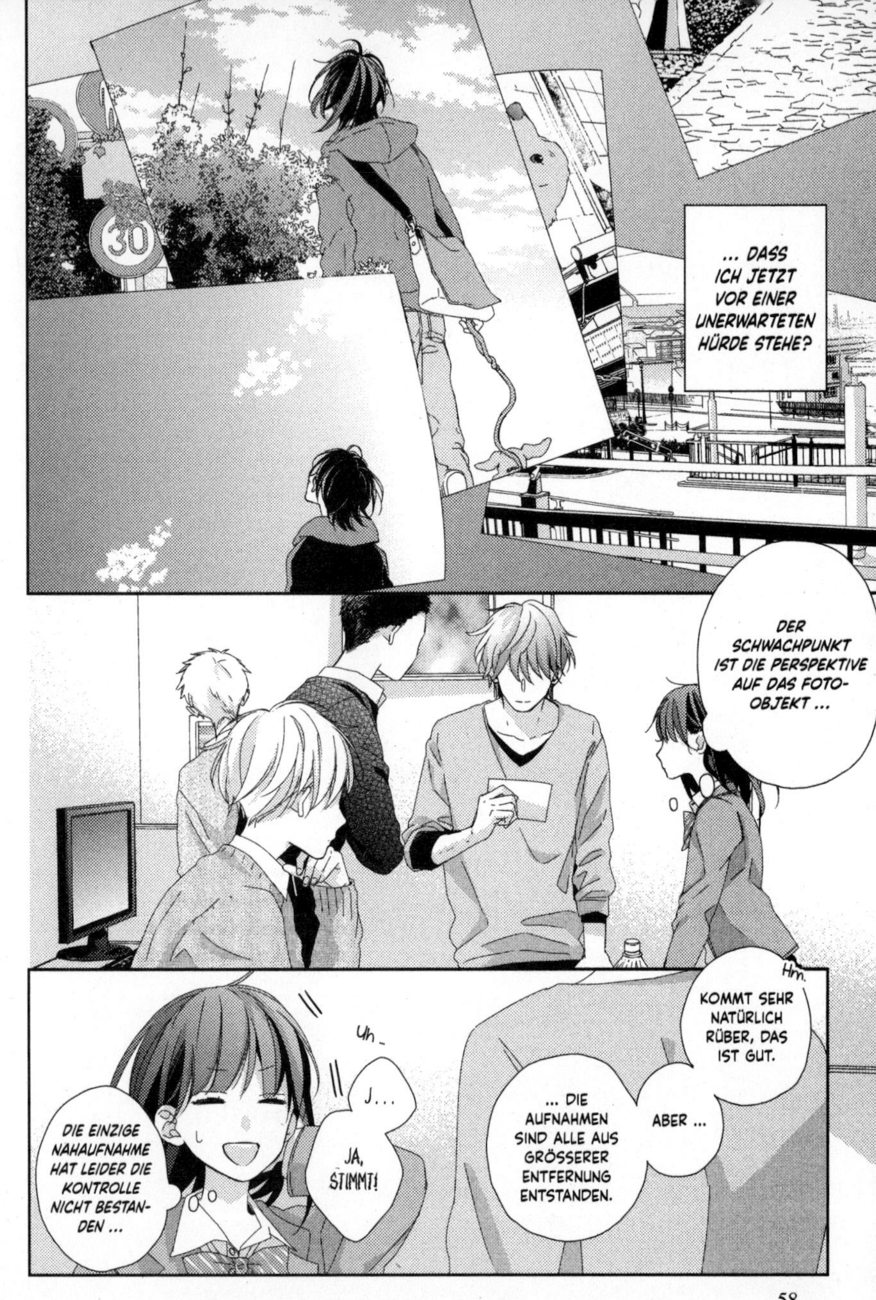
... DASS ICH JETZT VOR EINER UNERWARTETEN HÜRDE STEHE?
30
DER SCHWACHPUNKT IST DIE PERSPEKTIVE AUF DAS FOTO-OBJEKT ...
Hm.
KOMMT SEHR NATÜRLICH RÜBER, DAS IST GUT.
ABER ...
... DIE AUFNAHMEN SIND ALLE AUS GRÖSSERER ENTFERNUNG ENTSTANDEN.
Uh_
J...
JA, STIMMT!
DIE EINZIGE NAHAUFNAHME HAT LEIDER DIE KONTROLLE NICHT BESTAN-DEN ...

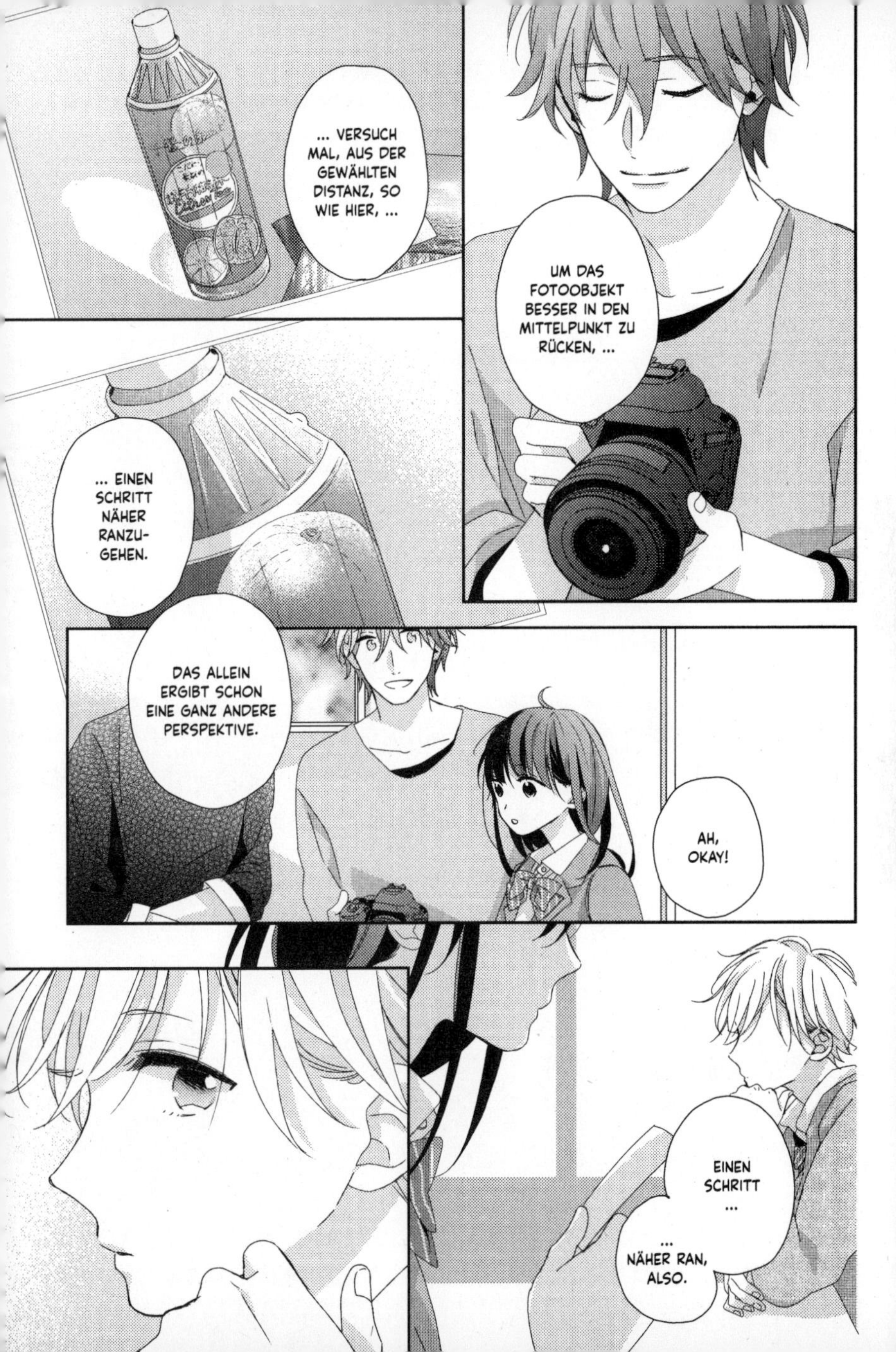
UM DAS FOTOOBJEKT BESSER IN DEN MITTELPUNKT ZU RÜCKEN, ...
... VERSUCH MAL, AUS DER GEWÄHLTEN DISTANZ, SO WIE HIER, ...
... EINEN SCHRITT NÄHER RANZU-GEHEN.
DAS ALLEIN ERGIBT SCHON EINE GANZ ANDERE PERSPEKTIVE.
AH, OKAY!
EINEN SCHRITT ...
... NÄHER RAN, ALSO.

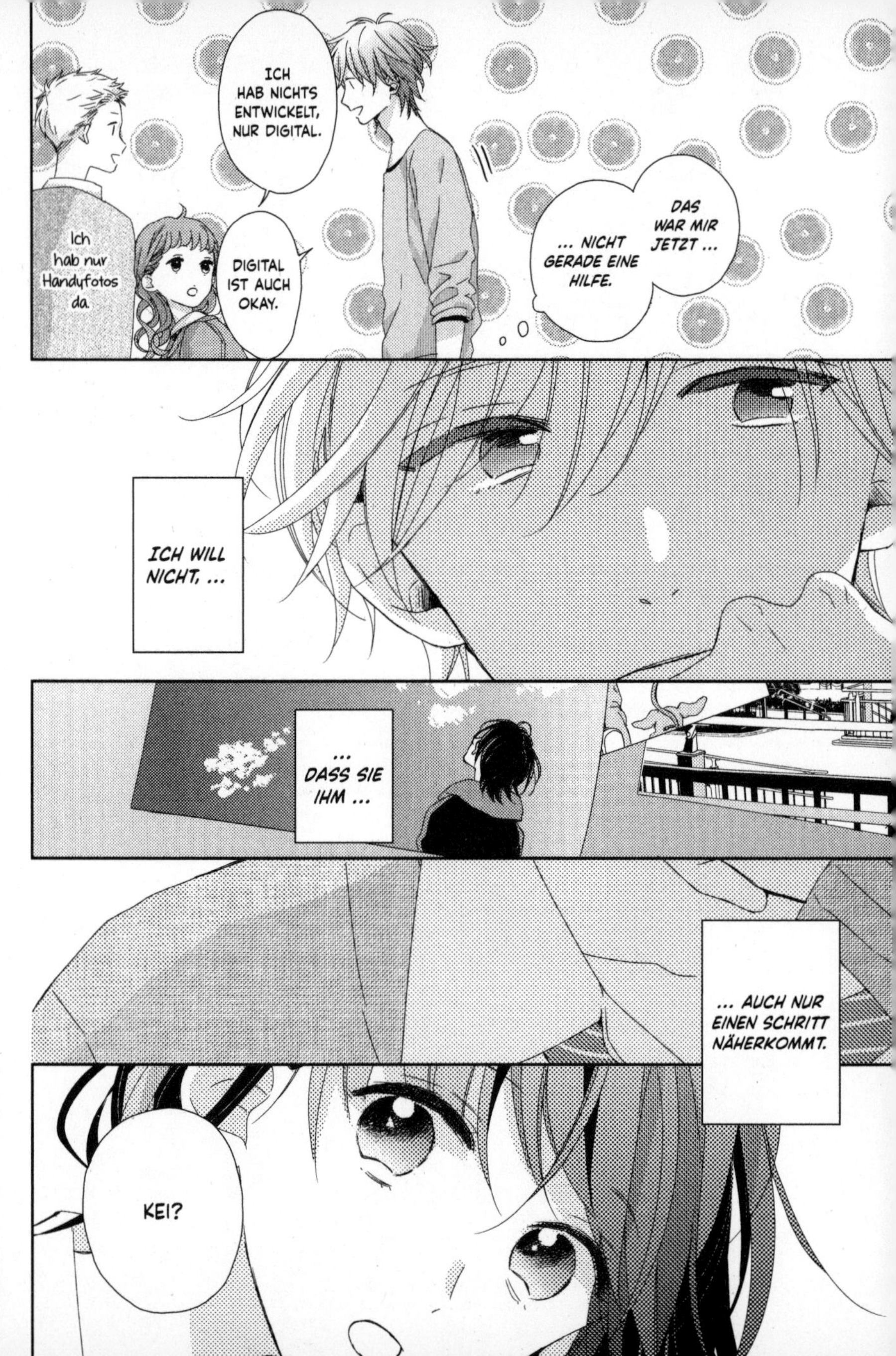
ICH HAB NICHTS ENTWICKELT, NUR DIGITAL.
DAS WAR MIR JETZT ... ... NICHT GERADE EINE HILFE.
DIGITAL IST AUCH OKAY.
Ich hab nur Handyfotos da.
ICH WILL NICHT, ...
... DASS SIE IHM ...
... AUCH NUR EINEN SCHRITT NÄHERKOMMT.
KEI?

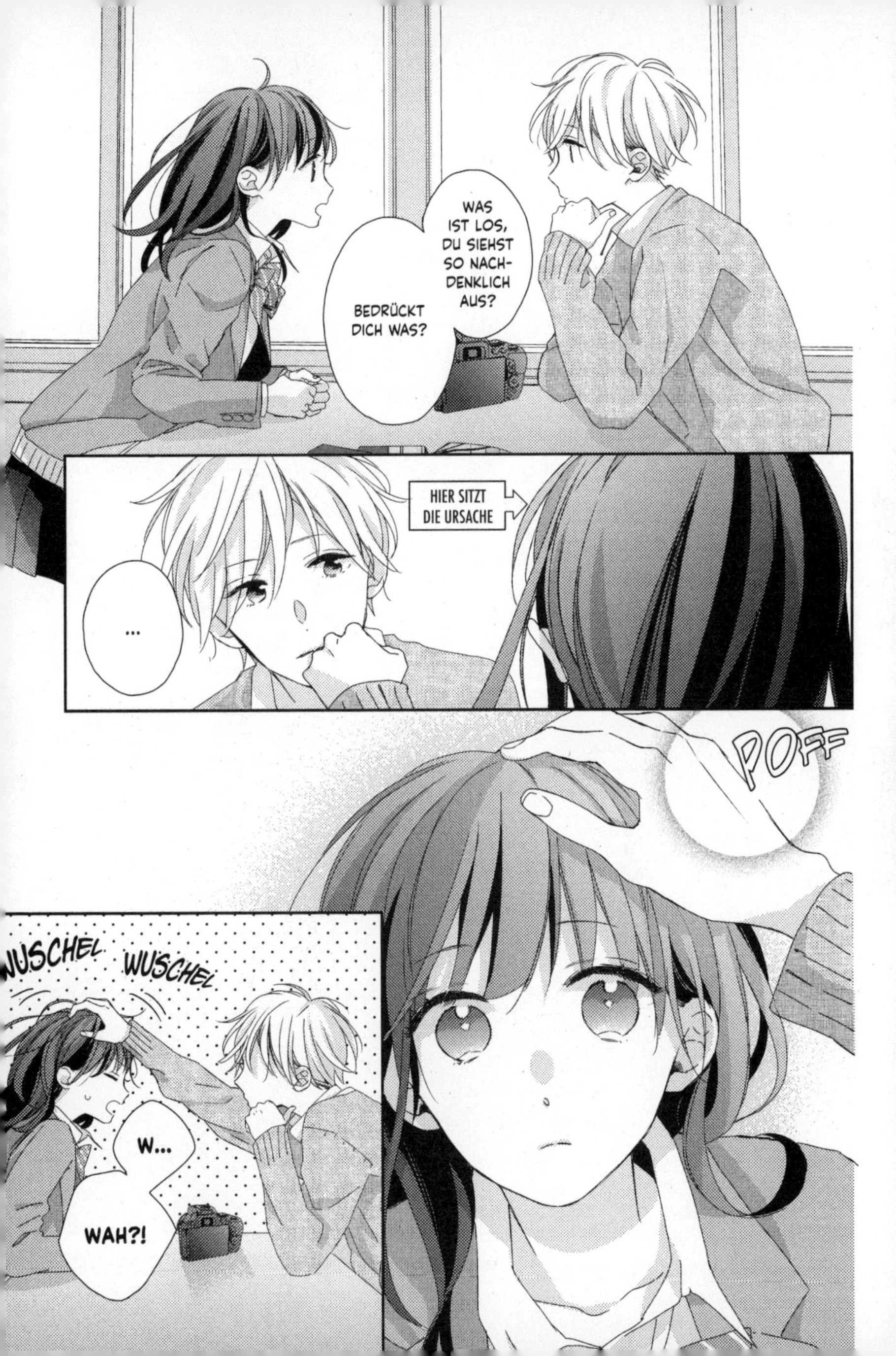
WAS IST LOS, DU SIEHST SO NACH-DENKLICH AUS?
BEDRÜCKT DICH WAS?
HIER SITZT DIE URSACHE
...
POFF
WUSCHEL
WUSCHEL
W...
WAH?!

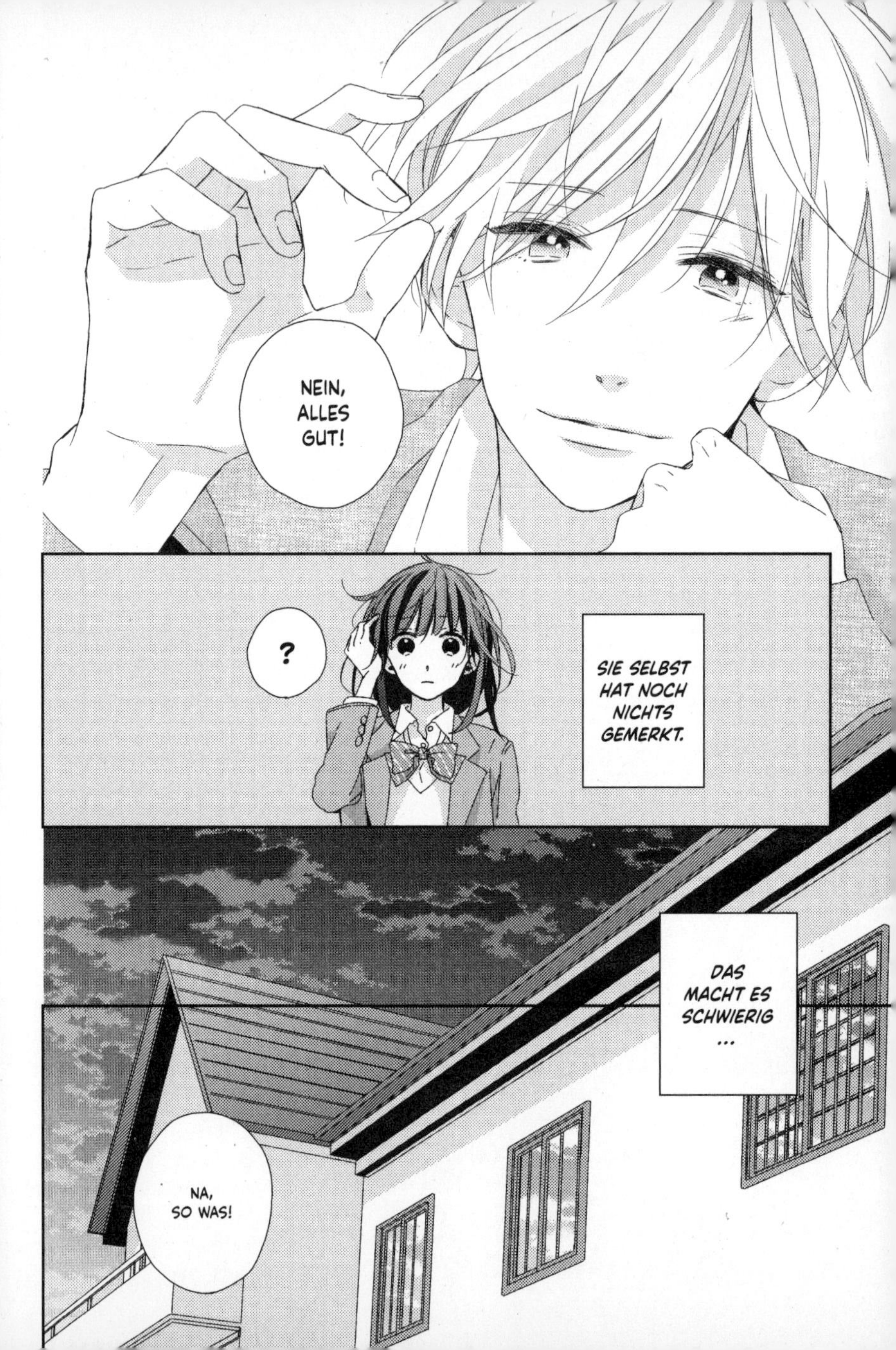
NEIN, ALLES GUT!
SIE SELBST HAT NOCH NICHTS GEMERKT.
?
DAS MACHT ES SCHWIERIG ...
NA, SO WAS!

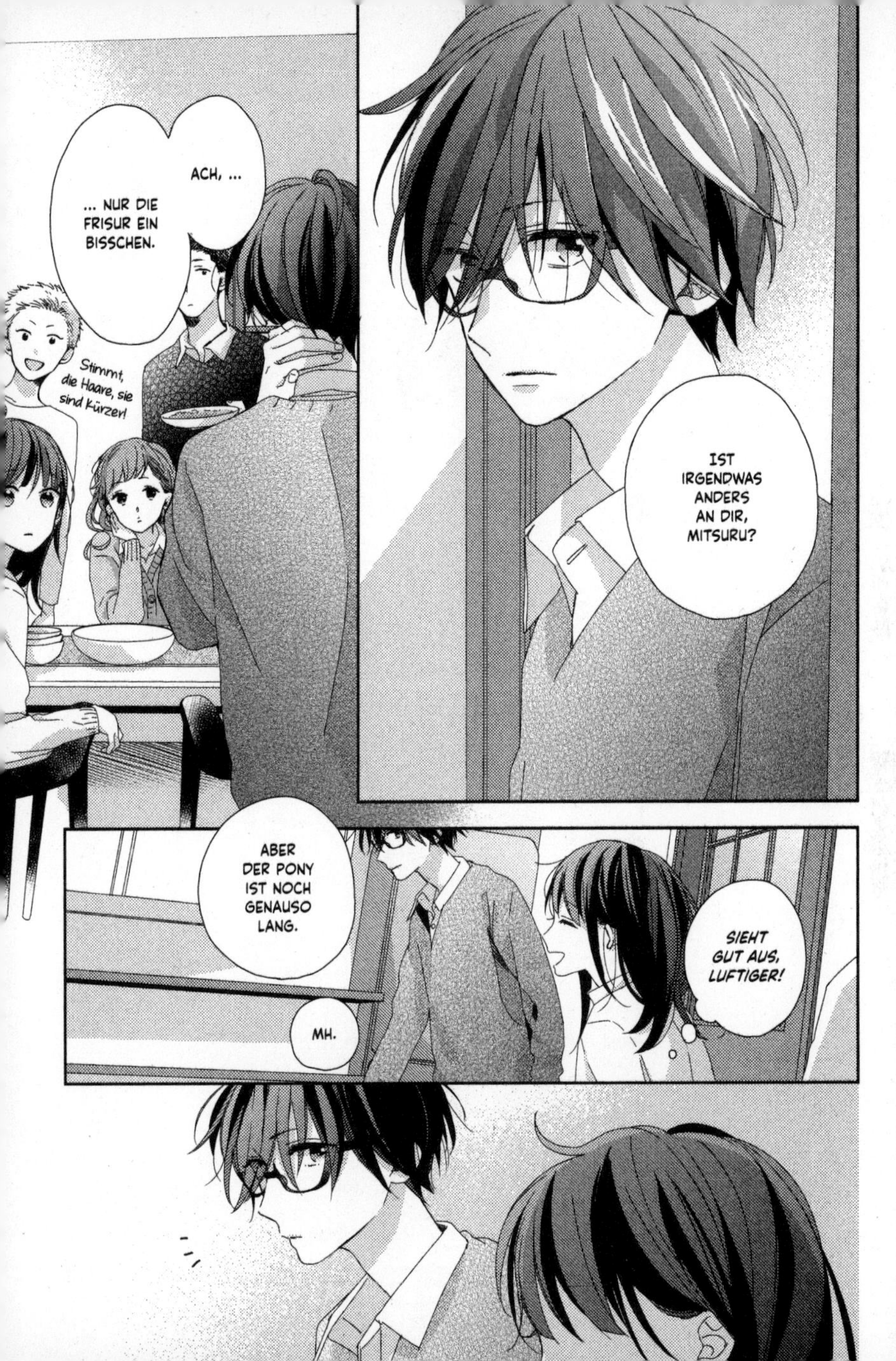
IST IRGENDWAS ANDERS AN DIR, MITSURU?
ACH, ...
... NUR DIE FRISUR EIN BISSCHEN.
Stimmt, die Haare, sie sind kürzer!
SIEHT GUT AUS, LUFTIGER!
ABER DER PONY IST NOCH GENAUSO LANG.
MH.

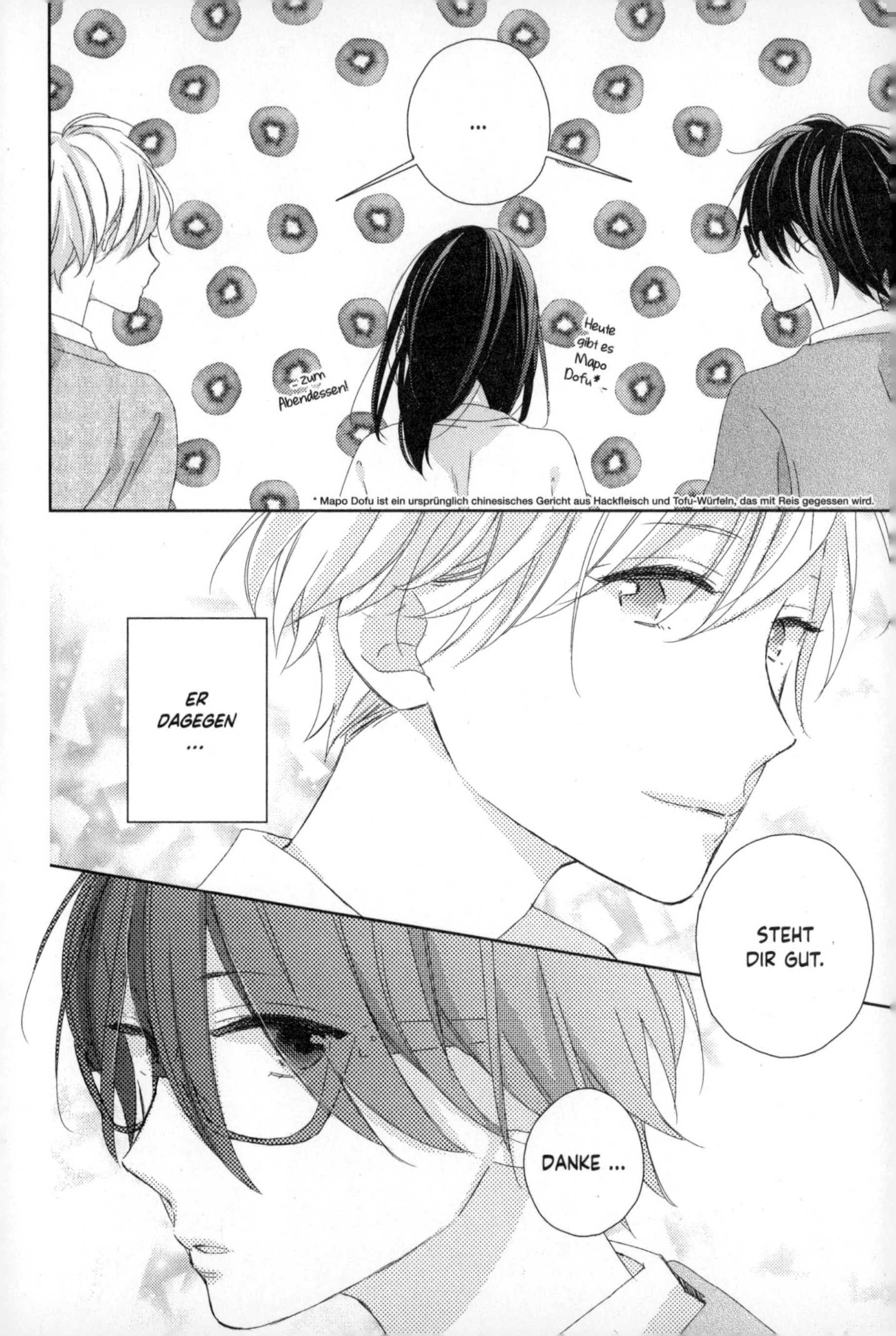
…
Heute gibt es Mapo Dofu*-
-zum Abendessen!
* Mapo Dofu ist ein ursprünglich chinesisches Gericht aus Hackfleisch und Tofu-Würfeln, das mit Reis gegessen wird.
ER DAGEGEN …
STEHT DIR GUT.
DANKE …

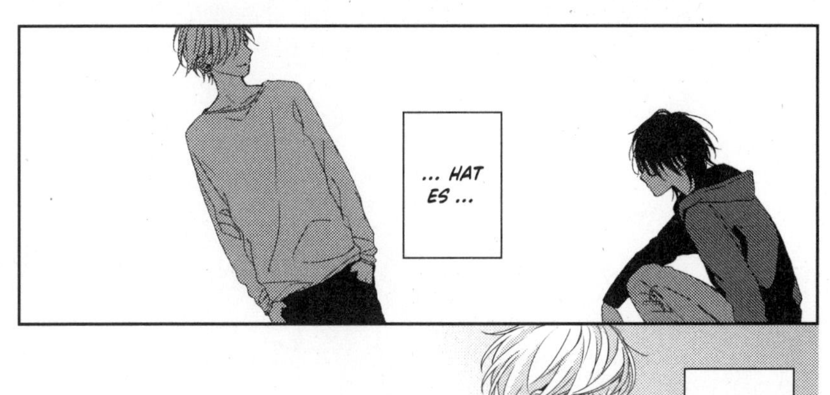
... HAT ES ...

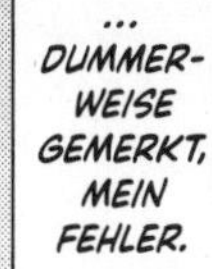
... DUMMERWEISE GEMERKT, MEIN FEHLER.

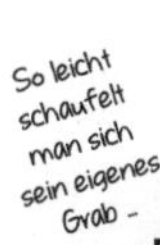
So leicht schaufelt man sich sein eigenes Grab -

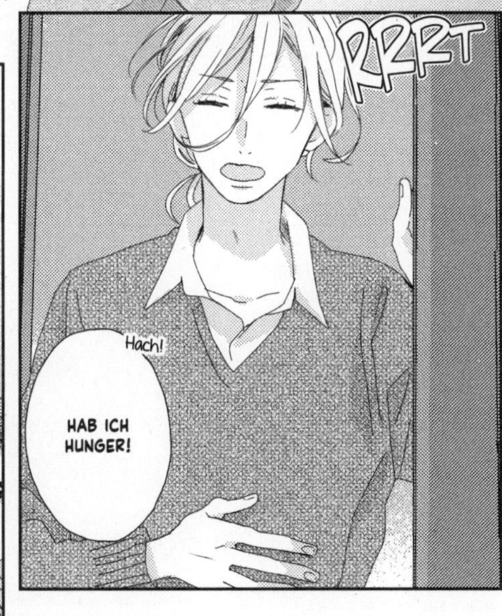
RRRT
Hach!
HAB ICH HUNGER!

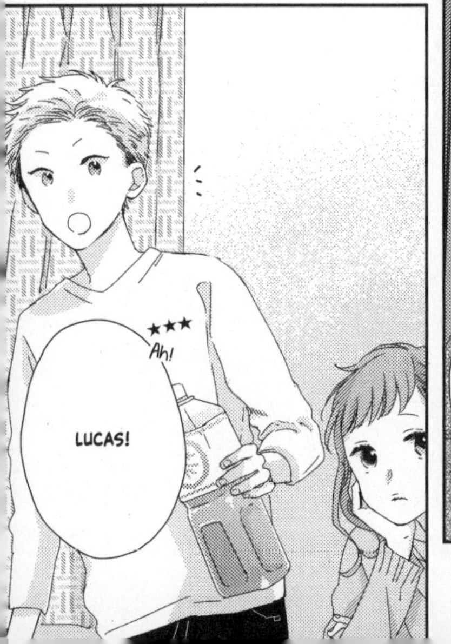
Ah!
LUCAS!

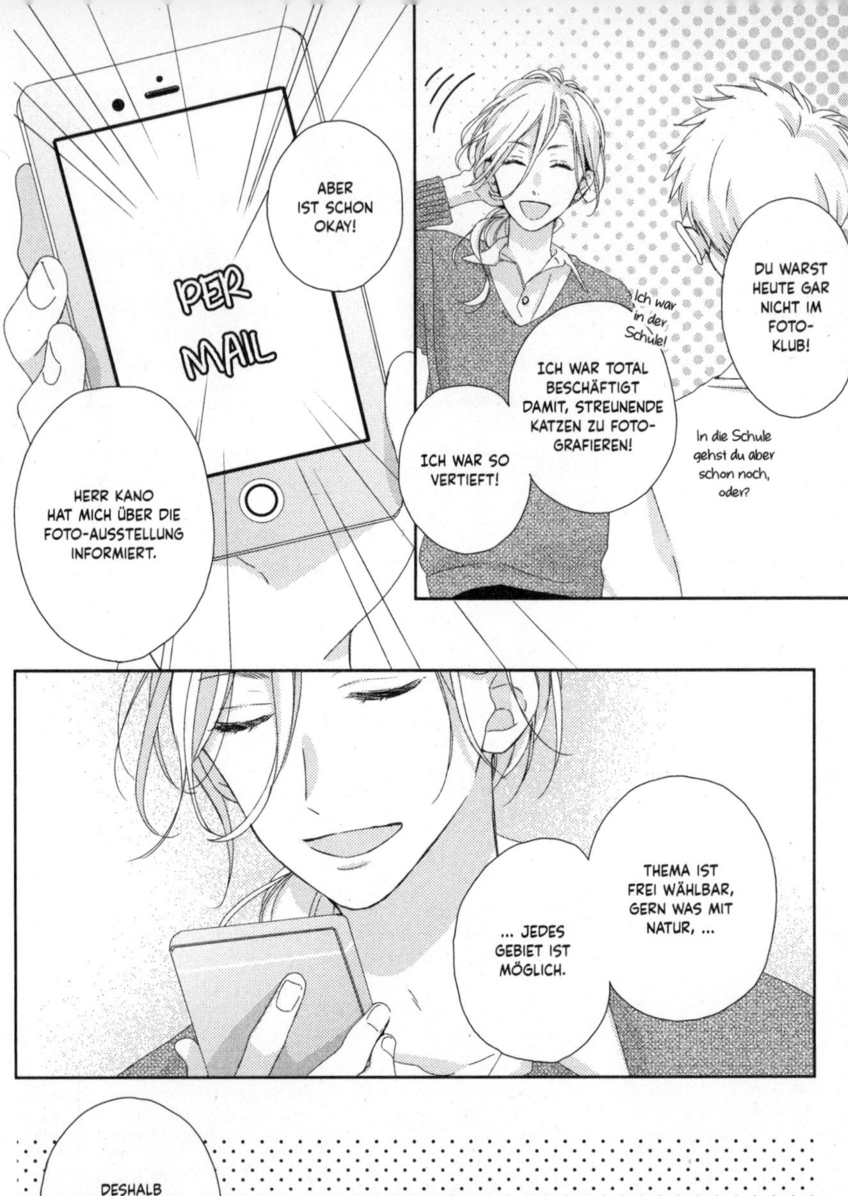
DU WARST HEUTE GAR NICHT IM FOTO-KLUB!
In die Schule gehst du aber schon noch, oder?
Ich war in der Schule!
ICH WAR TOTAL BESCHÄFTIGT DAMIT, STREUNENDE KATZEN ZU FOTO-GRAFIEREN!
ICH WAR SO VERTIEFT!
ABER IST SCHON OKAY!
PER MAIL
HERR KANO HAT MICH ÜBER DIE FOTO-AUSSTELLUNG INFORMIERT.
THEMA IST FREI WÄHLBAR, GERN WAS MIT NATUR, ...
... JEDES GEBIET IST MÖGLICH.
DESHALB WÜRDE ICH VOR-SCHLAGEN, ...

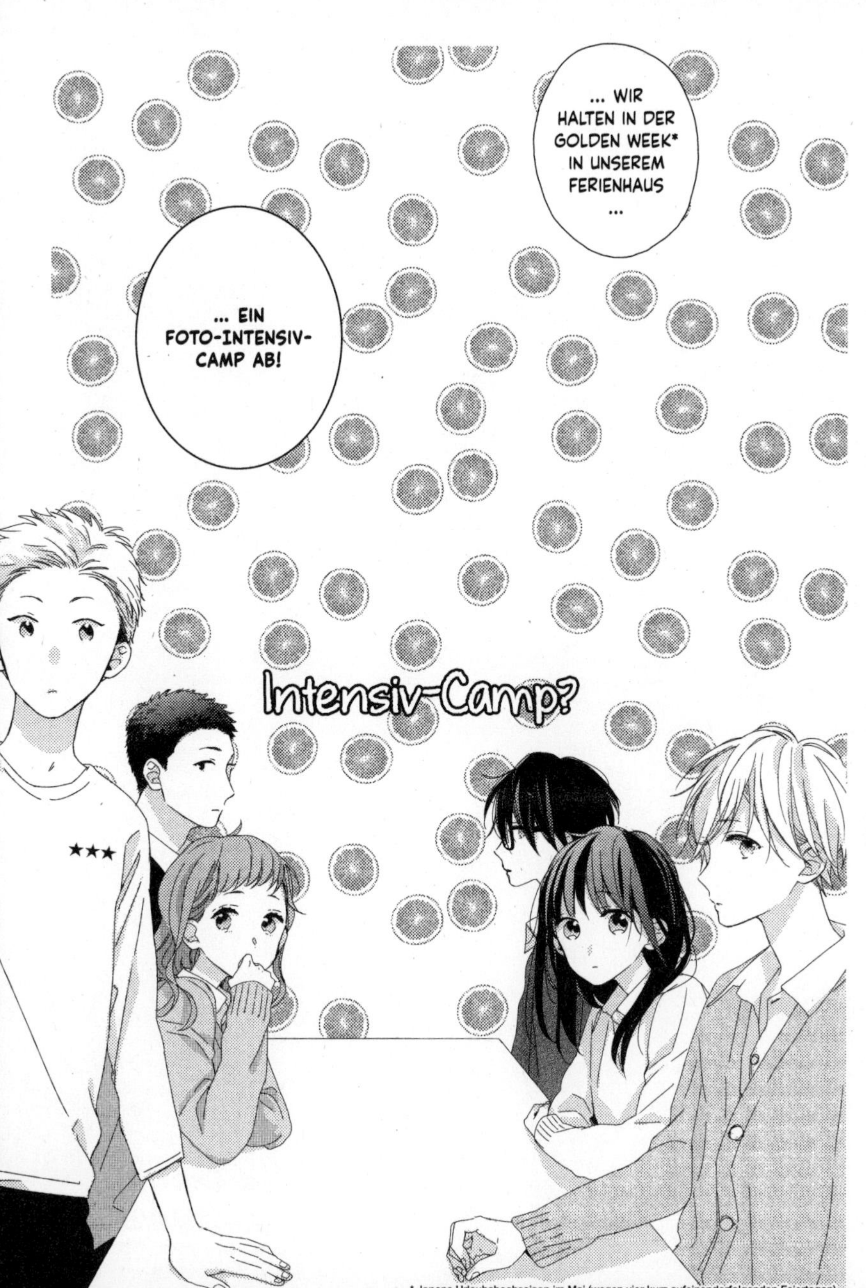

* Japans Urlaubshochsaison im Mai (wegen vier kurz aufeinanderfolgenden Feiertagen)

Liebe im Fokus

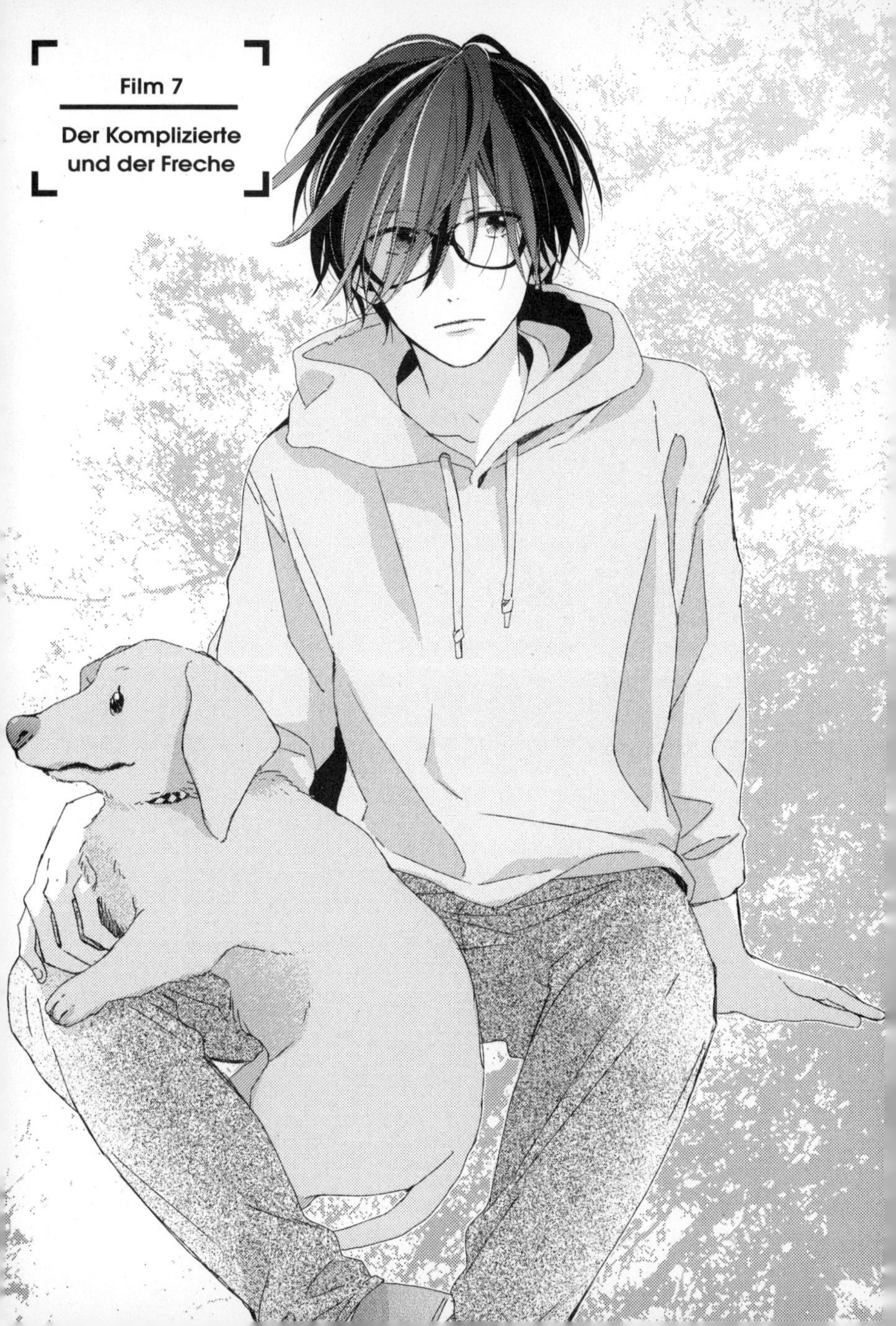
Film 7
Der Komplizierte und der Freche

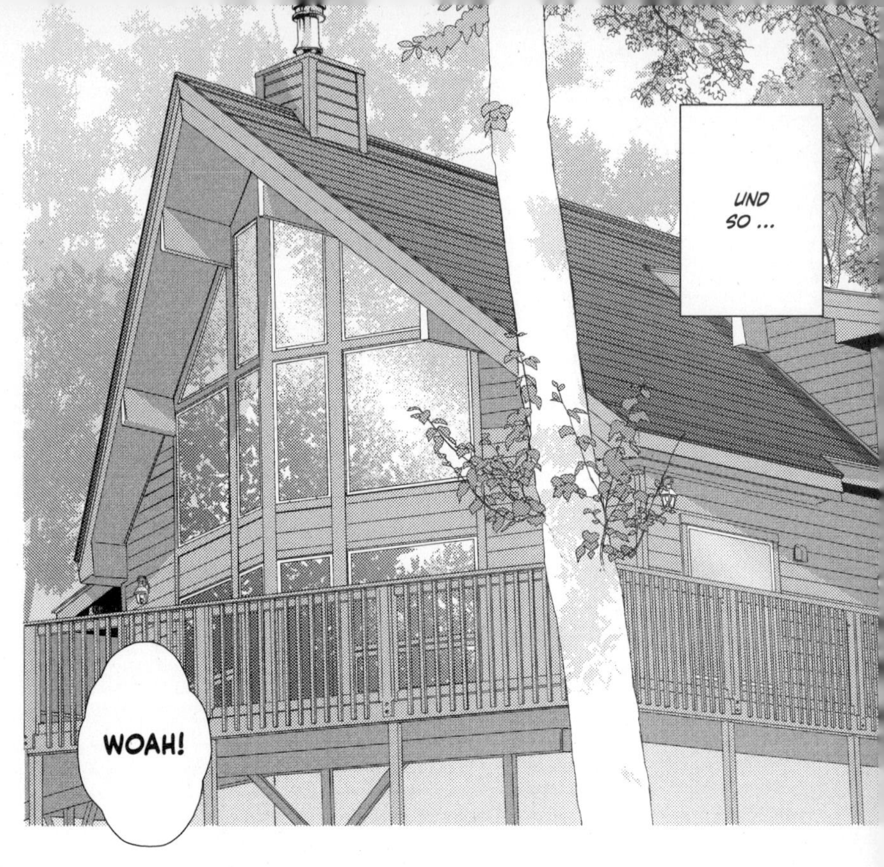
UND SO ...
WOAH!

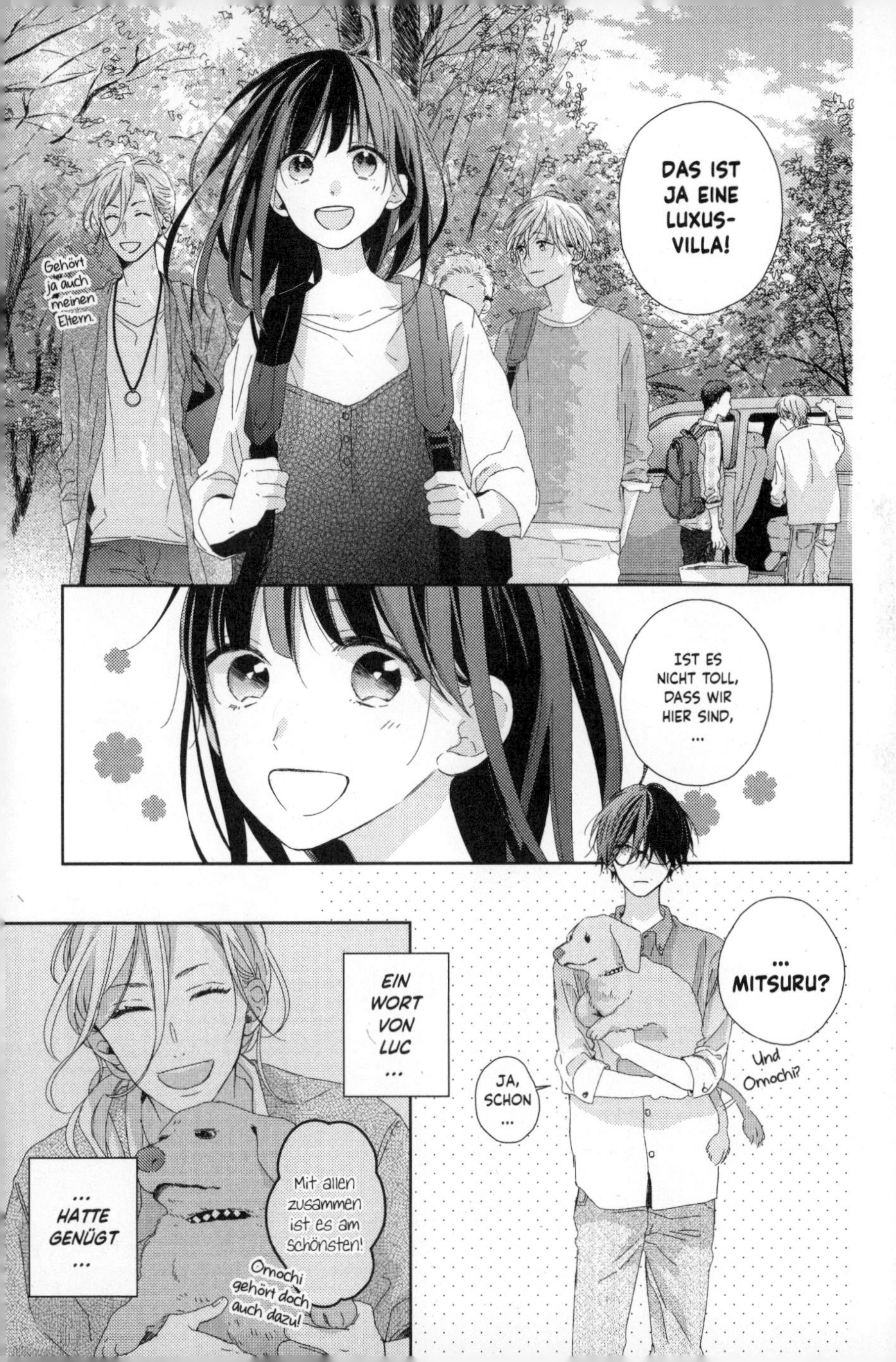
DAS IST JA EINE LUXUS-VILLA!
Gehört ja auch meinen Eltern.
IST ES NICHT TOLL, DASS WIR HIER SIND, ...
... MITSURU?
Und Omochi?
JA, SCHON ...
EIN WORT VON LUC ...
Mit allen zusammen ist es am schönsten!
Omochi gehört doch auch dazu!
... HATTE GENÜGT ...

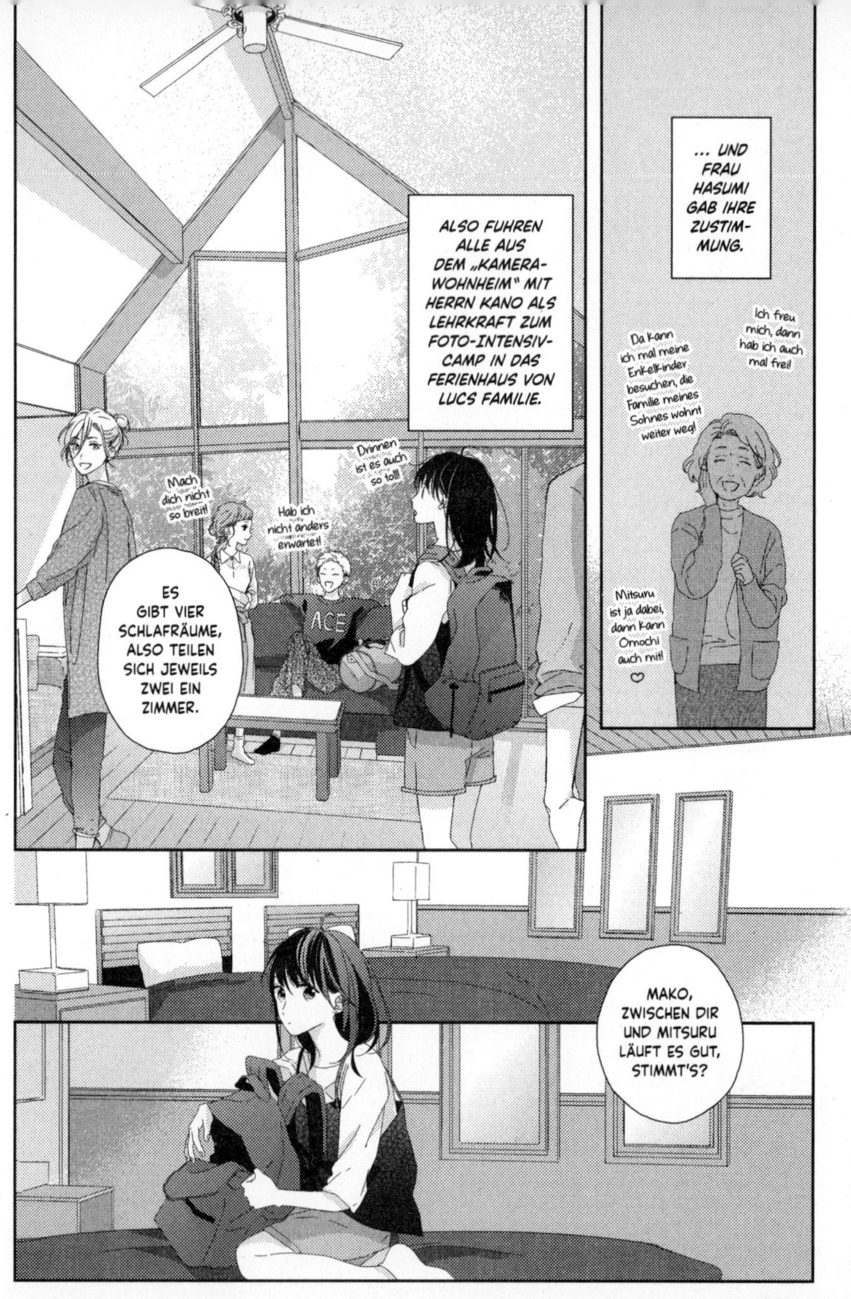
... UND FRAU HASUMI GAB IHRE ZUSTIM-MUNG.
Ich freu mich, dann hab ich auch mal frei!
Da kann ich mal meine Enkelkinder besuchen, die Familie meines Sohnes wohnt weiter weg!
Mitsuru ist ja dabei, dann kann Omochi auch mit! ♡
ALSO FUHREN ALLE AUS DEM „KAMERA-WOHNHEIM“ MIT HERRN KANO ALS LEHRKRAFT ZUM FOTO-INTENSIV-CAMP IN DAS FERIENHAUS VON LUCS FAMILIE.
Drinnen ist es auch so toll!
Hab ich nicht anders erwartet!
Mach dich nicht so breit!
ES GIBT VIER SCHLAFRÄUME, ALSO TEILEN SICH JEWEILS ZWEI EIN ZIMMER.
ACE
MAKO, ZWISCHEN DIR UND MITSURU LÄUFT ES GUT, STIMMT'S?

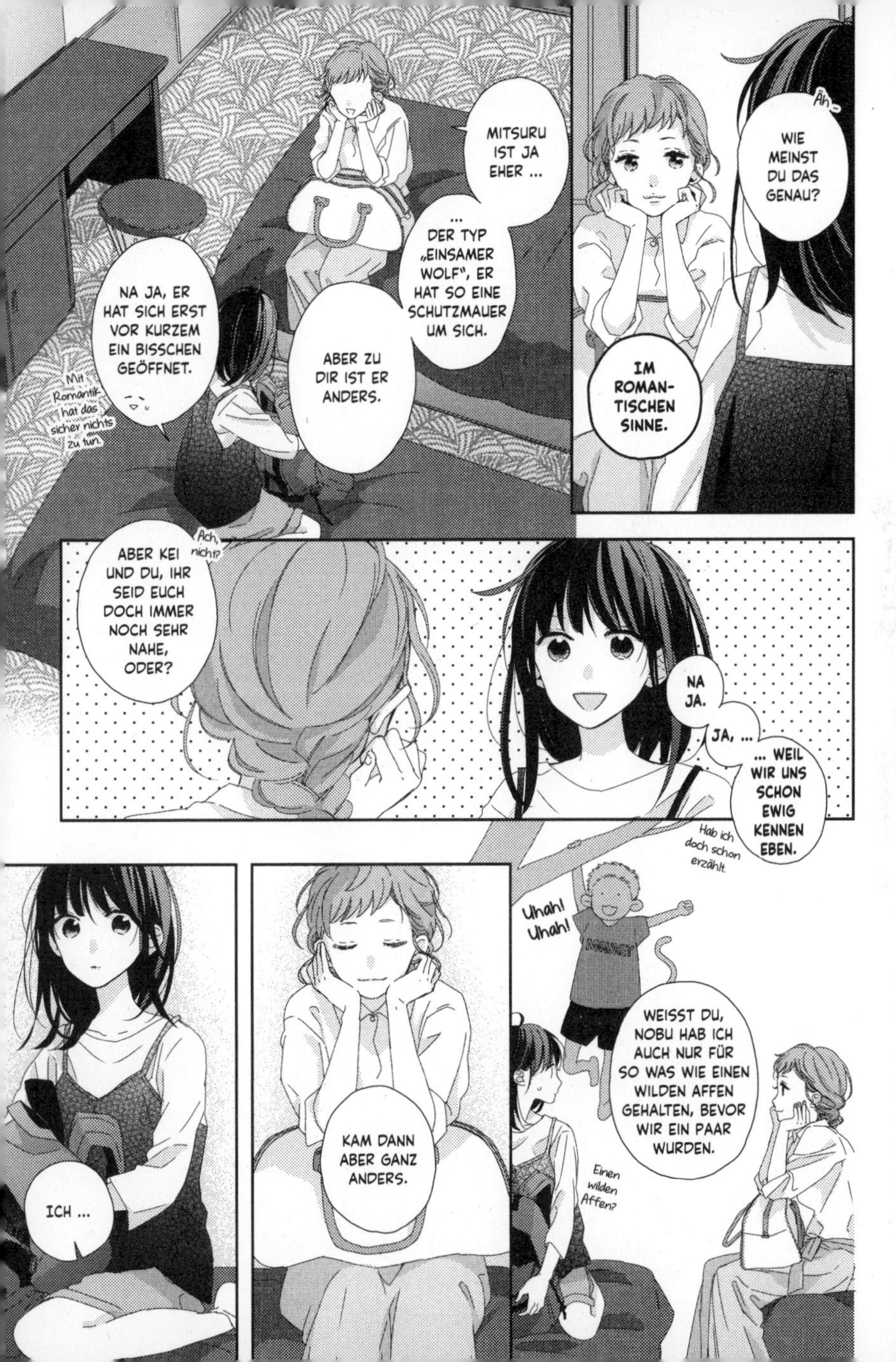
Äh–
WIE MEINST DU DAS GENAU?
IM ROMANTISCHEN SINNE.
MITSURU IST JA EHER ...
... DER TYP „EINSAMER WOLF", ER HAT SO EINE SCHUTZMAUER UM SICH.
ABER ZU DIR IST ER ANDERS.
NA JA, ER HAT SICH ERST VOR KURZEM EIN BISSCHEN GEÖFFNET.
Mit Romantik hat das sicher nichts zu tun.
NA JA.
JA, ...
... WEIL WIR UNS SCHON EWIG KENNEN EBEN.
Hab ich doch schon erzählt.
Ach, nicht?
ABER KEI UND DU, IHR SEID EUCH DOCH IMMER NOCH SEHR NAHE, ODER?
WEISST DU, NOBU HAB ICH AUCH NUR FÜR SO WAS WIE EINEN WILDEN AFFEN GEHALTEN, BEVOR WIR EIN PAAR WURDEN.
Uhah! Uhah!
MONKEY
Einen wilden Affen?
KAM DANN ABER GANZ ANDERS.
ICH ...

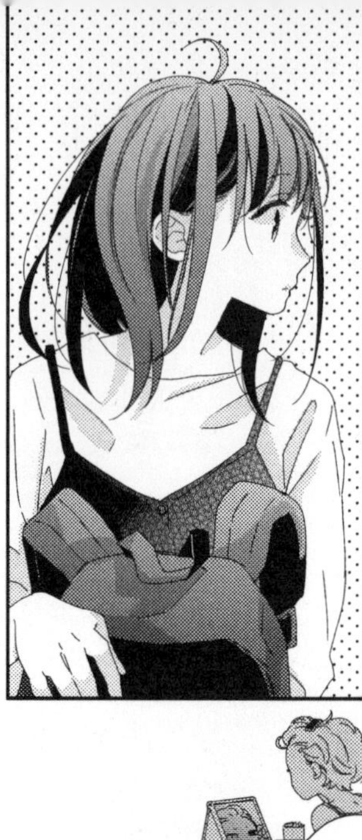

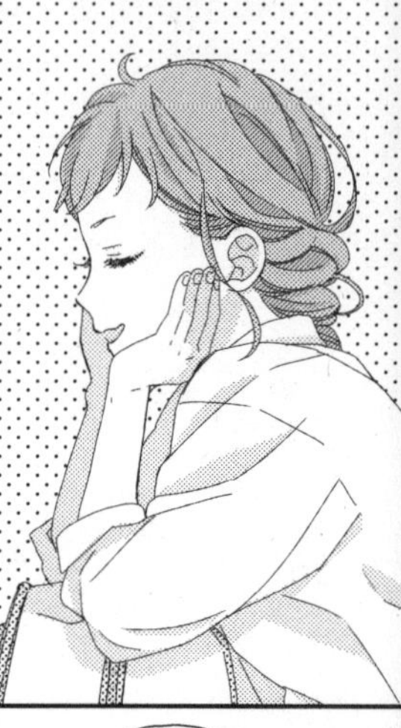

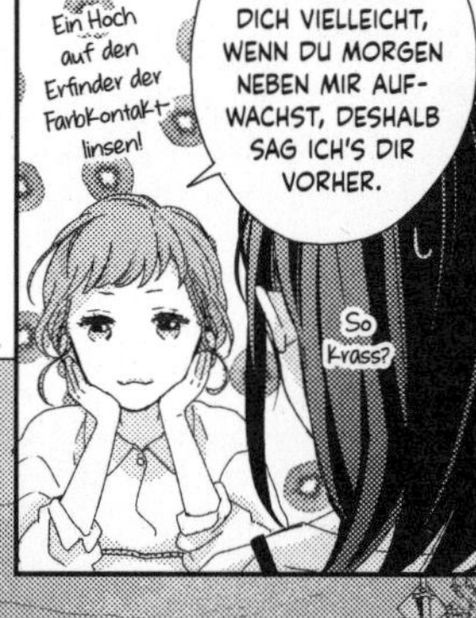

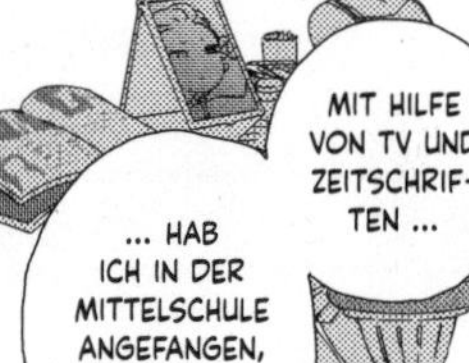

NOBU UND ICH KOMMEN AUS EINEM ECHT KLEINEN, ABGE-SCHIEDENEN KAFF AUF DEM LAND.

JEDER KENNT DORT JEDEN QUASI VON GEBURT AN.

Was, das soll Nene sein?

Ein völlig anderer Mensch!

Die will uns was vormachen!

Sie hält sich für was Besseres!

Das sieht kriminell aus, lass das mal lieber!

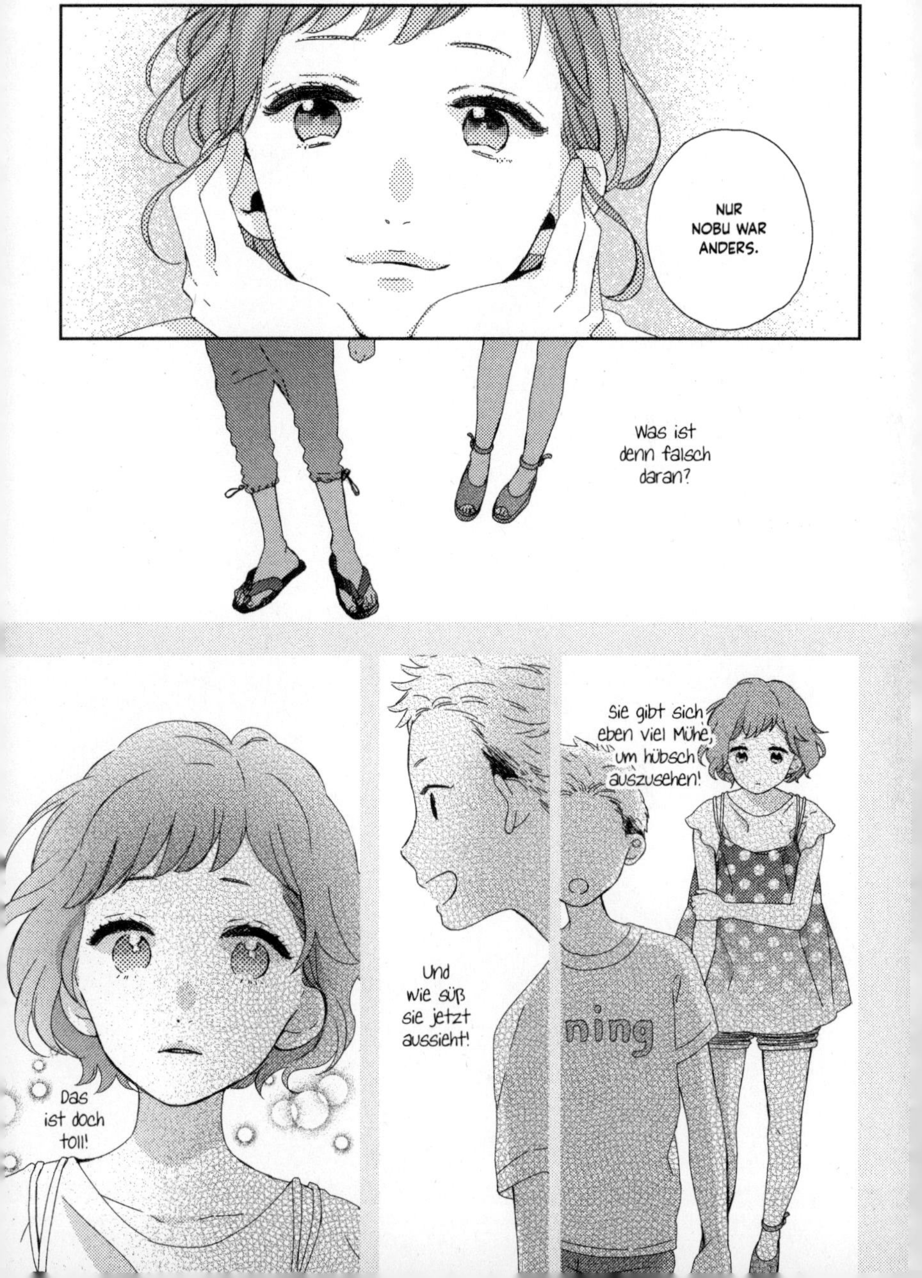

NUR NOBU WAR ANDERS.

Was ist denn falsch daran?

Sie gibt sich eben viel Mühe, um hübsch auszusehen!

ning

Und wie süß sie jetzt aussieht!

Das ist doch toll!

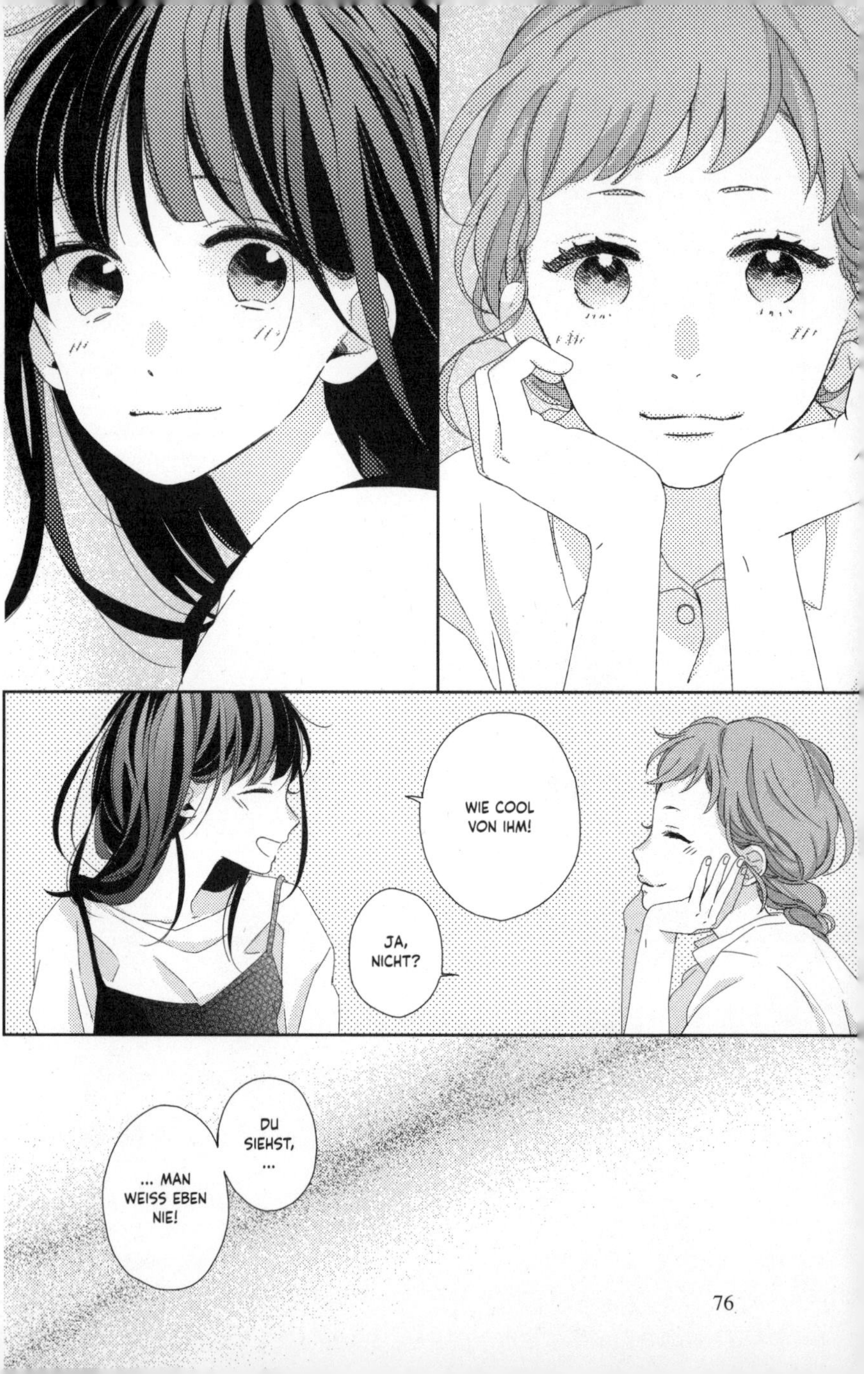

WIE COOL VON IHM!

JA, NICHT?

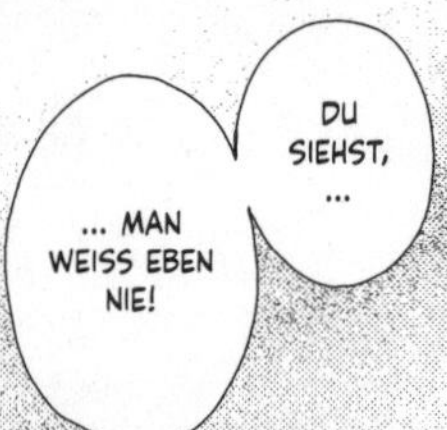

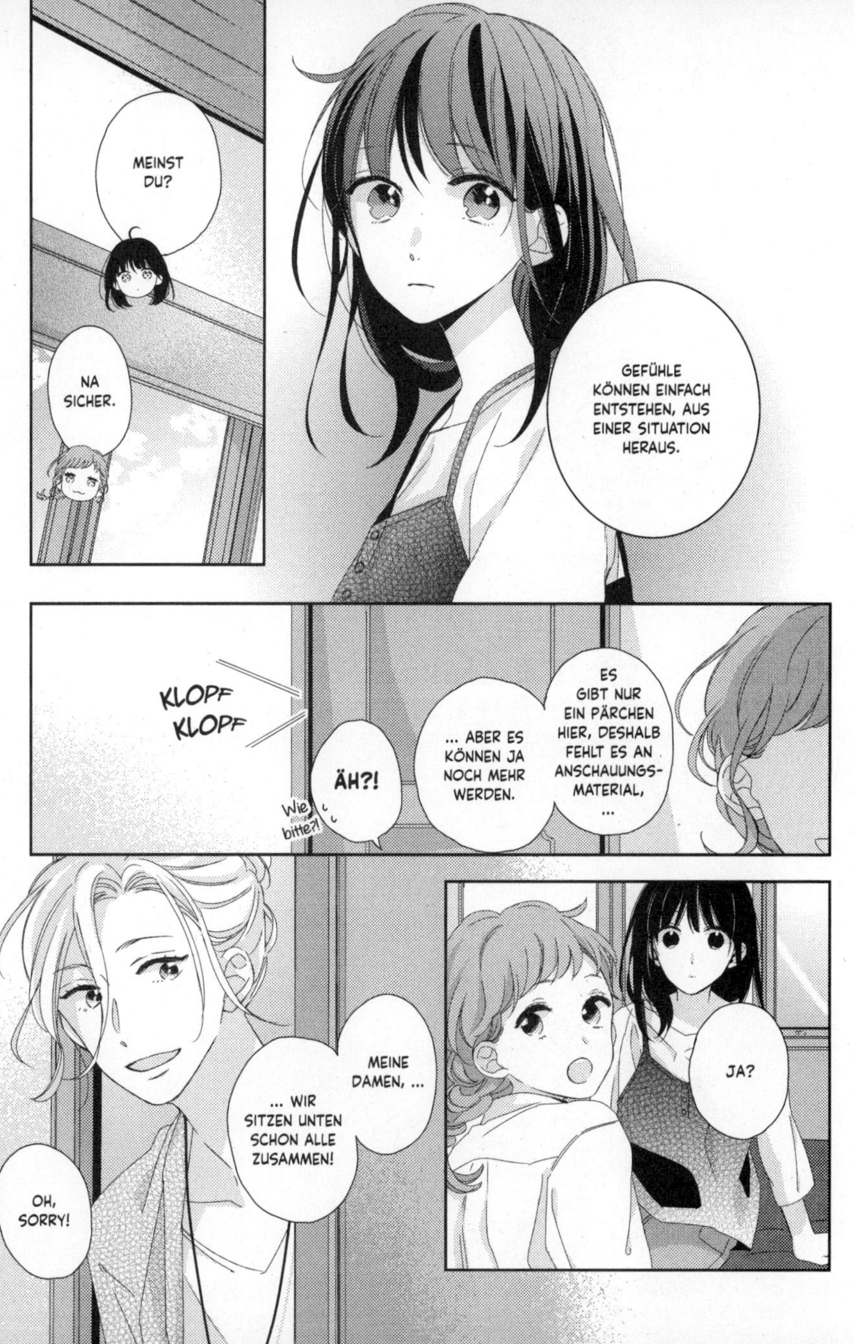
GEFÜHLE KÖNNEN EINFACH ENTSTEHEN, AUS EINER SITUATION HERAUS.
MEINST DU?
NA SICHER.
ES GIBT NUR EIN PÄRCHEN HIER, DESHALB FEHLT ES AN ANSCHAUUNGS-MATERIAL, ...
... ABER ES KÖNNEN JA NOCH MEHR WERDEN.
ÄH?!
Wie bitte?!
KLOPF KLOPF
JA?
MEINE DAMEN, ...
... WIR SITZEN UNTEN SCHON ALLE ZUSAMMEN!
OH, SORRY!

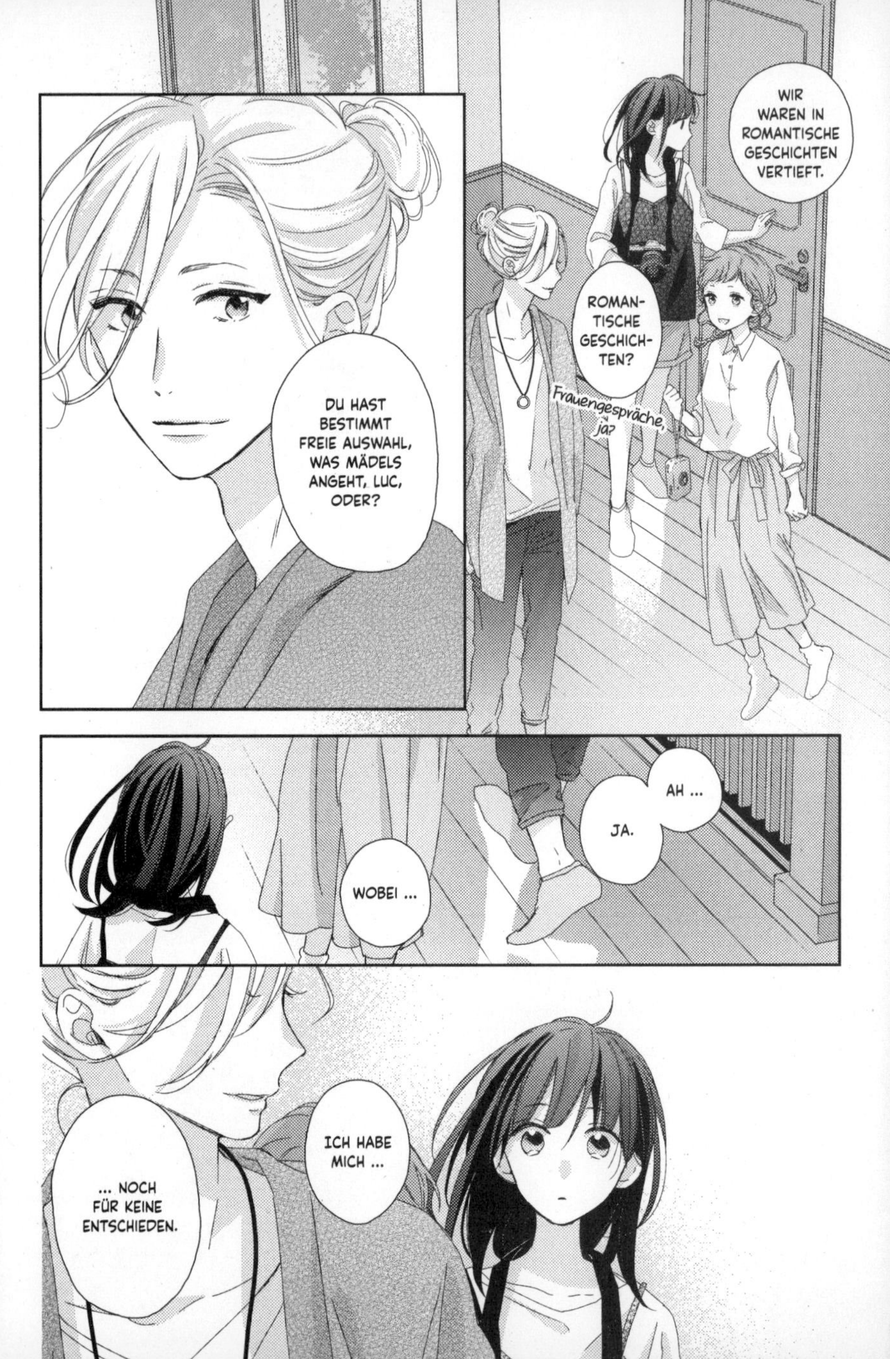
WIR WAREN IN ROMANTISCHE GESCHICHTEN VERTIEFT.
ROMAN-TISCHE GESCHICH-TEN?
Frauengespräche, ja?
DU HAST BESTIMMT FREIE AUSWAHL, WAS MÄDELS ANGEHT, LUC, ODER?
AH ...
JA.
WOBEI ...
ICH HABE MICH ...
... NOCH FÜR KEINE ENTSCHIEDEN.

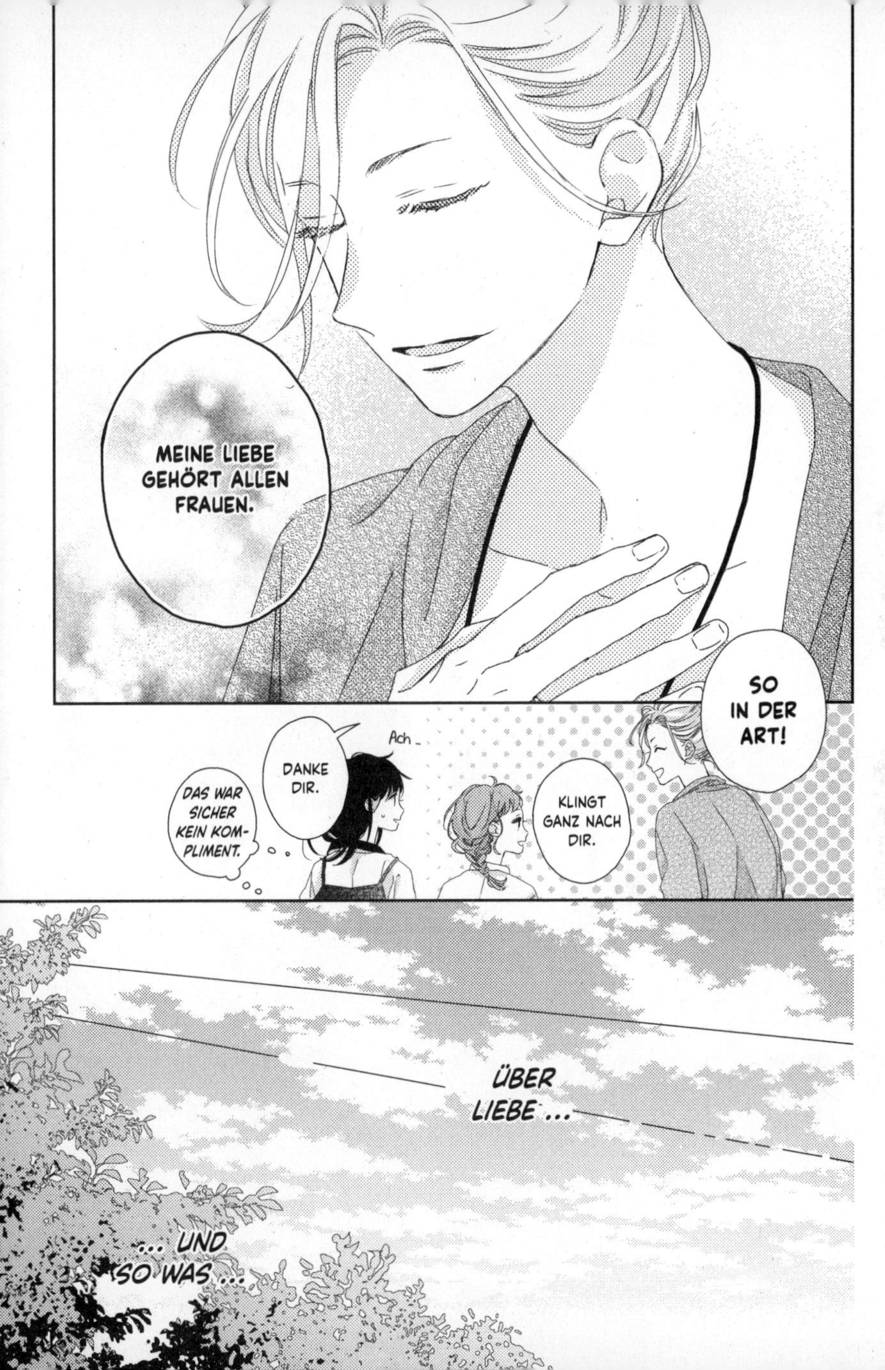
MEINE LIEBE GEHÖRT ALLEN FRAUEN.
SO IN DER ART!
KLINGT GANZ NACH DIR.
Ach …
DANKE DIR.
DAS WAR SICHER KEIN KOMPLIMENT.
ÜBER LIEBE ...
... UND SO WAS ...

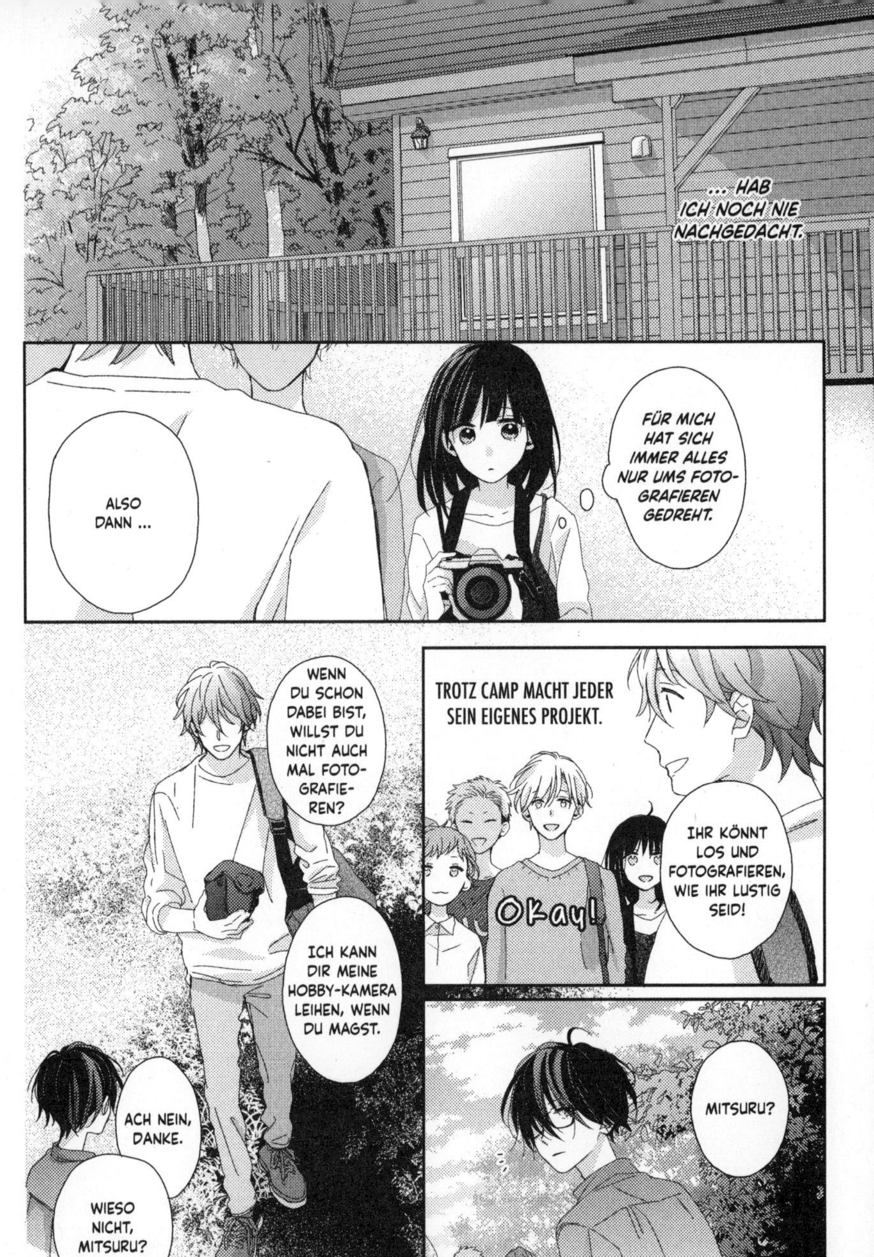
... HAB
ICH NOCH NIE
NACHGEDACHT.
FÜR MICH HAT SICH IMMER ALLES NUR UMS FOTOGRAFIEREN GEDREHT.
ALSO DANN ...
TROTZ CAMP MACHT JEDER SEIN EIGENES PROJEKT.
IHR KÖNNT LOS UND FOTOGRAFIEREN, WIE IHR LUSTIG SEID!
Okay!
WENN DU SCHON DABEI BIST, WILLST DU NICHT AUCH MAL FOTOGRAFIEREN?
ICH KANN DIR MEINE HOBBY-KAMERA LEIHEN, WENN DU MAGST.
ACH NEIN, DANKE.
WIESO NICHT, MITSURU?
MITSURU?

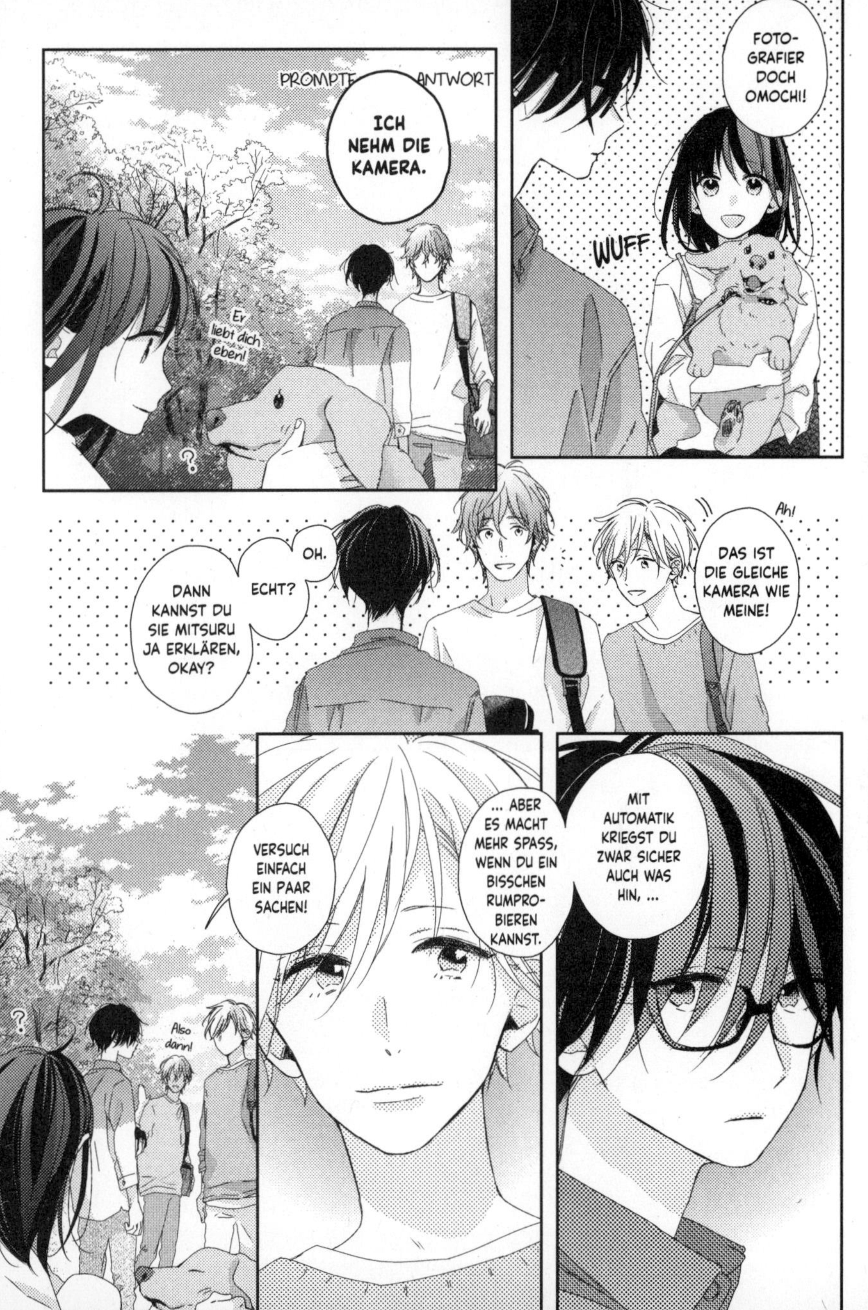
FOTO-GRAFIER DOCH OMOCHI!
WUFF
PROMPTE ANTWORT
ICH NEHM DIE KAMERA.
Er liebt dich eben!
?
Ah!
DAS IST DIE GLEICHE KAMERA WIE MEINE!
OH.
ECHT?
DANN KANNST DU SIE MITSURU JA ERKLÄREN, OKAY?
MIT AUTOMATIK KRIEGST DU ZWAR SICHER AUCH WAS HIN, ...
... ABER ES MACHT MEHR SPASS, WENN DU EIN BISSCHEN RUMPRO-BIEREN KANNST.
VERSUCH EINFACH EIN PAAR SACHEN!
?
Also dann!

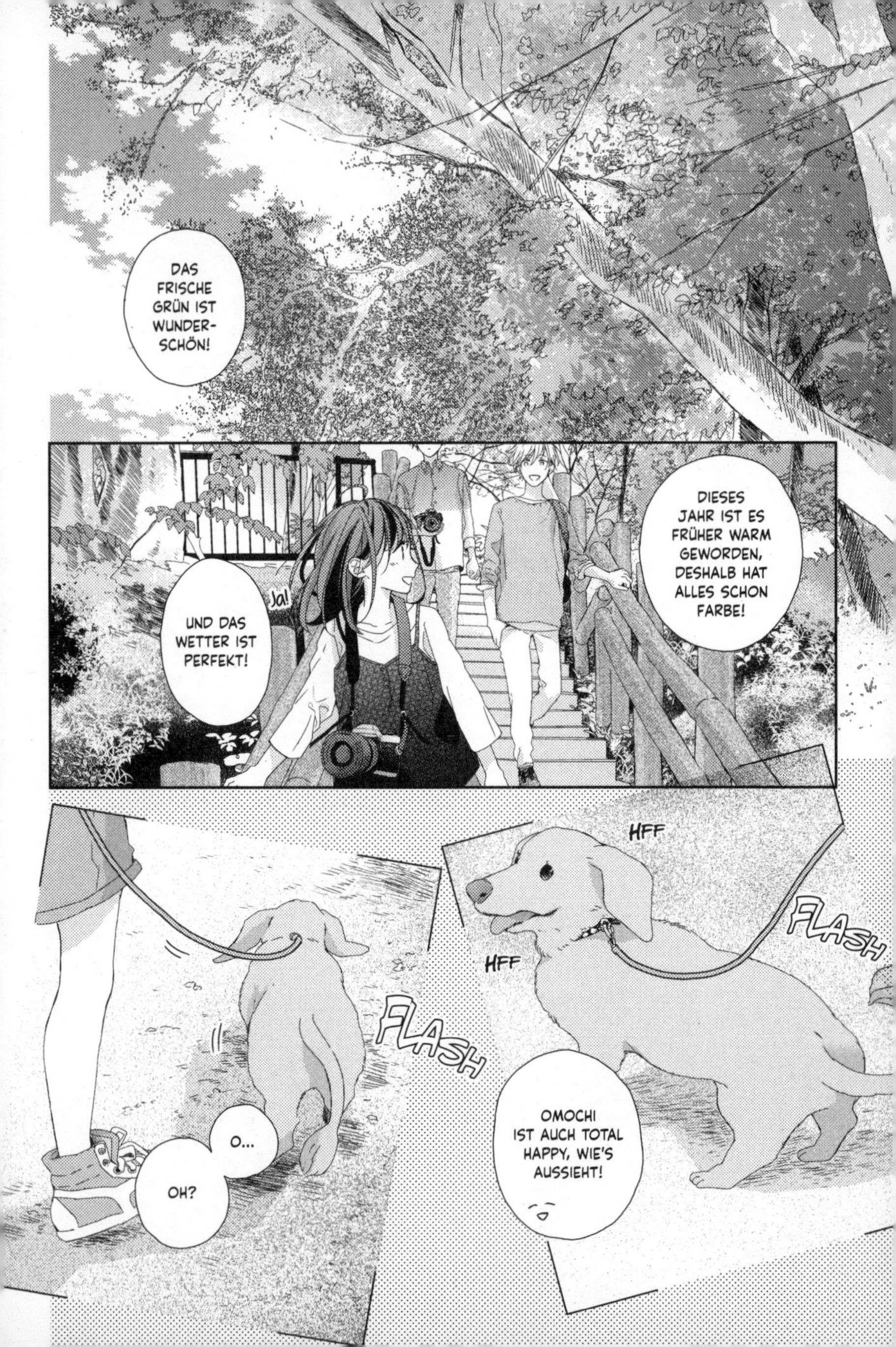
DAS FRISCHE GRÜN IST WUNDER-SCHÖN!
DIESES JAHR IST ES FRÜHER WARM GEWORDEN, DESHALB HAT ALLES SCHON FARBE!
Ja!
UND DAS WETTER IST PERFEKT!
HFF
HFF
FLASH
FLASH
OMOCHI IST AUCH TOTAL HAPPY, WIE'S AUSSIEHT!
O...
OH?

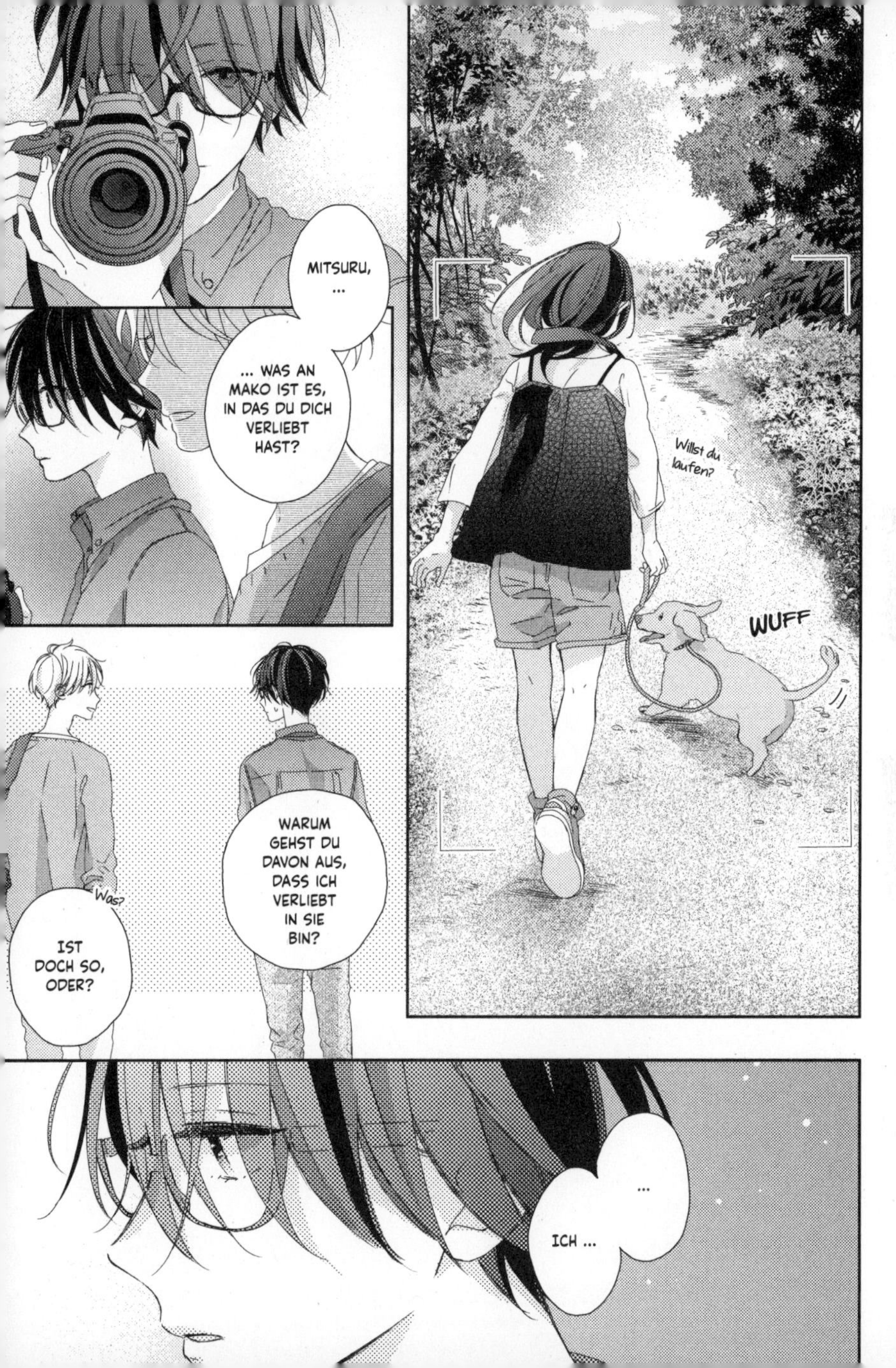
Willst du laufen?
WUFF
MITSURU, ...
... WAS AN MAKO IST ES, IN DAS DU DICH VERLIEBT HAST?
WARUM GEHST DU DAVON AUS, DASS ICH VERLIEBT IN SIE BIN?
Was?
IST DOCH SO, ODER?
...
ICH ...

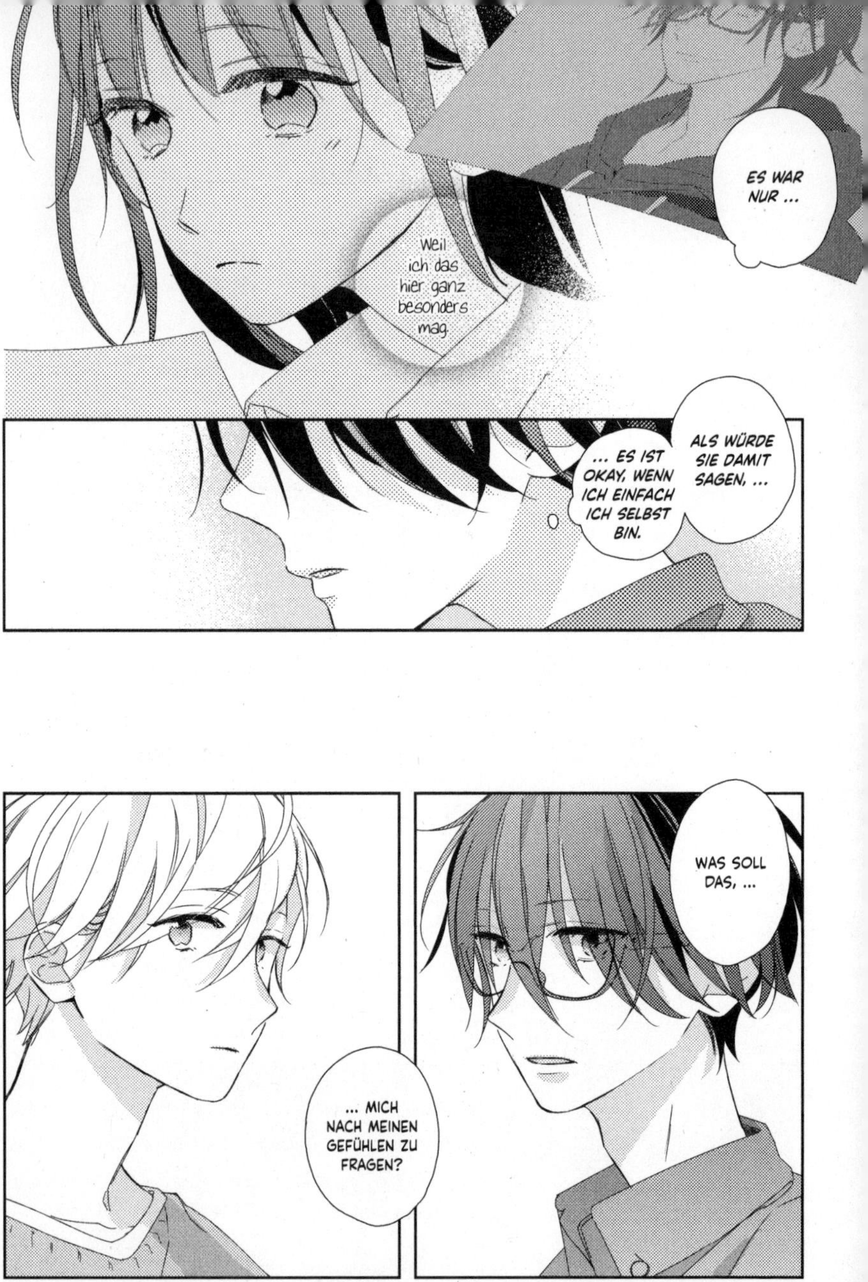

ES WAR NUR ...

Weil ich das hier ganz besonders mag.

ALS WÜRDE SIE DAMIT SAGEN, ...

... ES IST OKAY, WENN ICH EINFACH ICH SELBST BIN.

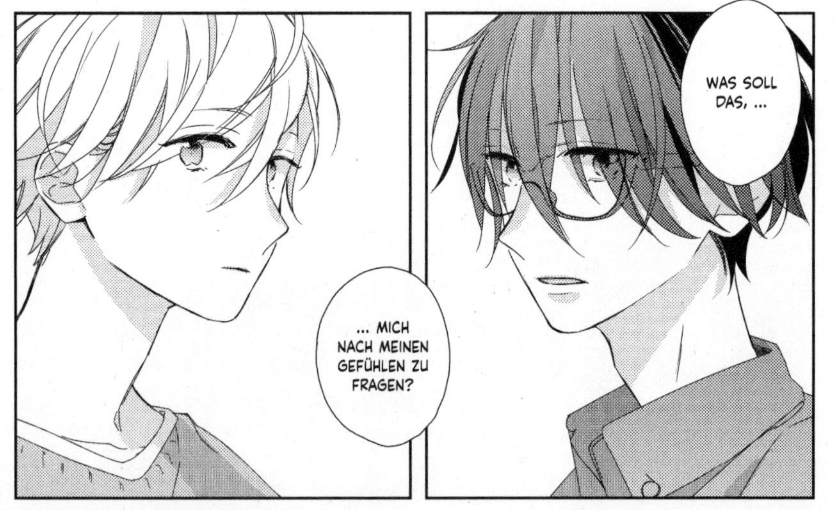

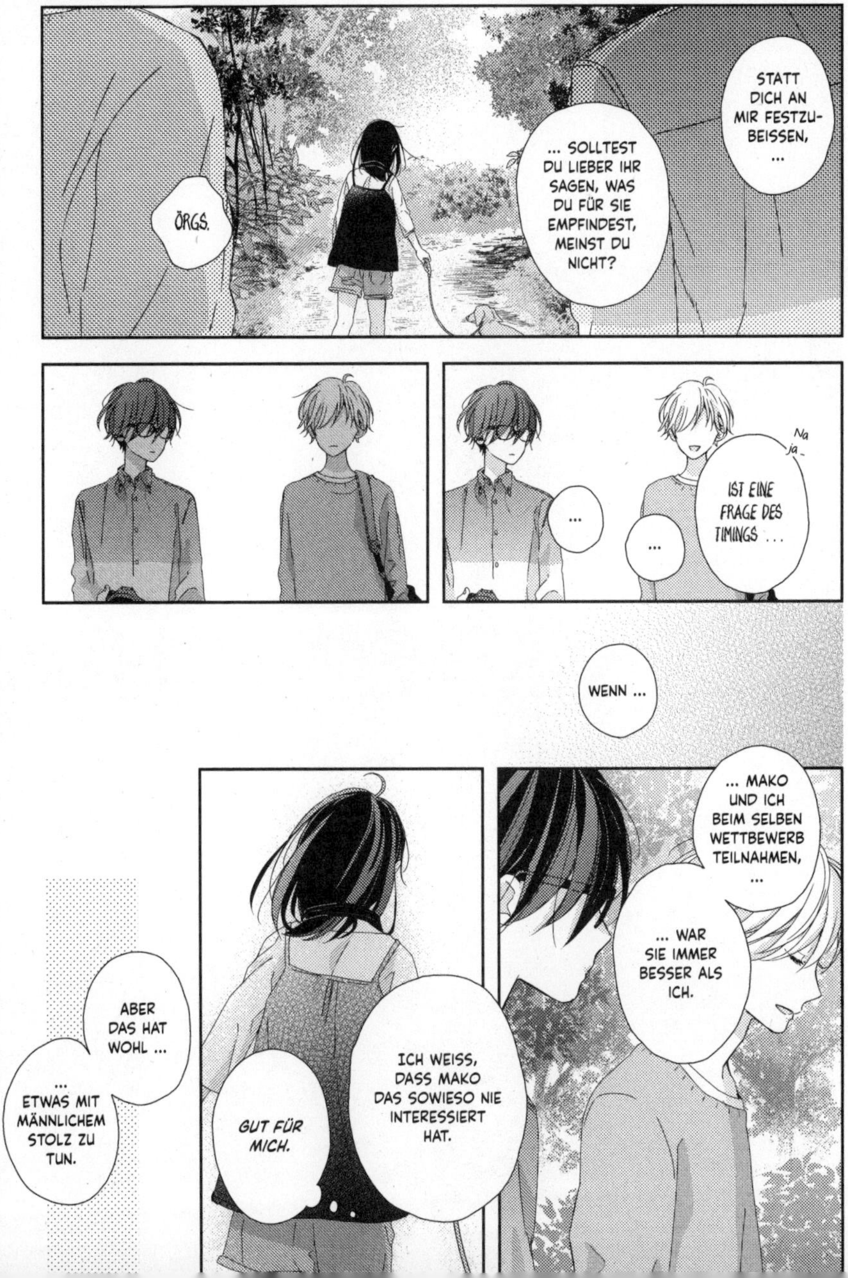

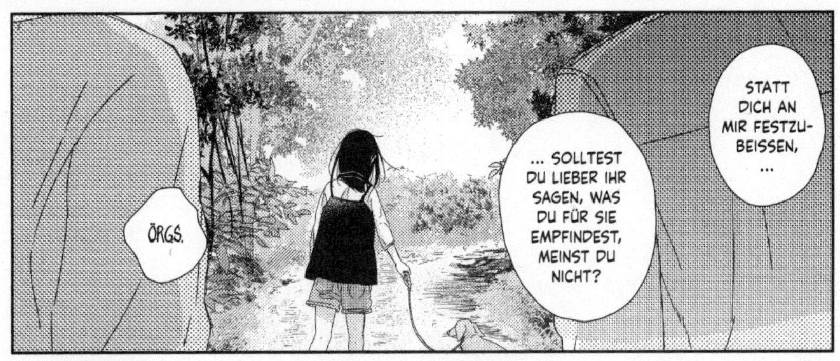
STATT DICH AN MIR FESTZUBEISSEN, ...
... SOLLTEST DU LIEBER IHR SAGEN, WAS DU FÜR SIE EMPFINDEST, MEINST DU NICHT?
ÖRGS.

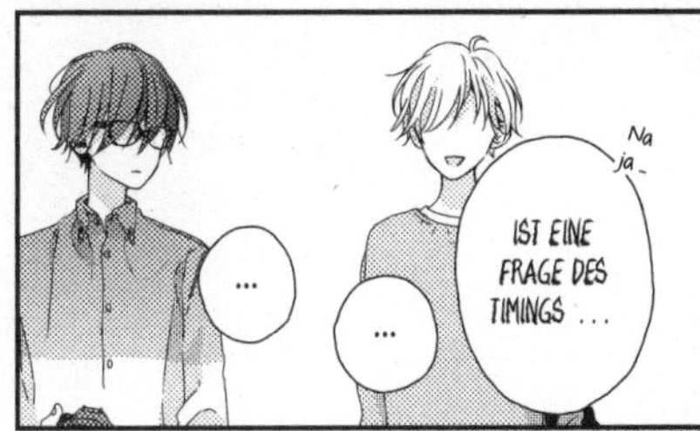
Na ja ...
IST EINE FRAGE DES TIMINGS ...
...
...

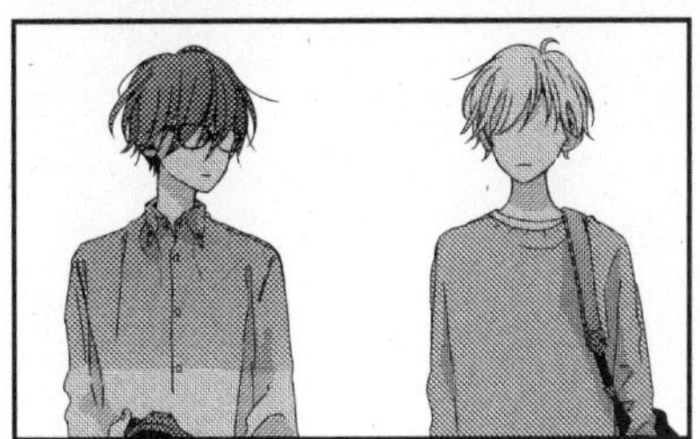

WENN ...
... MAKO UND ICH BEIM SELBEN WETTBEWERB TEILNAHMEN, ...
... WAR SIE IMMER BESSER ALS ICH.
ICH WEISS, DASS MAKO DAS SOWIESO NIE INTERESSIERT HAT.
GUT FÜR MICH.
ABER DAS HAT WOHL ...
... ETWAS MIT MÄNNLICHEM STOLZ ZU TUN.

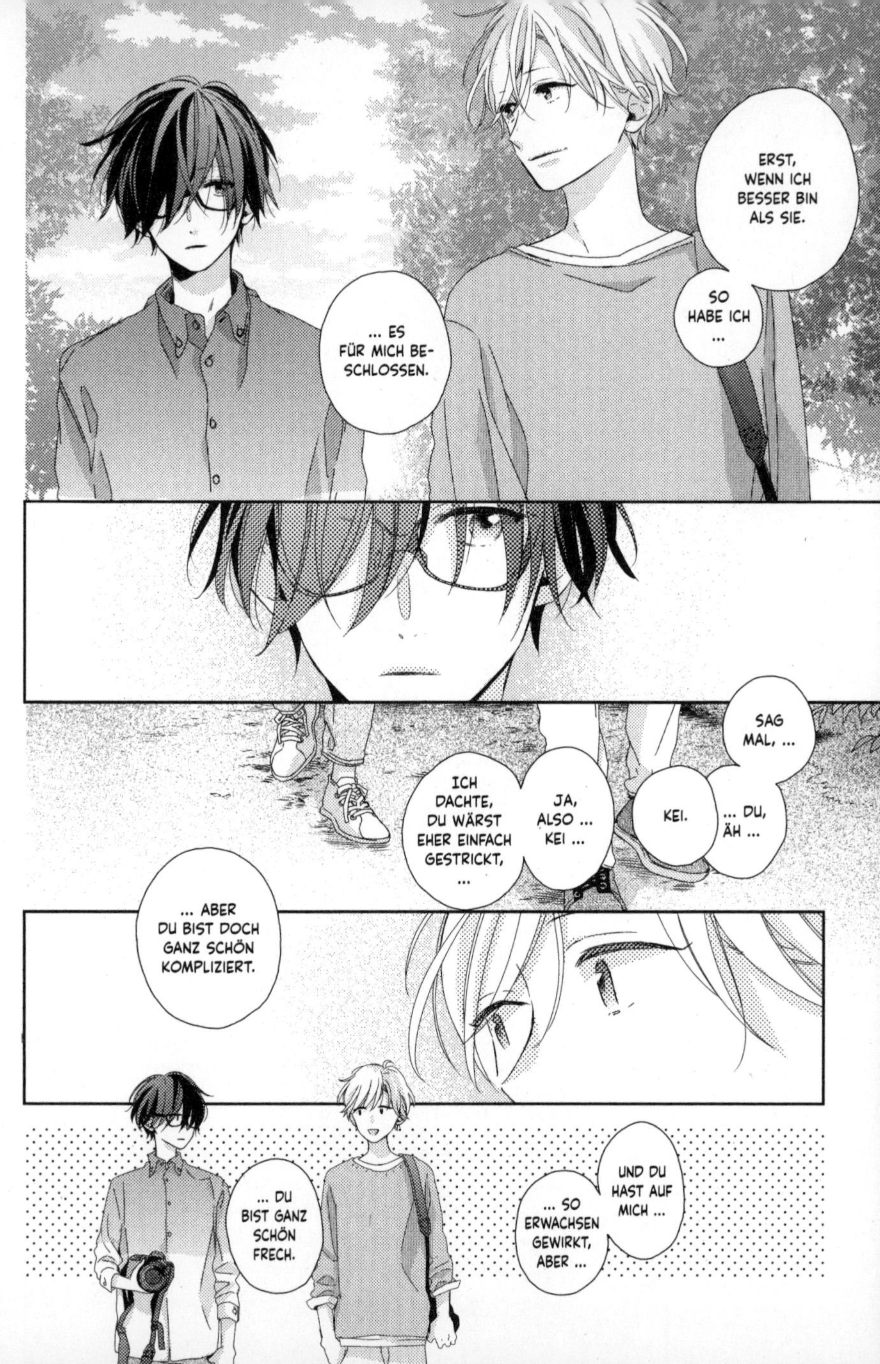
ERST, WENN ICH BESSER BIN ALS SIE.
SO HABE ICH ...
... ES FÜR MICH BE-SCHLOSSEN.
SAG MAL, ...
... DU, ÄH ...
KEI.
JA, ALSO ... KEI ...
ICH DACHTE, DU WÄRST EHER EINFACH GESTRICKT, ...
... ABER DU BIST DOCH GANZ SCHÖN KOMPLIZIERT.
UND DU HAST AUF MICH ...
... SO ERWACHSEN GEWIRKT, ABER ...
... DU BIST GANZ SCHÖN FRECH.

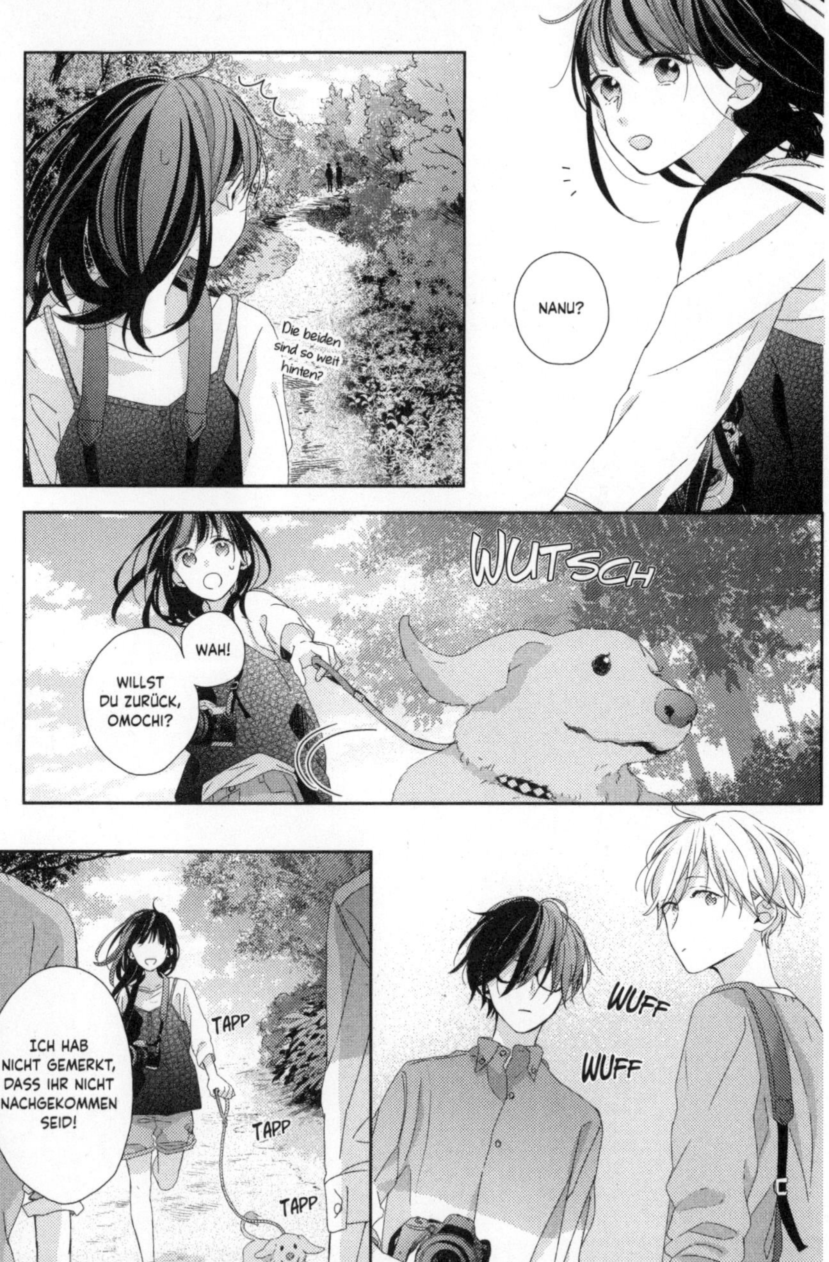
NANU?
Die beiden sind so weit hinten?
WUTSCH
WAH!
WILLST DU ZURÜCK, OMOCHI?
WUFF
WUFF
ICH HAB NICHT GEMERKT, DASS IHR NICHT NACHGEKOMMEN SEID!
TAPP
TAPP
TAPP

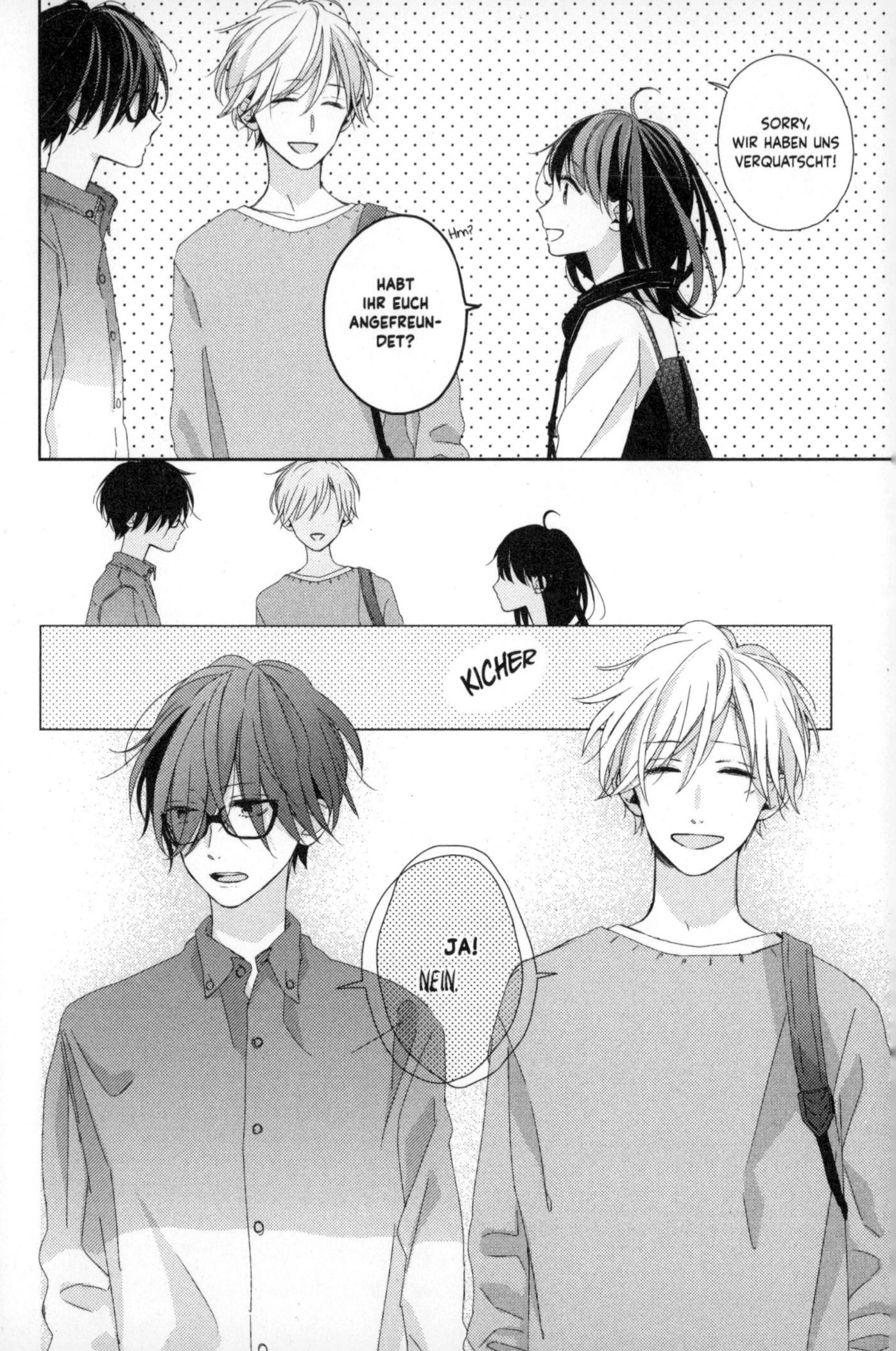

SORRY, WIR HABEN UNS VERQUATSCHT!
Hm?
HABT IHR EUCH ANGEFREUNDET?
KICHER
JA!
NEIN.

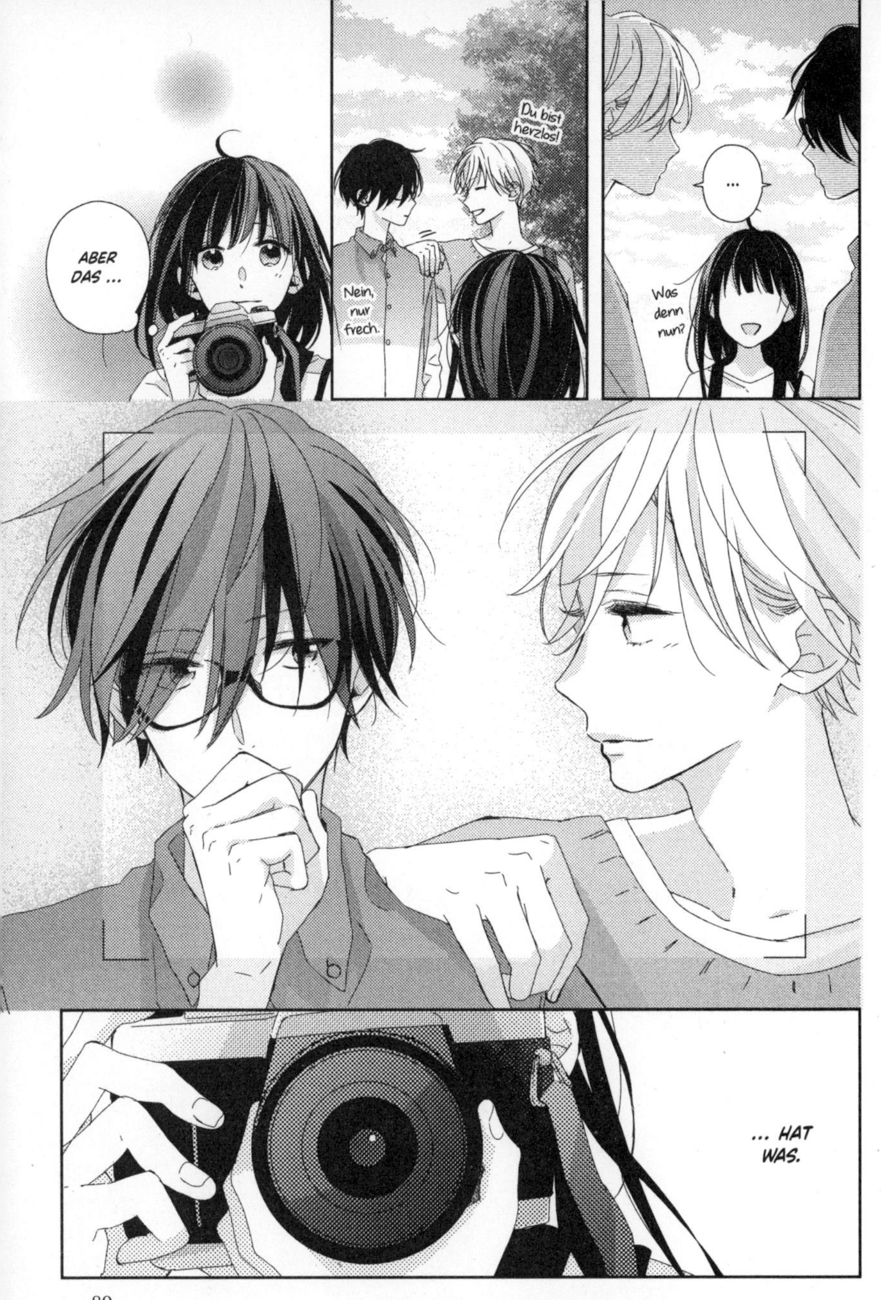
…
Was denn nun?
Du bist herzlos!
Nein, nur frech.
ABER DAS …
… HAT WAS.

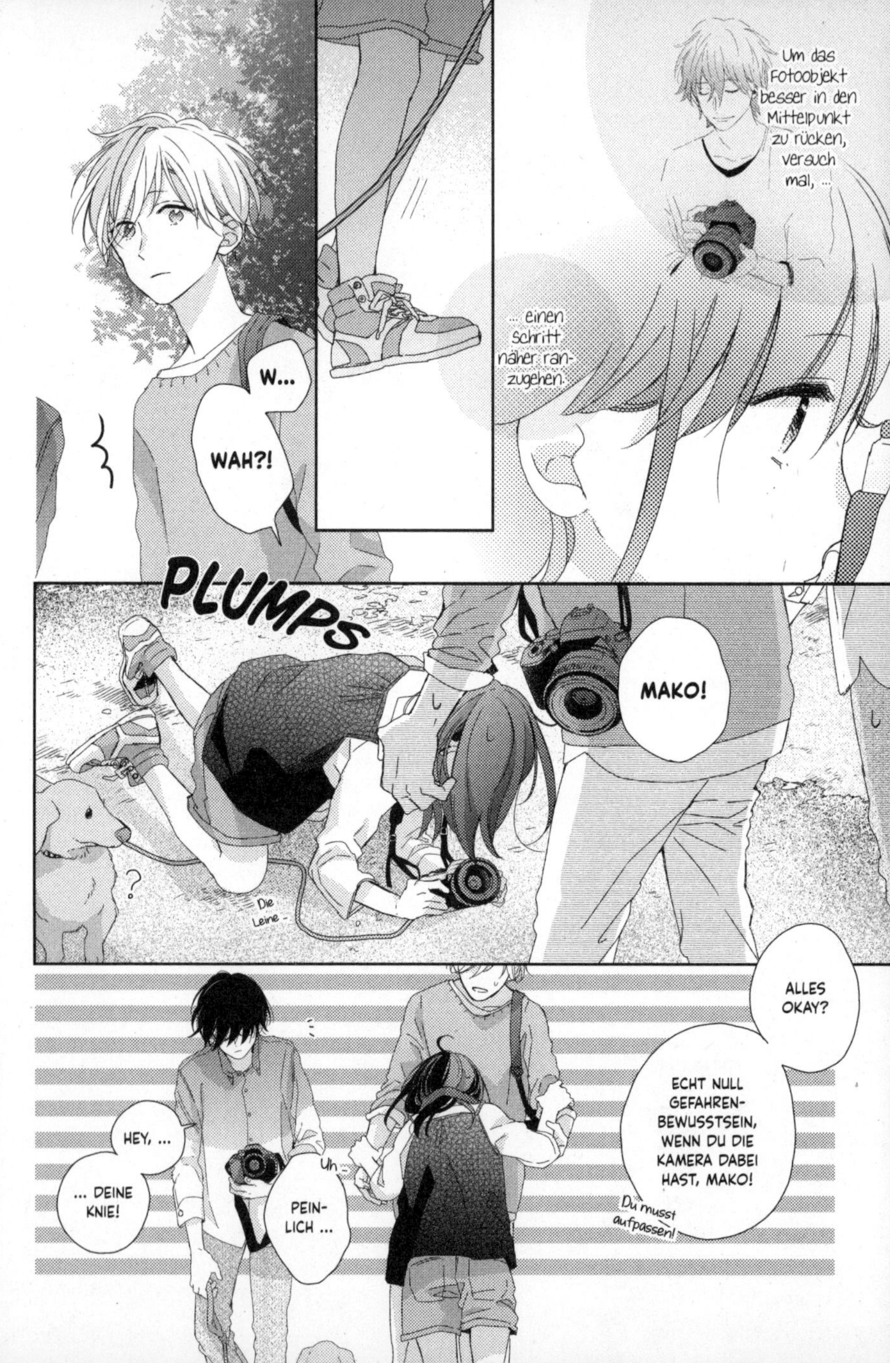
Um das Fotoobjekt besser in den Mittelpunkt zu rücken, versuch mal, ...
... einen Schritt näher ranzugehen.
W...
WAH?!
PLUMPS
MAKO!
Die Leine
ALLES OKAY?
ECHT NULL GEFAHREN-BEWUSSTSEIN, WENN DU DIE KAMERA DABEI HAST, MAKO!
Du musst aufpassen!
Uh ...
PEIN-LICH ...
HEY, ...
... DEINE KNIE!

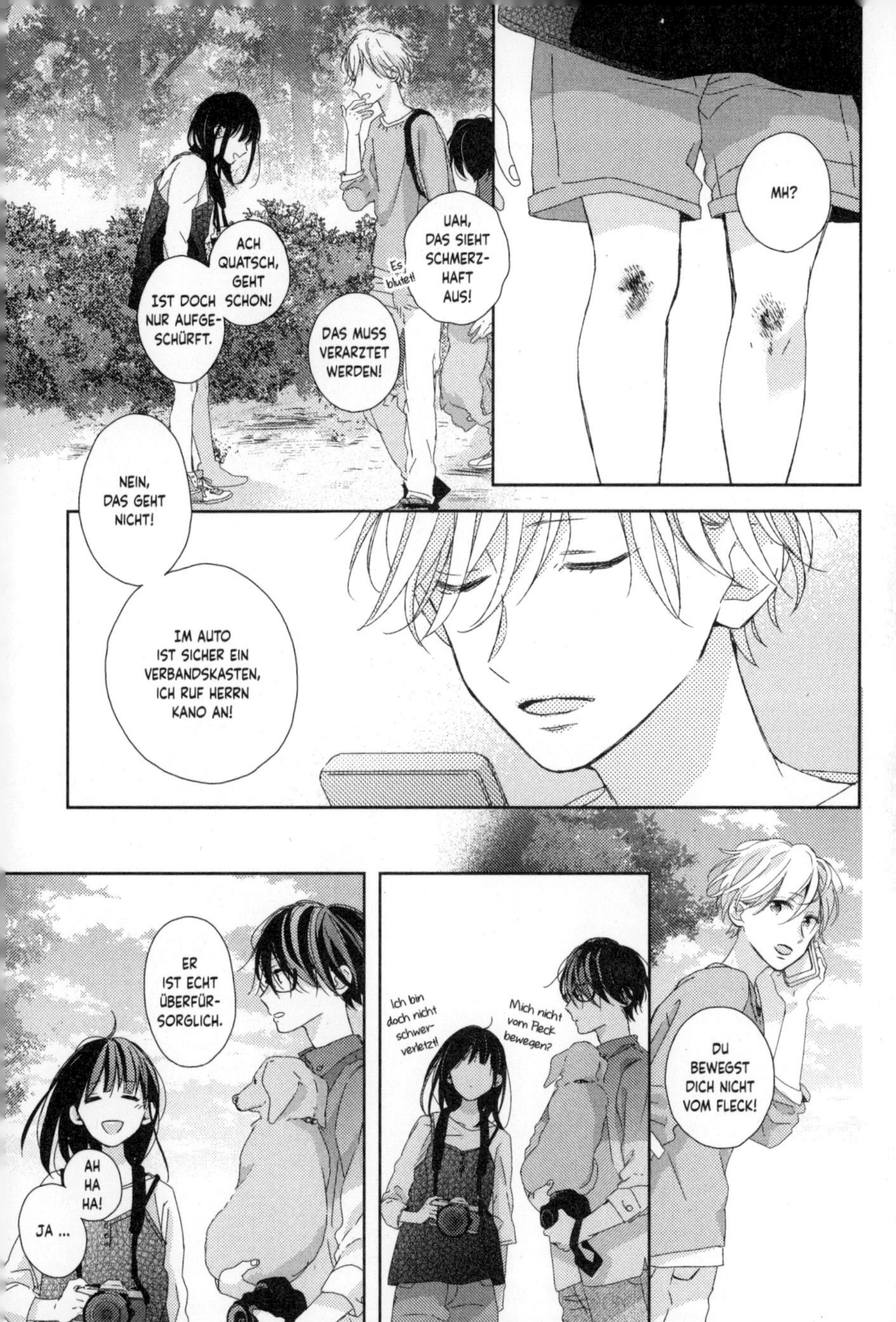
MH?
UAH, DAS SIEHT SCHMERZ-HAFT AUS!
Es blutet!
ACH QUATSCH, GEHT SCHON!
IST DOCH NUR AUFGE-SCHÜRFT.
DAS MUSS VERARZTET WERDEN!
NEIN, DAS GEHT NICHT!
IM AUTO IST SICHER EIN VERBANDSKASTEN, ICH RUF HERRN KANO AN!
DU BEWEGST DICH NICHT VOM FLECK!
Mich nicht vom Fleck bewegen?
Ich bin doch nicht schwer-verletzt!
ER IST ECHT ÜBERFÜR-SORGLICH.
AH HA HA!
JA ...

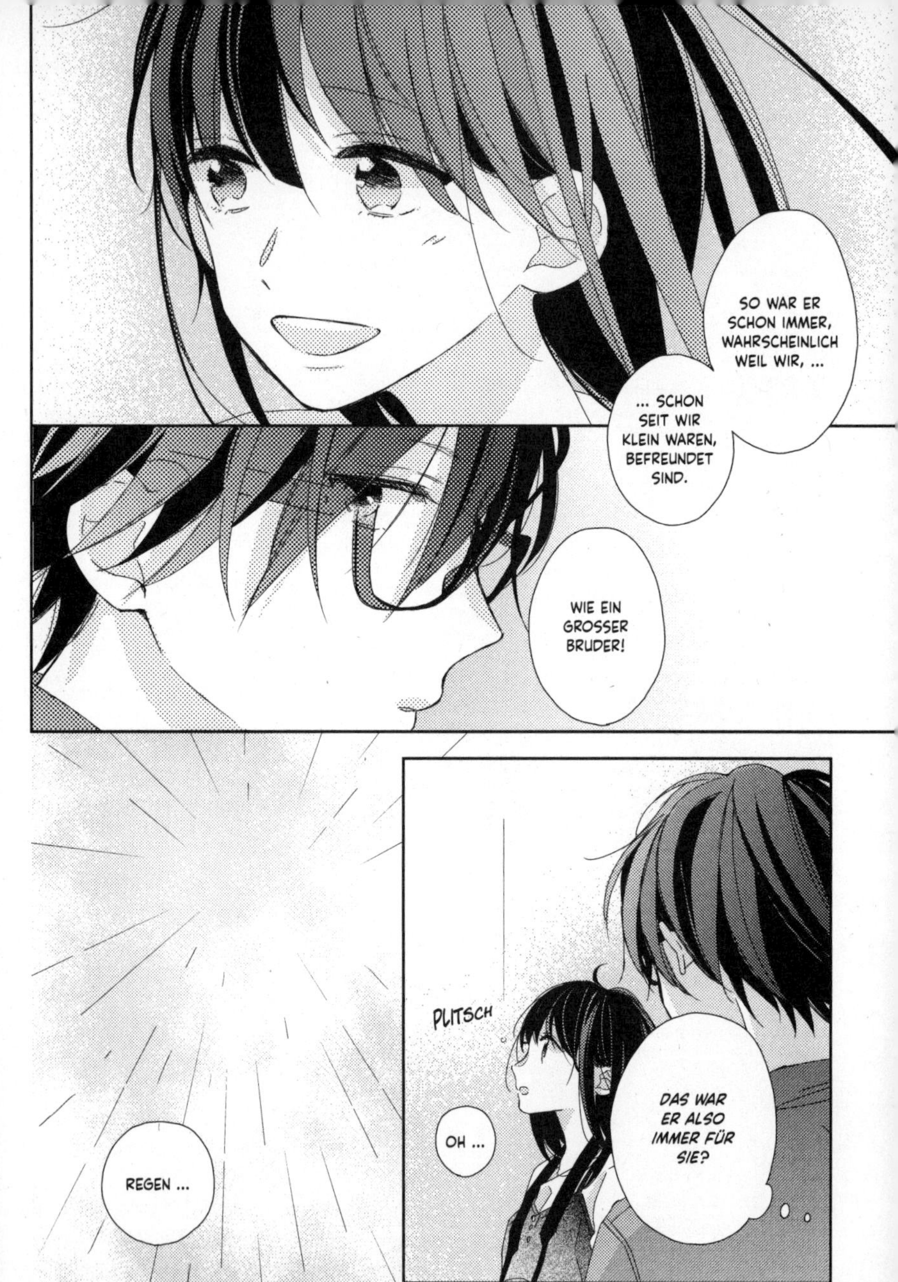
SO WAR ER SCHON IMMER, WAHRSCHEINLICH WEIL WIR, ...
... SCHON SEIT WIR KLEIN WAREN, BEFREUNDET SIND.
WIE EIN GROSSER BRUDER!
DAS WAR ER ALSO IMMER FÜR SIE?
PLITSCH
OH ...
REGEN ...

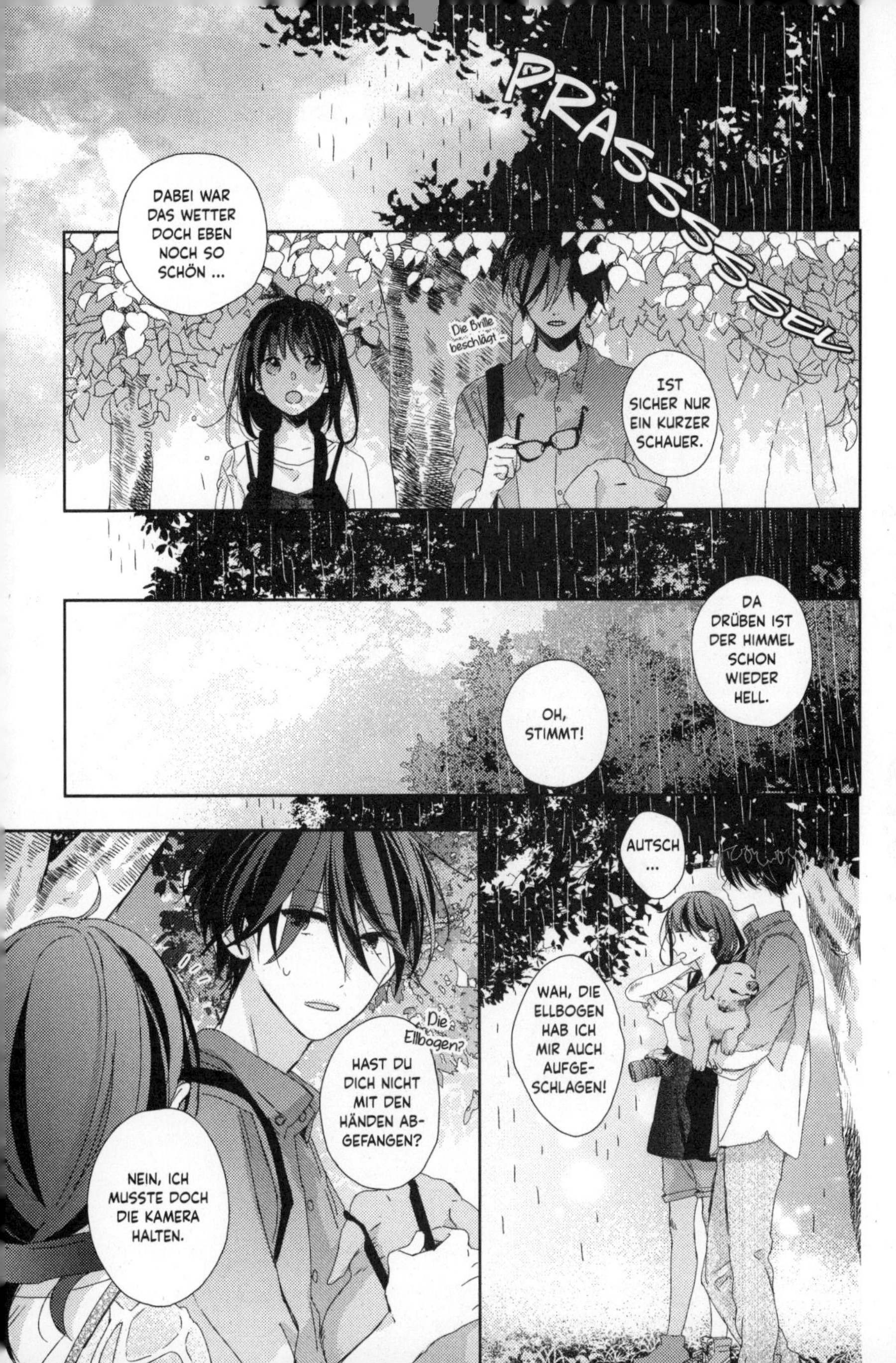
PRASSSSSSEL
DABEI WAR DAS WETTER DOCH EBEN NOCH SO SCHÖN ...
Die Brille beschlägt ...
IST SICHER NUR EIN KURZER SCHAUER.
DA DRÜBEN IST DER HIMMEL SCHON WIEDER HELL.
OH, STIMMT!
AUTSCH ...
WAH, DIE ELLBOGEN HAB ICH MIR AUCH AUFGE-SCHLAGEN!
Die Ellbogen?
HAST DU DICH NICHT MIT DEN HÄNDEN AB-GEFANGEN?
NEIN, ICH MUSSTE DOCH DIE KAMERA HALTEN.

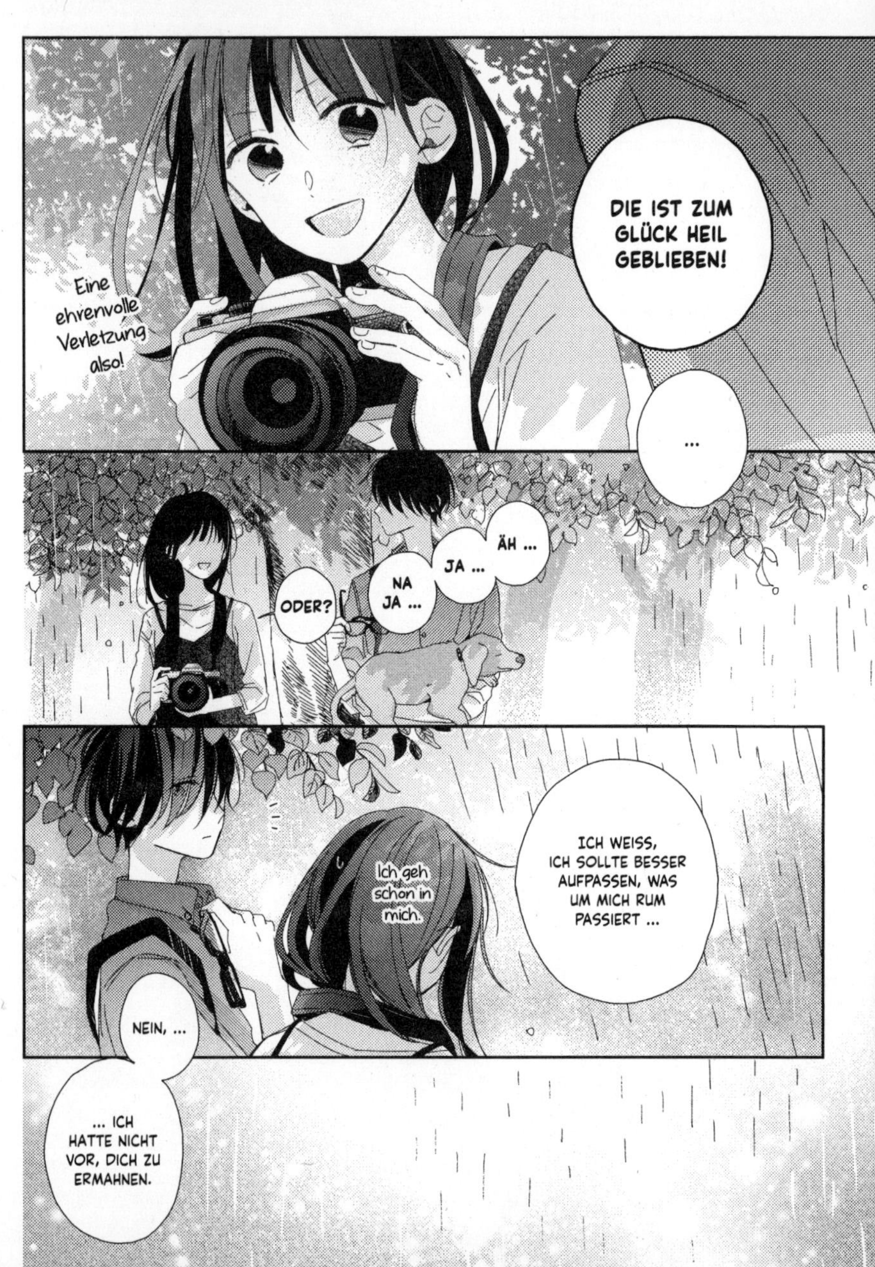
DIE IST ZUM GLÜCK HEIL GEBLIEBEN!
Eine ehrenvolle Verletzung also!
...
ÄH ...
JA ...
NA JA ...
ODER?
ICH WEISS, ICH SOLLTE BESSER AUFPASSEN, WAS UM MICH RUM PASSIERT ...
Ich geh schon in mich.
NEIN, ...
... ICH HATTE NICHT VOR, DICH ZU ERMAHNEN.

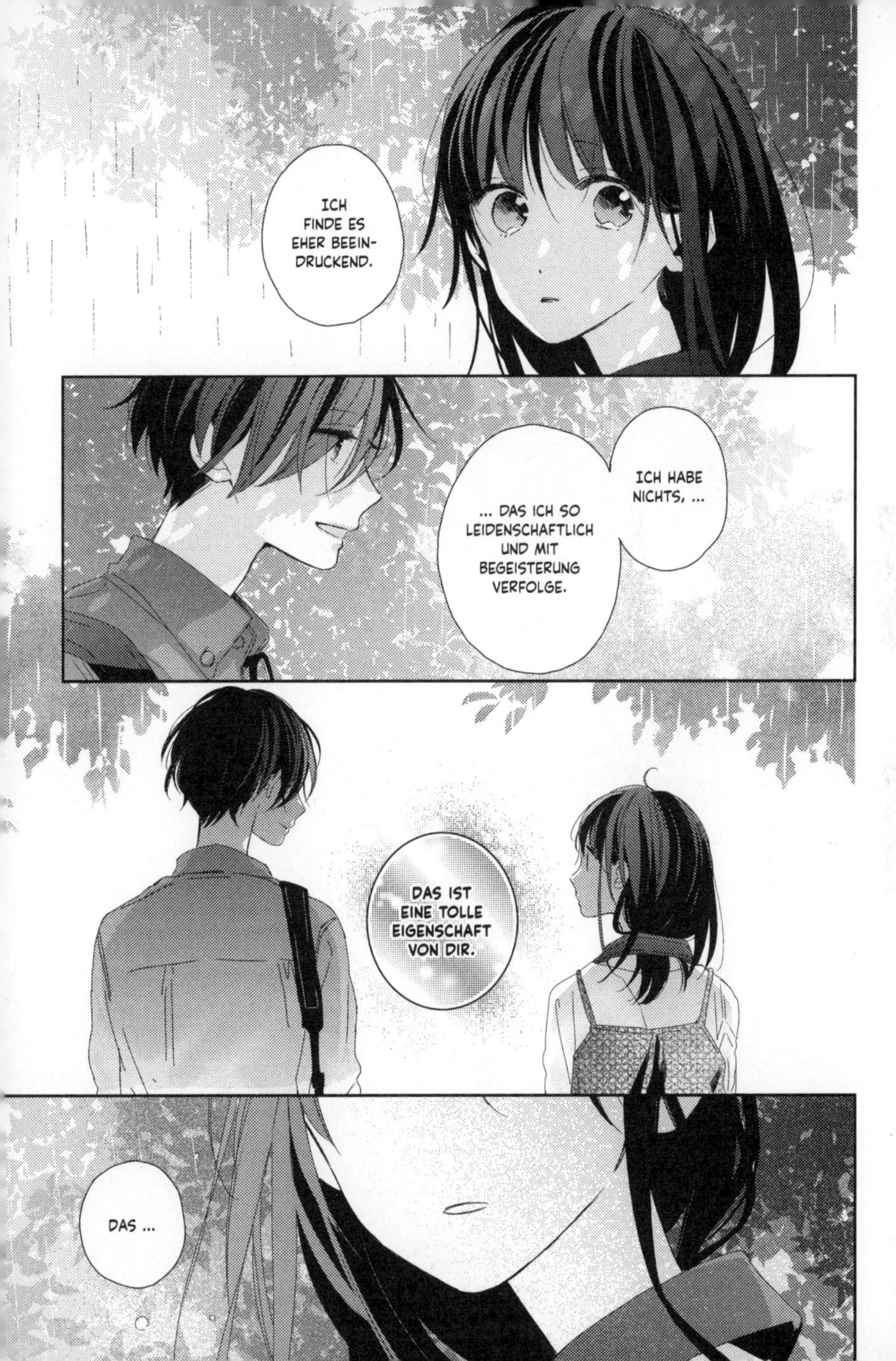
ICH FINDE ES EHER BEEIN-DRUCKEND.
ICH HABE NICHTS, ...
... DAS ICH SO LEIDENSCHAFTLICH UND MIT BEGEISTERUNG VERFOLGE.
DAS IST EINE TOLLE EIGENSCHAFT VON DIR.
DAS ...

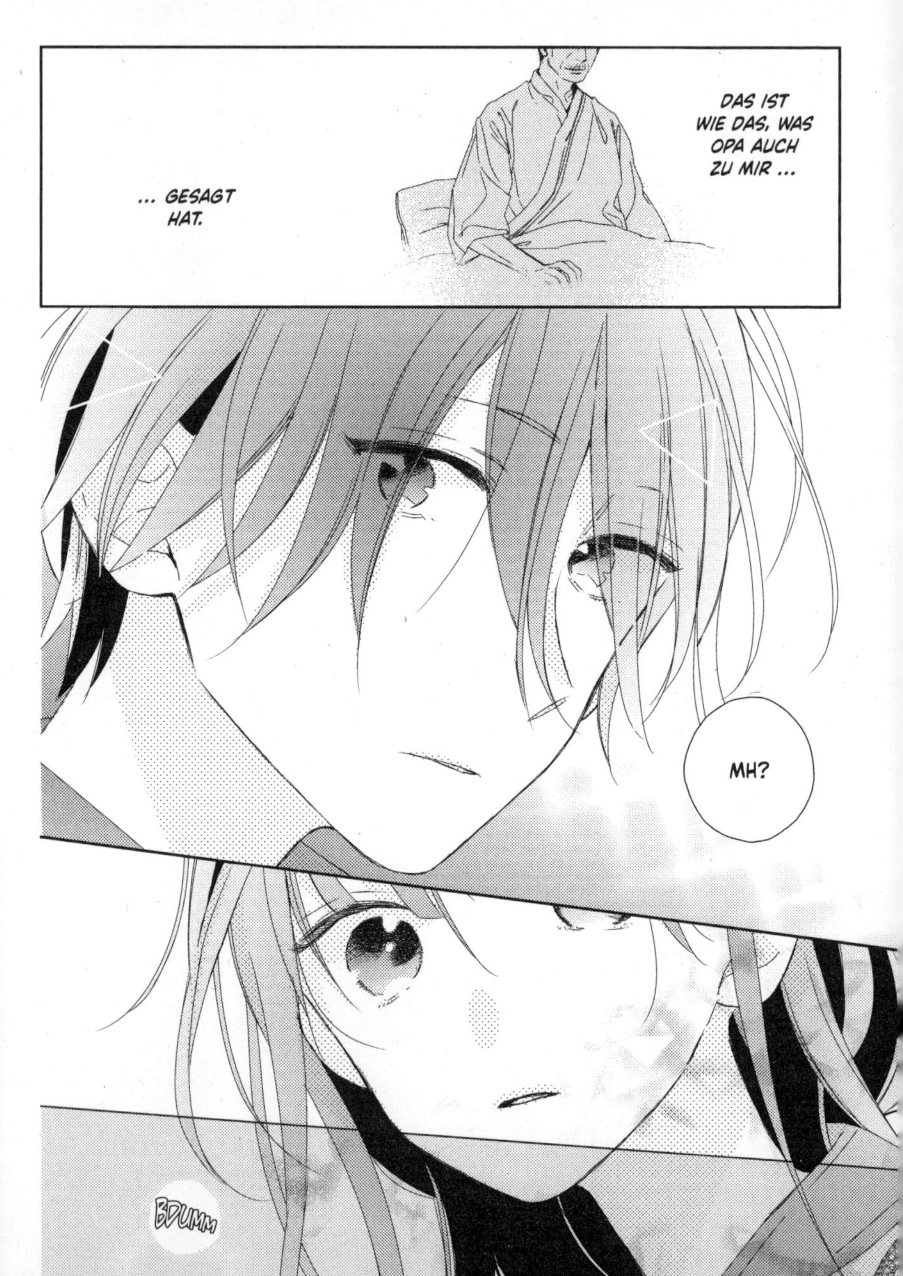
DAS IST WIE DAS, WAS OPA AUCH ZU MIR ...
... GESAGT HAT.
MH?
BDUMM

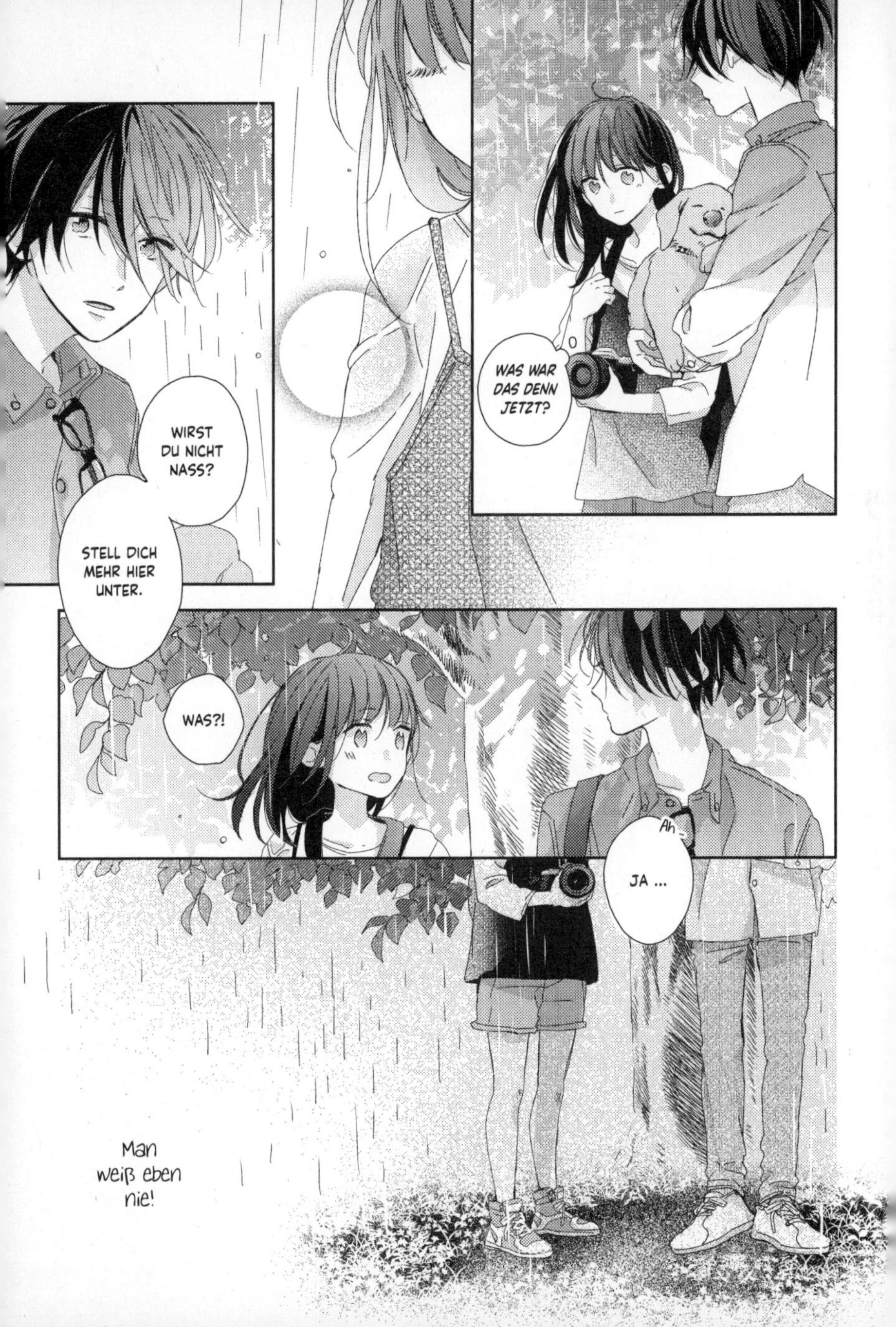
WAS WAR DAS DENN JETZT?
WIRST DU NICHT NASS?
STELL DICH MEHR HIER UNTER.
WAS?!
Ah-
JA ...
Man weiß eben nie!

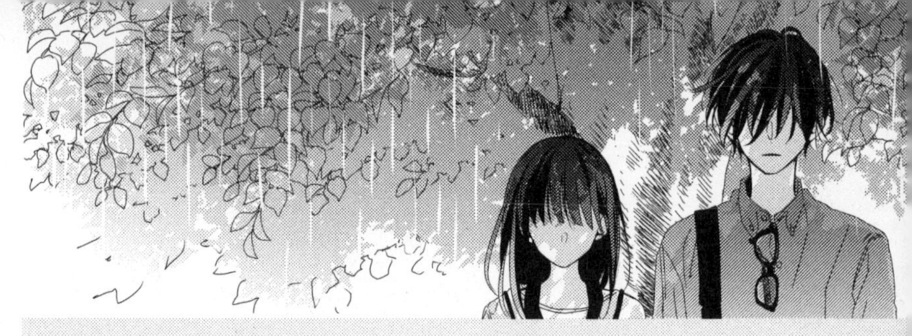

Gefühle
können einfach
entstehen, ...

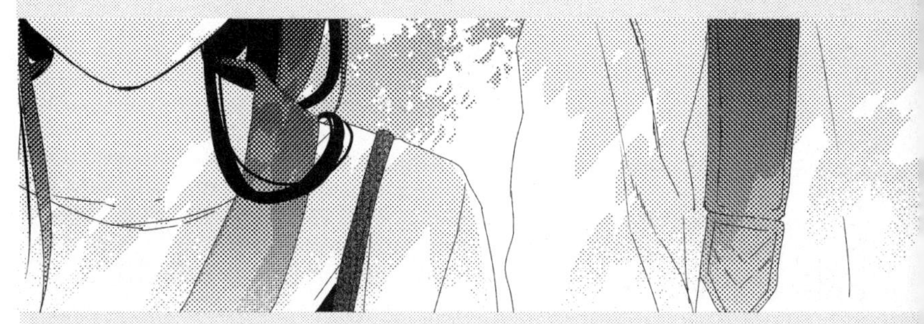

... aus einer
Situation
heraus.

WARUM
FÄLLT
MIR ...

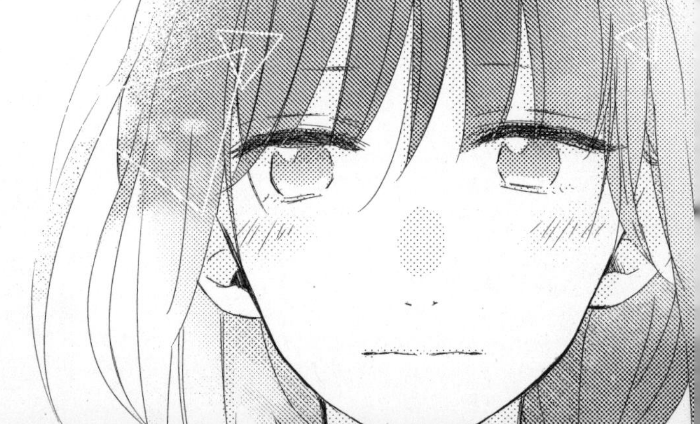

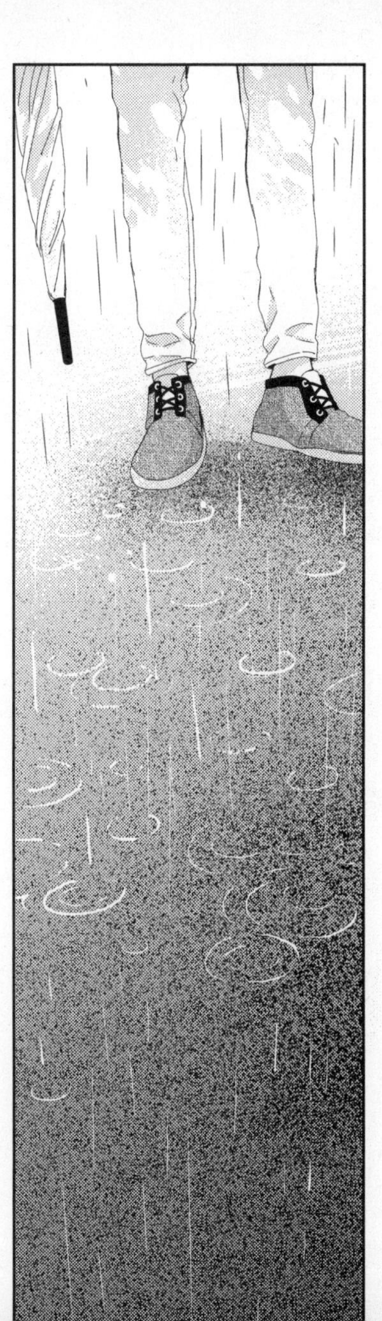

... DAS
JETZT
WIEDER
EIN?

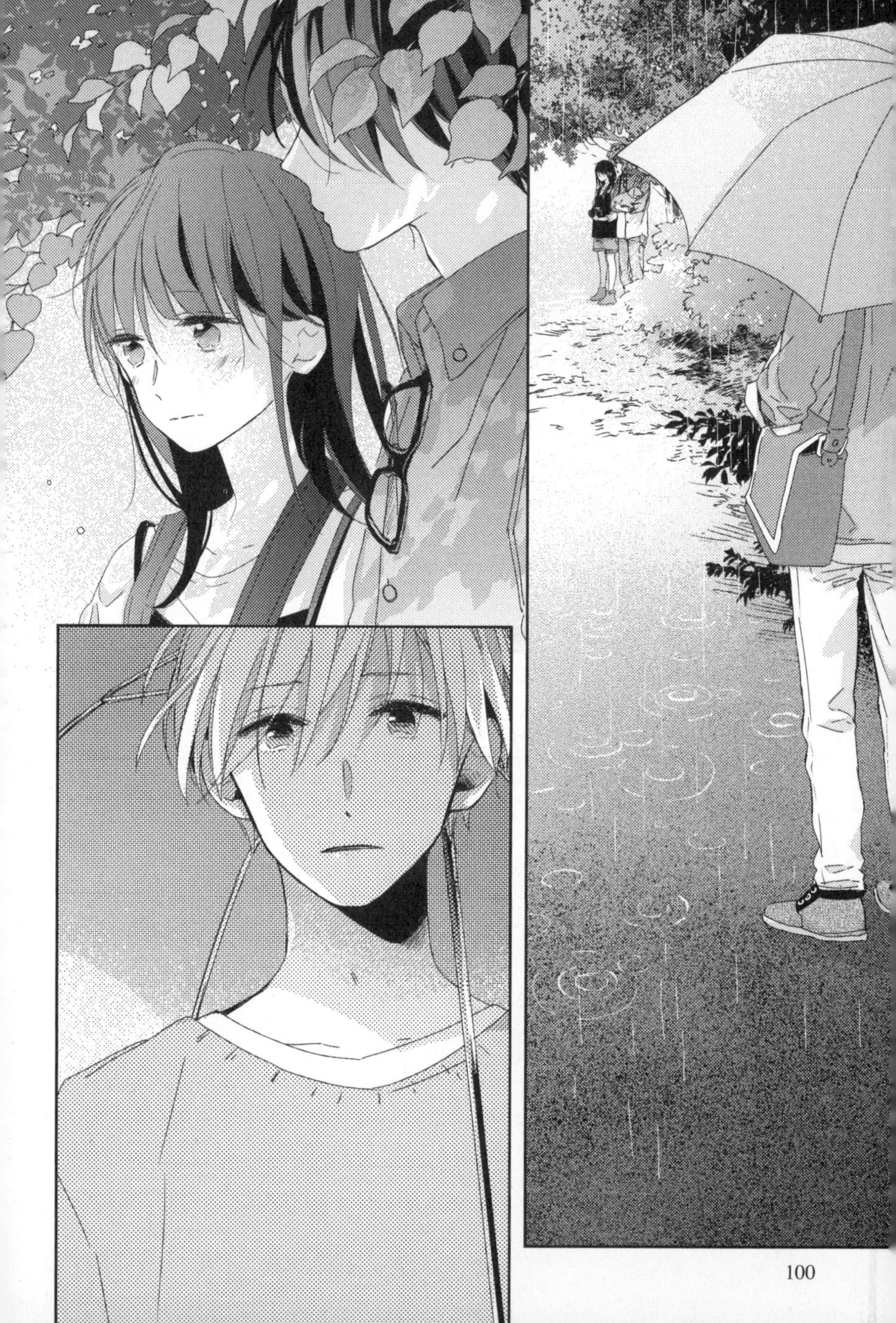

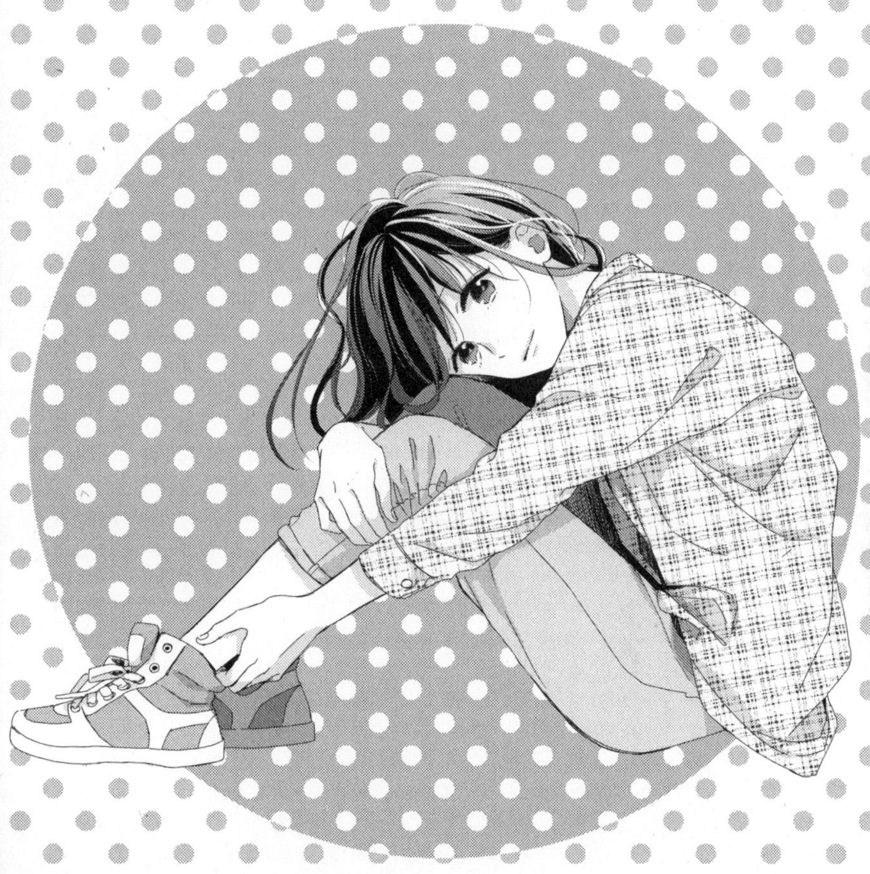

Film 8

Überfallartig

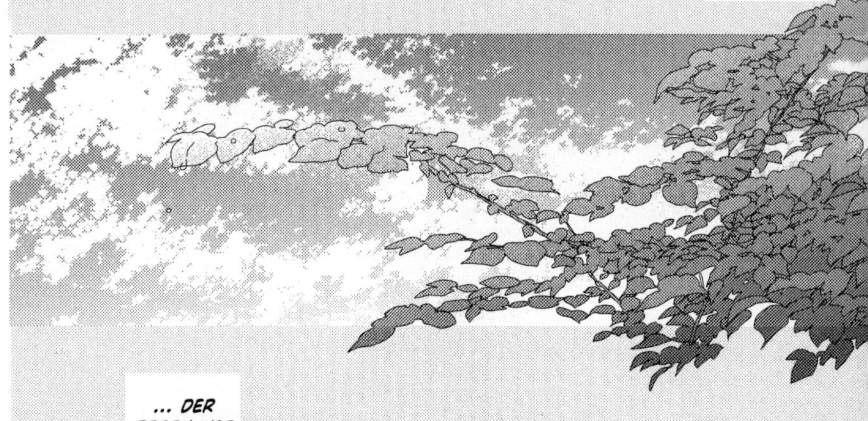

Liebe im Fokus

DAS RÄTSELHAFTE HERZKLOPFEN EBENSO.

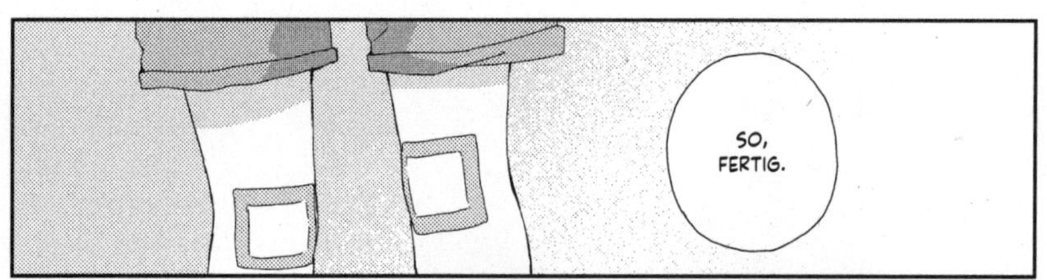

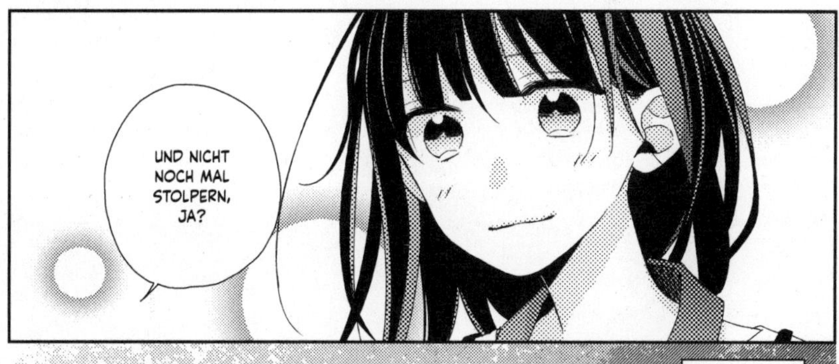

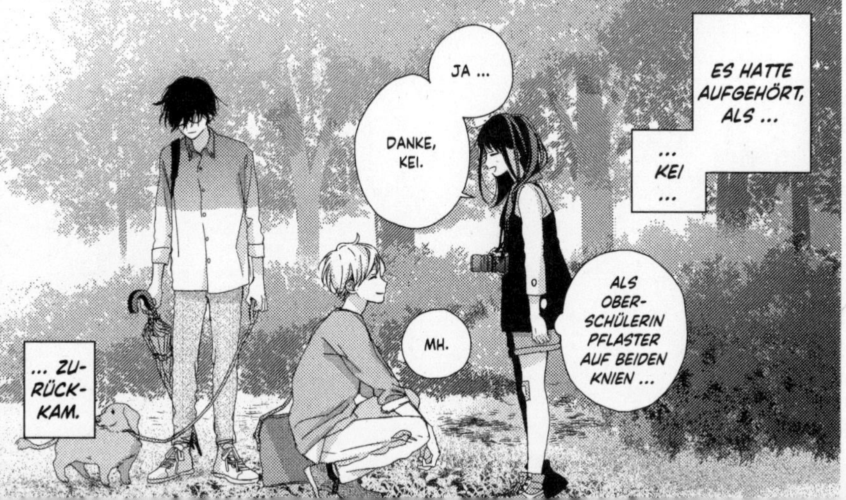

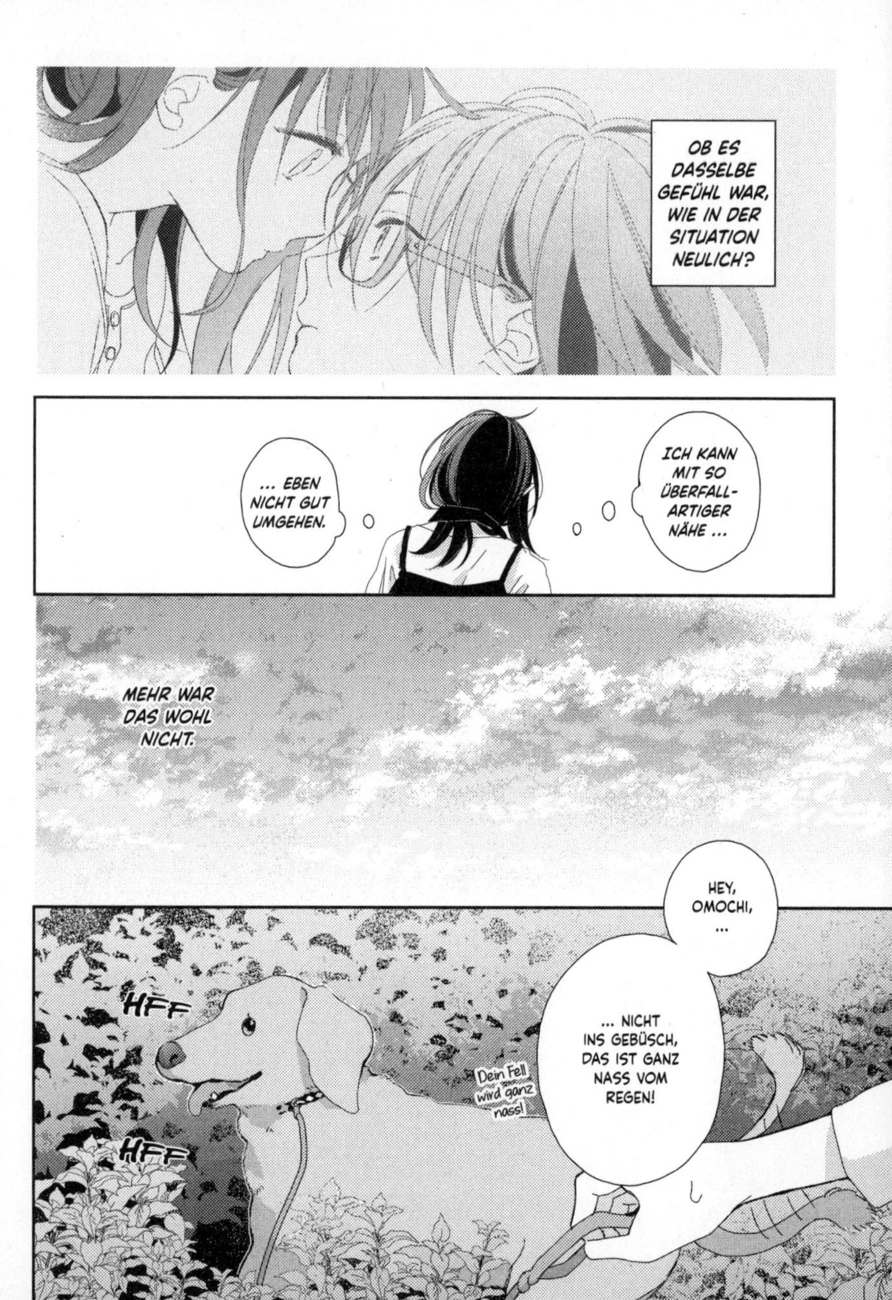
OB ES DASSELBE GEFÜHL WAR, WIE IN DER SITUATION NEULICH?
ICH KANN MIT SO ÜBERFALL-ARTIGER NÄHE ...
... EBEN NICHT GUT UMGEHEN.
MEHR WAR DAS WOHL NICHT.
HEY, OMOCHI, ...
... NICHT INS GEBÜSCH, DAS IST GANZ NASS VOM REGEN!
Dein Fell wird ganz nass!
HFF
HFF

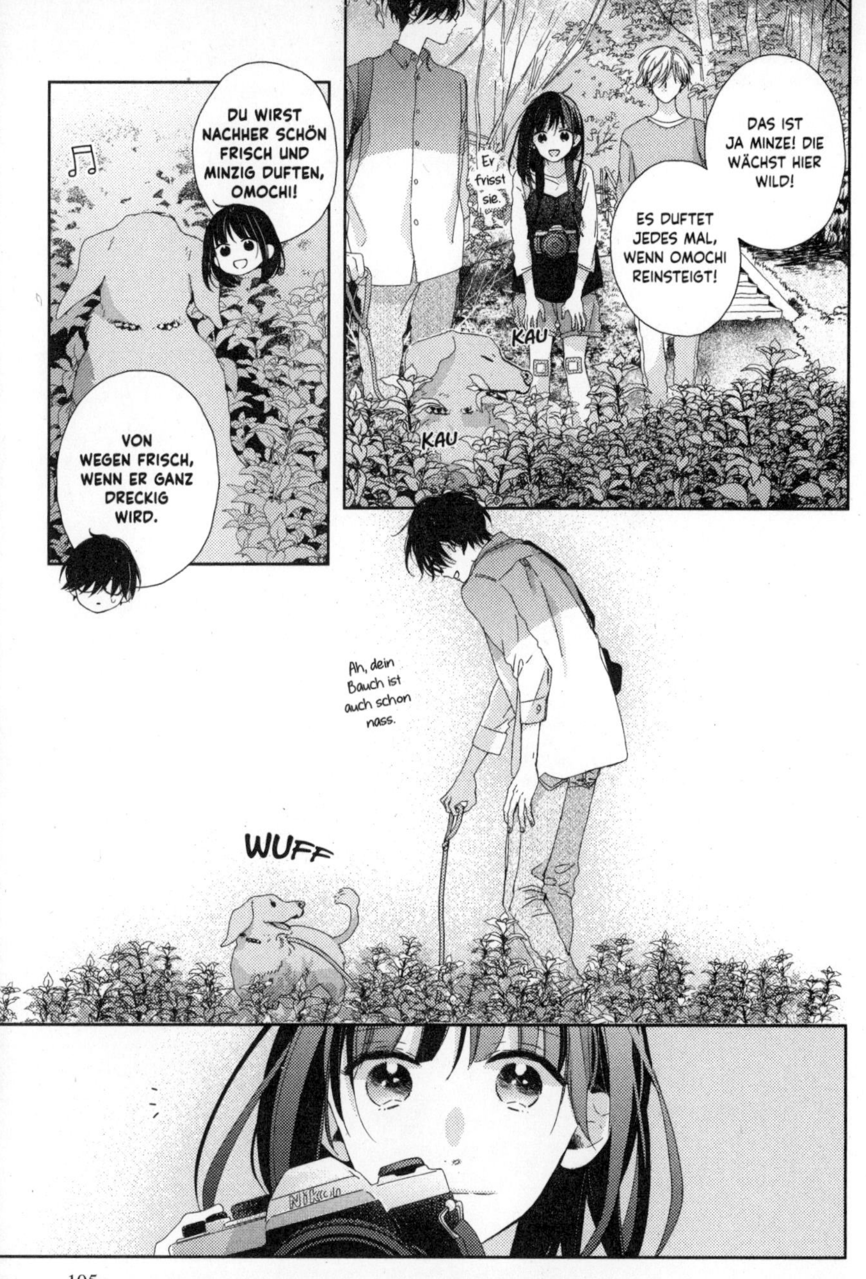
DAS IST JA MINZE! DIE WÄCHST HIER WILD!
ES DUFTET JEDES MAL, WENN OMOCHI REINSTEIGT!
Er frisst sie.
KAU
KAU
DU WIRST NACHHER SCHÖN FRISCH UND MINZIG DUFTEN, OMOCHI!
VON WEGEN FRISCH, WENN ER GANZ DRECKIG WIRD.
Ah, dein Bauch ist auch schon nass.
WUFF

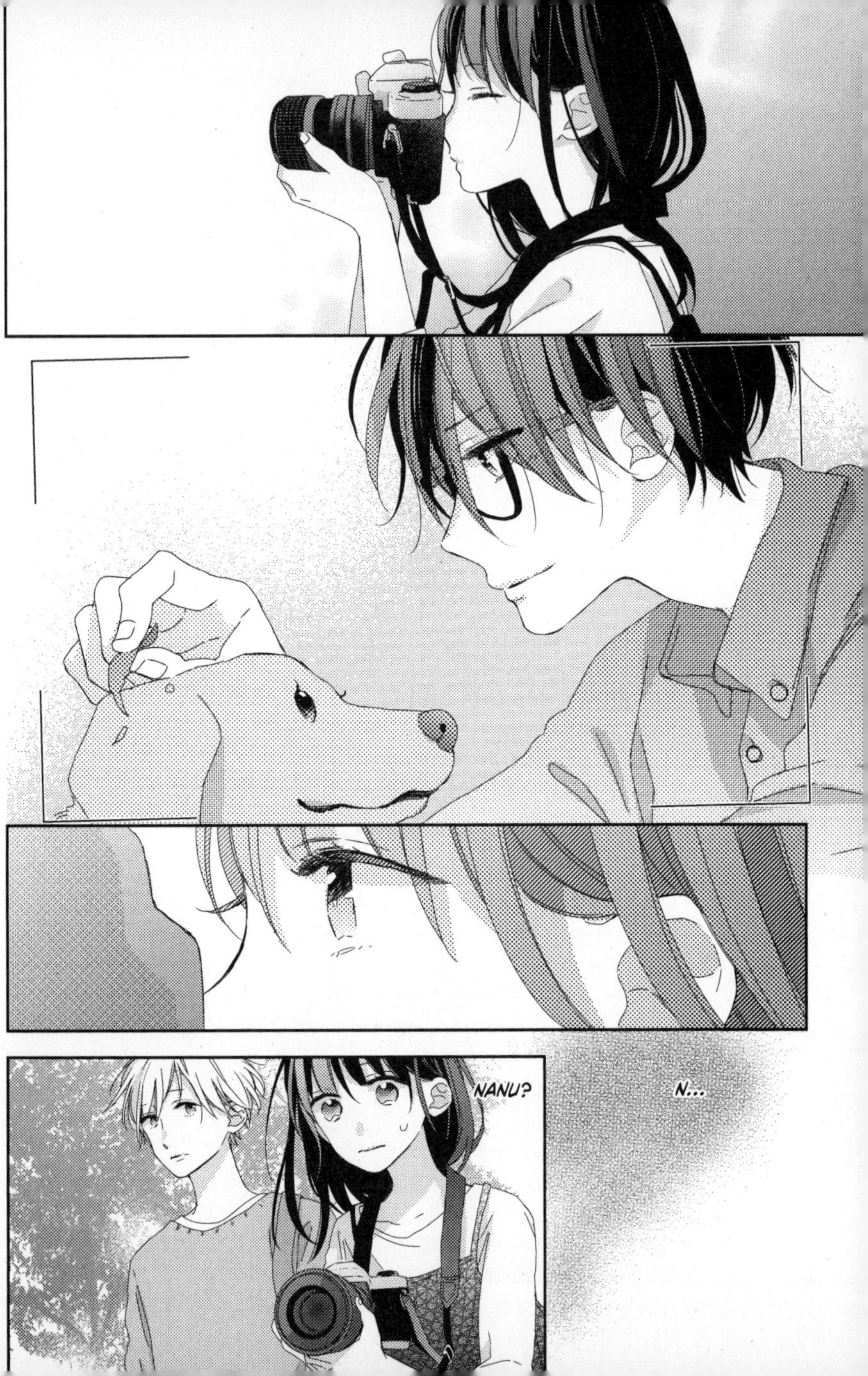

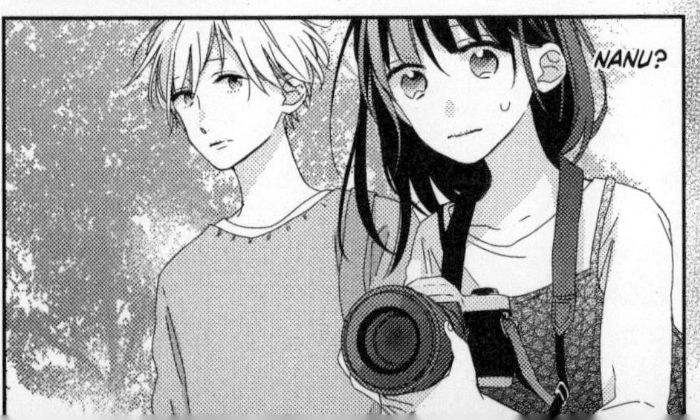
N...
NANU?

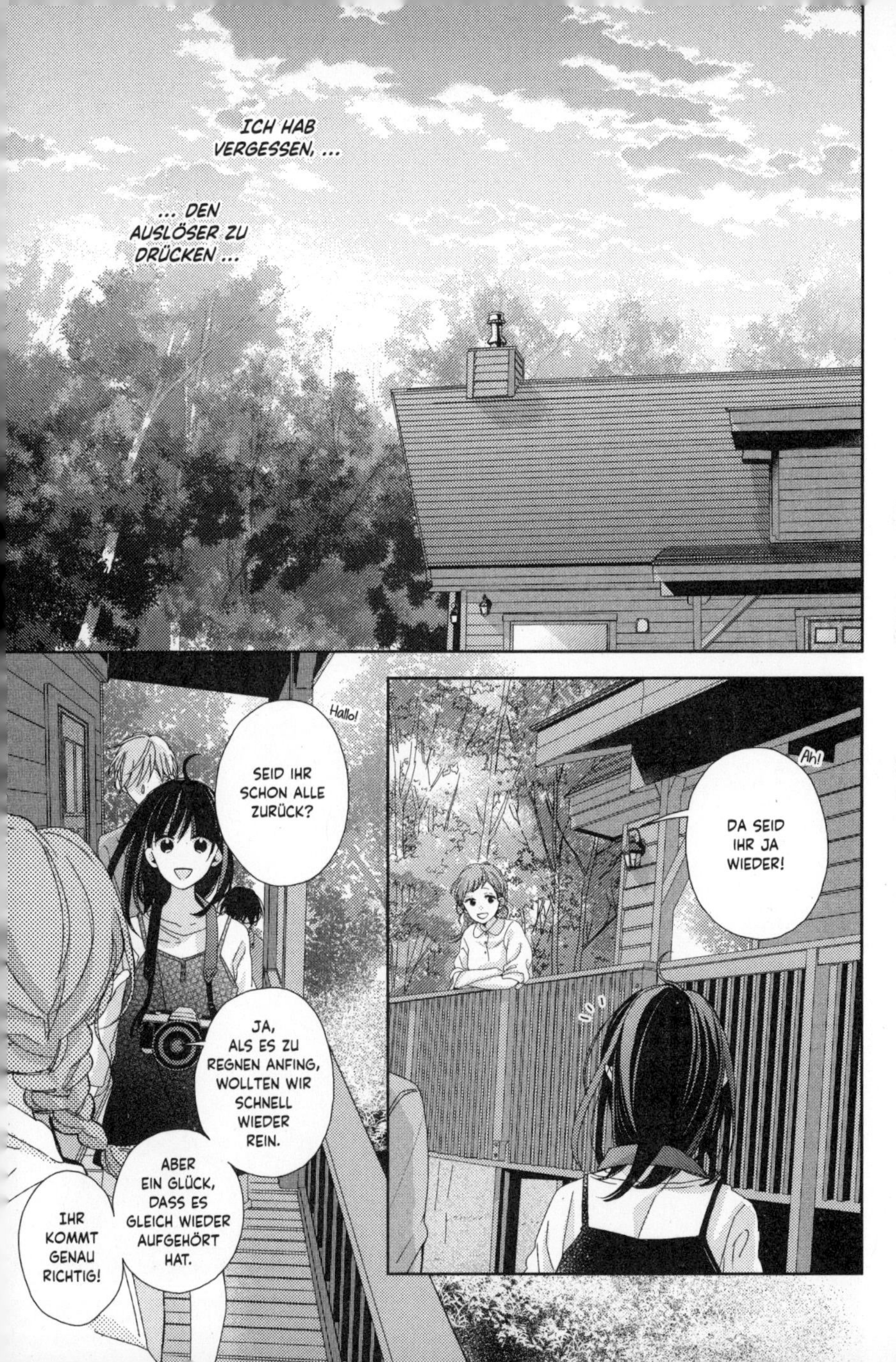
ICH HAB VERGESSEN, ...
... DEN AUSLÖSER ZU DRÜCKEN ...
Ah!
DA SEID IHR JA WIEDER!
Hallo!
SEID IHR SCHON ALLE ZURÜCK?
JA, ALS ES ZU REGNEN ANFING, WOLLTEN WIR SCHNELL WIEDER REIN.
ABER EIN GLÜCK, DASS ES GLEICH WIEDER AUFGEHÖRT HAT.
IHR KOMMT GENAU RICHTIG!

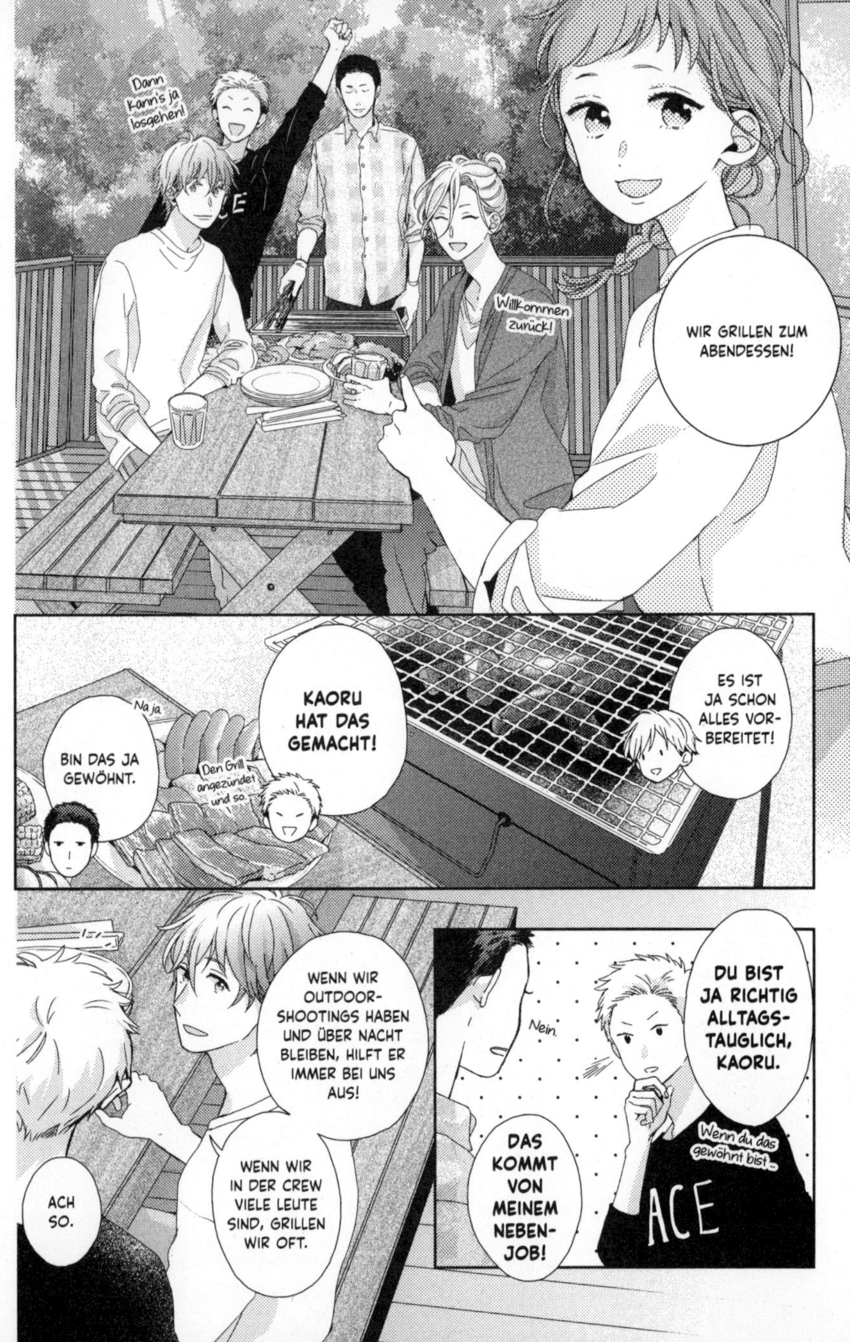
WIR GRILLEN ZUM ABENDESSEN!
Willkommen zurück!
Dann Kann's ja losgehen!
ES IST JA SCHON ALLES VORBEREITET!
KAORU HAT DAS GEMACHT!
Den Grill angezündet und so.
Na ja
BIN DAS JA GEWÖHNT.
DU BIST JA RICHTIG ALLTAGSTAUGLICH, KAORU.
Nein.
Wenn du das gewöhnt bist ...
DAS KOMMT VON MEINEM NEBENJOB!
WENN WIR OUTDOOR-SHOOTINGS HABEN UND ÜBER NACHT BLEIBEN, HILFT ER IMMER BEI UNS AUS!
WENN WIR IN DER CREW VIELE LEUTE SIND, GRILLEN WIR OFT.
ACH SO.

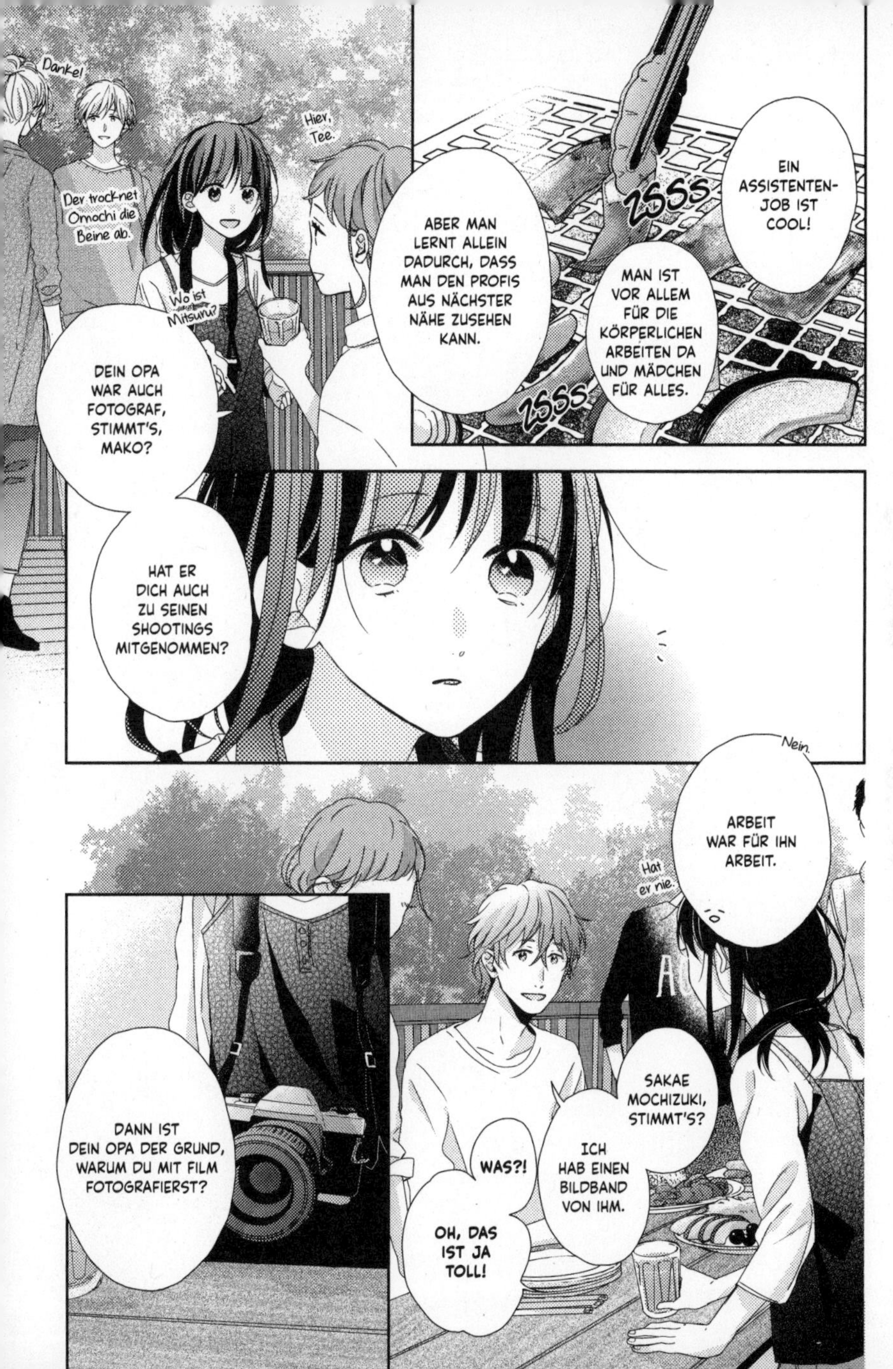
EIN ASSISTENTEN-JOB IST COOL!
ZSSS
MAN IST VOR ALLEM FÜR DIE KÖRPERLICHEN ARBEITEN DA UND MÄDCHEN FÜR ALLES.
ZSSS
ABER MAN LERNT ALLEIN DADURCH, DASS MAN DEN PROFIS AUS NÄCHSTER NÄHE ZUSEHEN KANN.
Hier, Tee.
Danke!
Der trocknet Omochi die Beine ab.
Wo ist Mitsuru?
DEIN OPA WAR AUCH FOTOGRAF, STIMMT'S, MAKO?
HAT ER DICH AUCH ZU SEINEN SHOOTINGS MITGENOMMEN?
Nein.
ARBEIT WAR FÜR IHN ARBEIT.
Hat er nie.
SAKAE MOCHIZUKI, STIMMT'S?
ICH HAB EINEN BILDBAND VON IHM.
WAS?!
OH, DAS IST JA TOLL!
DANN IST DEIN OPA DER GRUND, WARUM DU MIT FILM FOTOGRAFIERST?

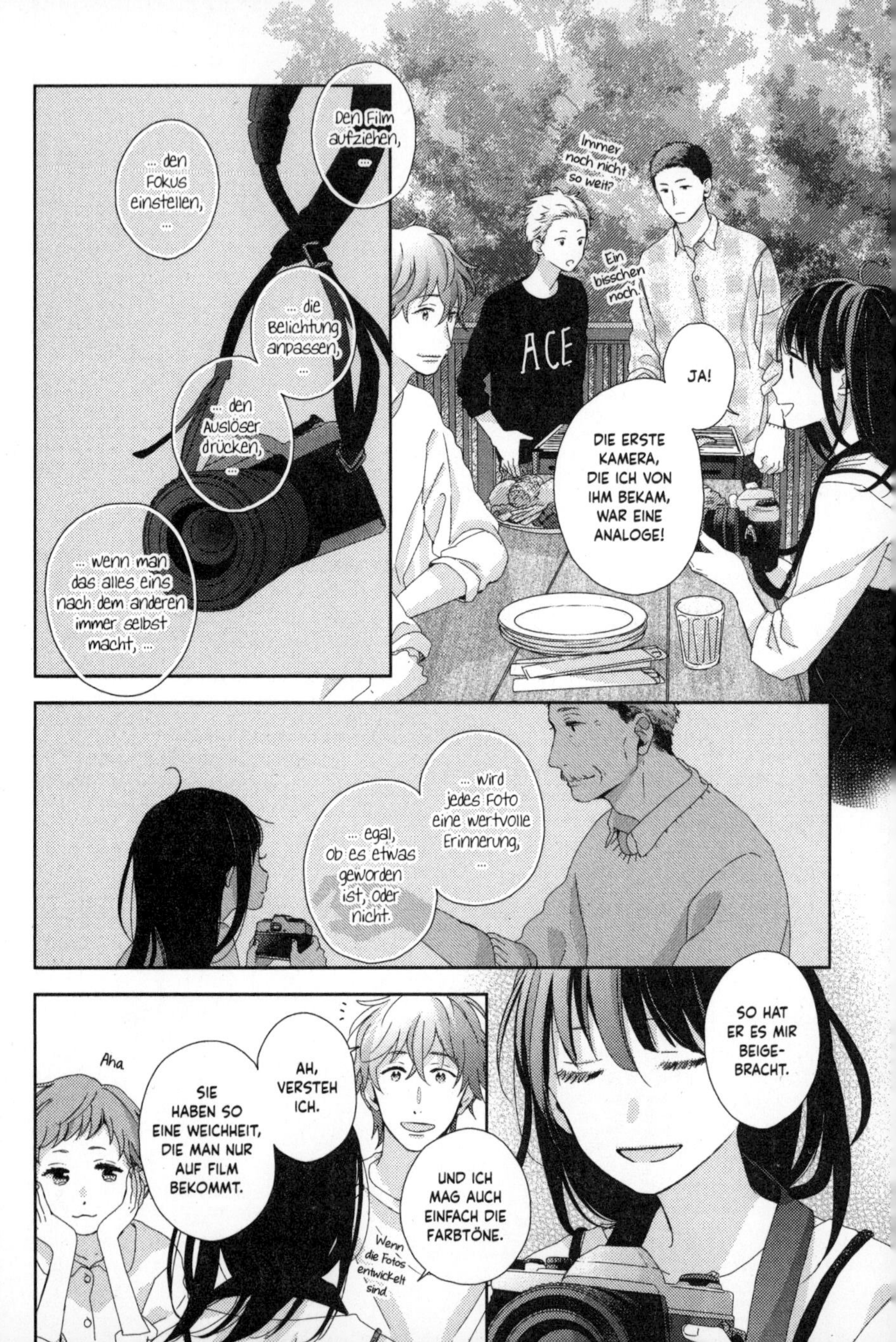
Immer noch nicht so weit?
Ein bisschen noch!
JA!
DIE ERSTE KAMERA, DIE ICH VON IHM BEKAM, WAR EINE ANALOGE!
Den Film aufziehen, ...
... den Fokus einstellen, ...
... die Belichtung anpassen, ...
... den Auslöser drücken, ...
... wenn man das alles eins nach dem anderen immer selbst macht, ...
... wird jedes Foto eine wertvolle Erinnerung, ...
... egal, ob es etwas geworden ist, oder nicht.
SO HAT ER ES MIR BEIGE-BRACHT.
UND ICH MAG AUCH EINFACH DIE FARBTÖNE.
Wenn die Fotos entwickelt sind.
AH, VERSTEH ICH.
SIE HABEN SO EINE WEICHHEIT, DIE MAN NUR AUF FILM BEKOMMT.
Aha

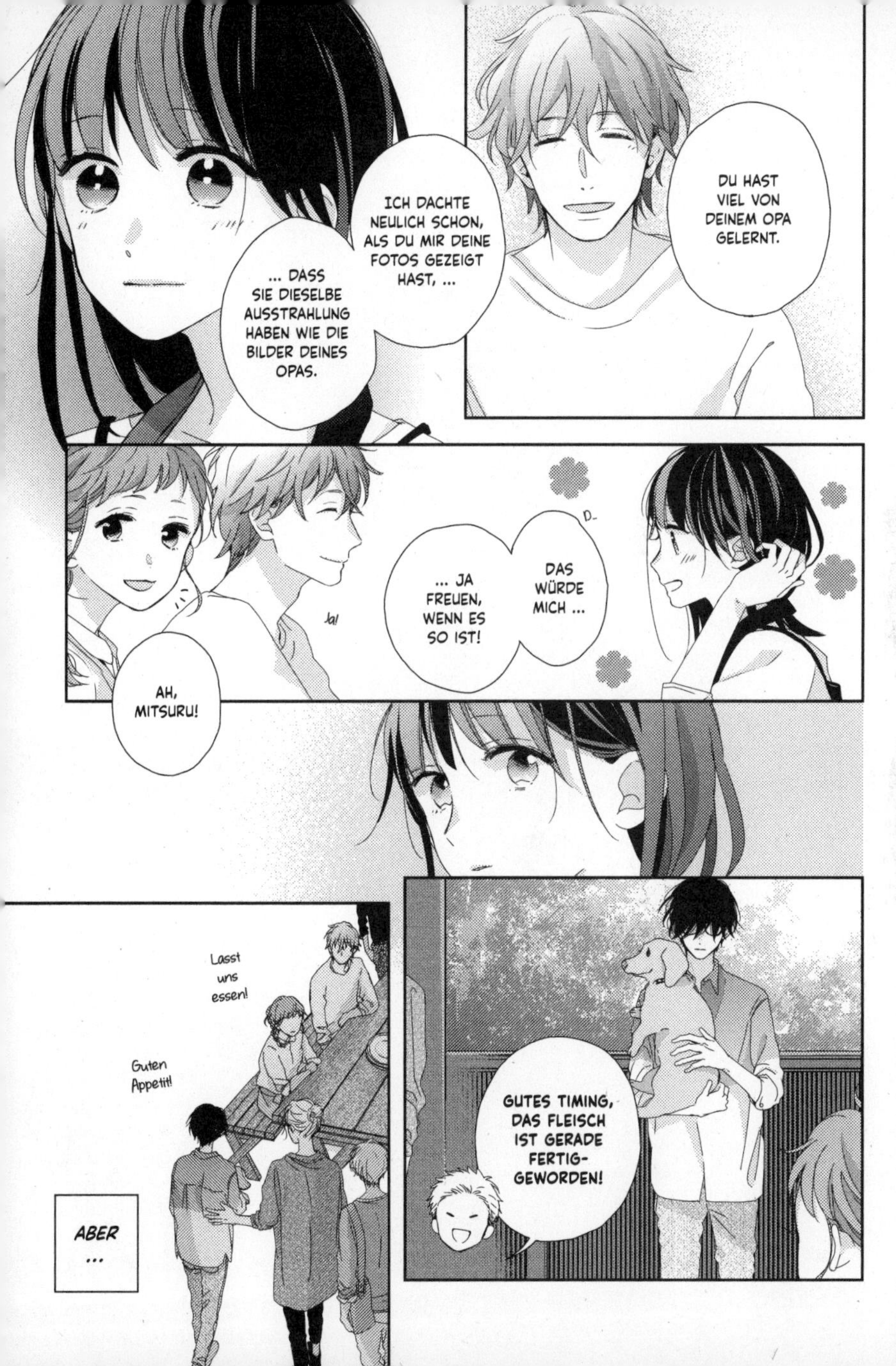
DU HAST VIEL VON DEINEM OPA GELERNT.
ICH DACHTE NEULICH SCHON, ALS DU MIR DEINE FOTOS GEZEIGT HAST, ...
... DASS SIE DIESELBE AUSSTRAHLUNG HABEN WIE DIE BILDER DEINES OPAS.
D...
DAS WÜRDE MICH ...
... JA FREUEN, WENN ES SO IST!
Ja!
AH, MITSURU!
GUTES TIMING, DAS FLEISCH IST GERADE FERTIG-GEWORDEN!
Lasst uns essen!
Guten Appetit!
ABER ...

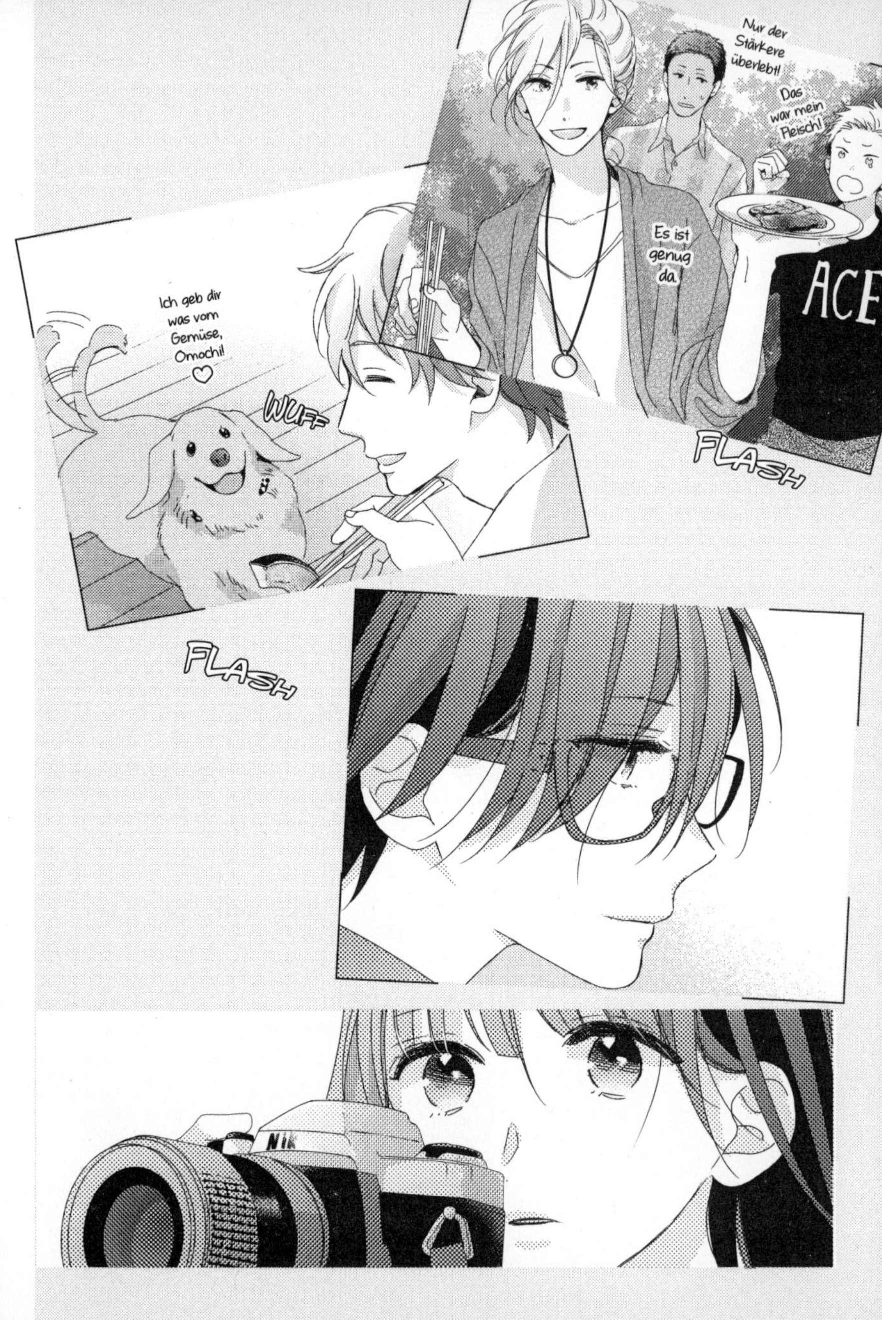
Das war mein Fleisch!
Nur der Stärkere überlebt!
Es ist genug da.
FLASH
Ich geb dir was vom Gemüse, Omochi! ♡
WUFF
FLASH

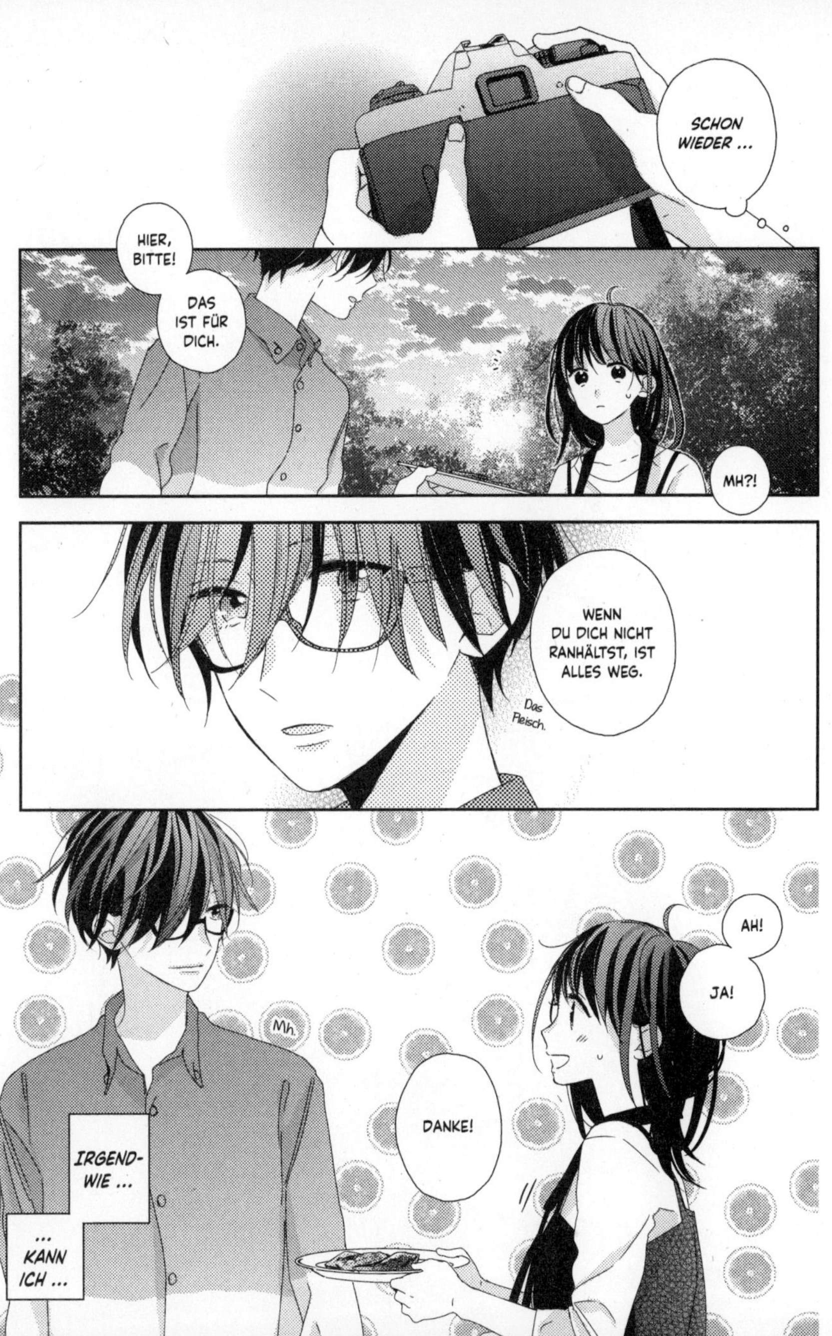
SCHON WIEDER ...
HIER, BITTE!
DAS IST FÜR DICH.
MH?!
WENN DU DICH NICHT RANHÄLTST, IST ALLES WEG.
Das Fleisch.
AH!
JA!
Mh.
DANKE!
IRGEND-WIE ...
... KANN ICH ...

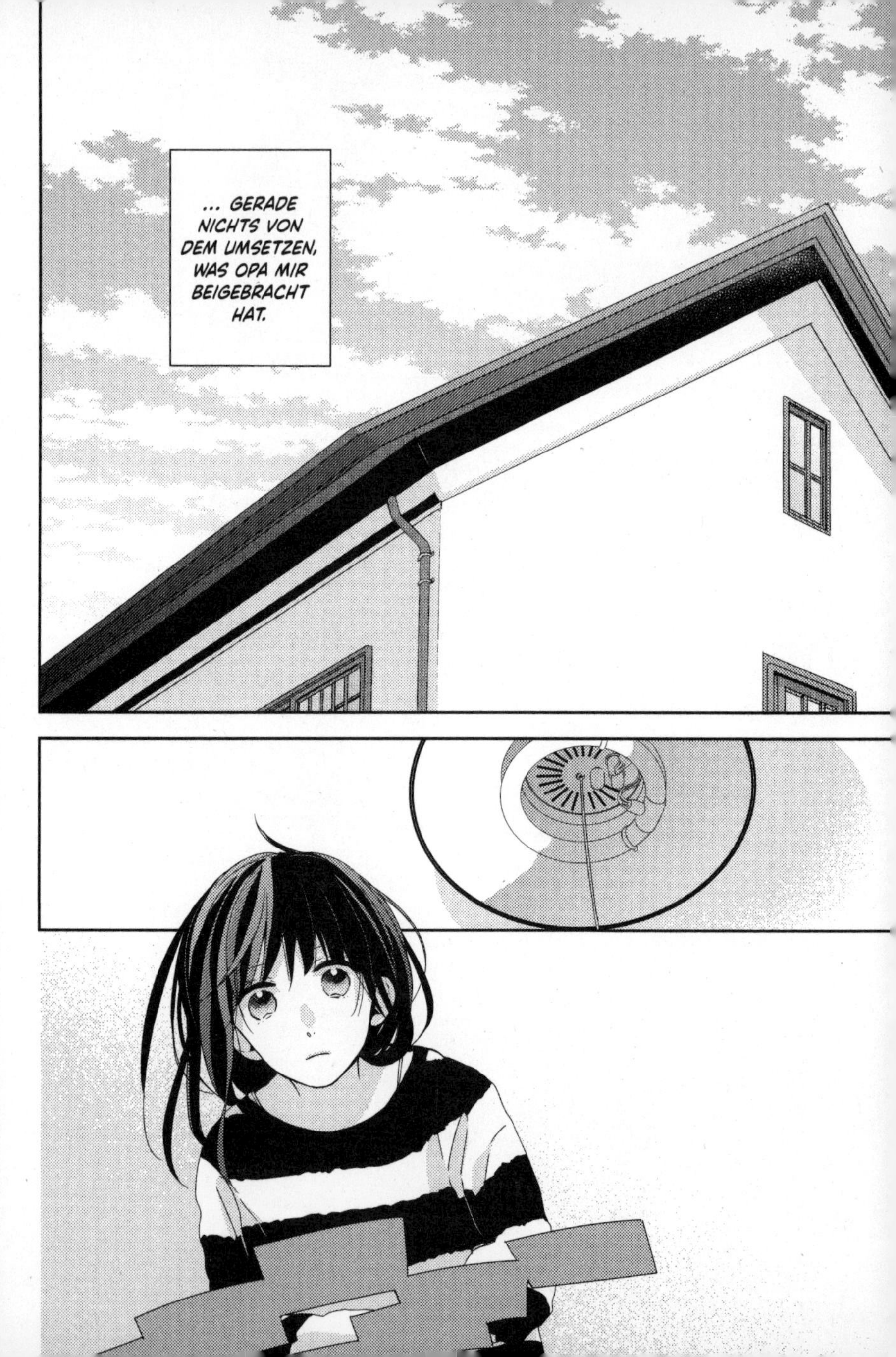
... GERADE NICHTS VON DEM UMSETZEN, WAS OPA MIR BEIGEBRACHT HAT.

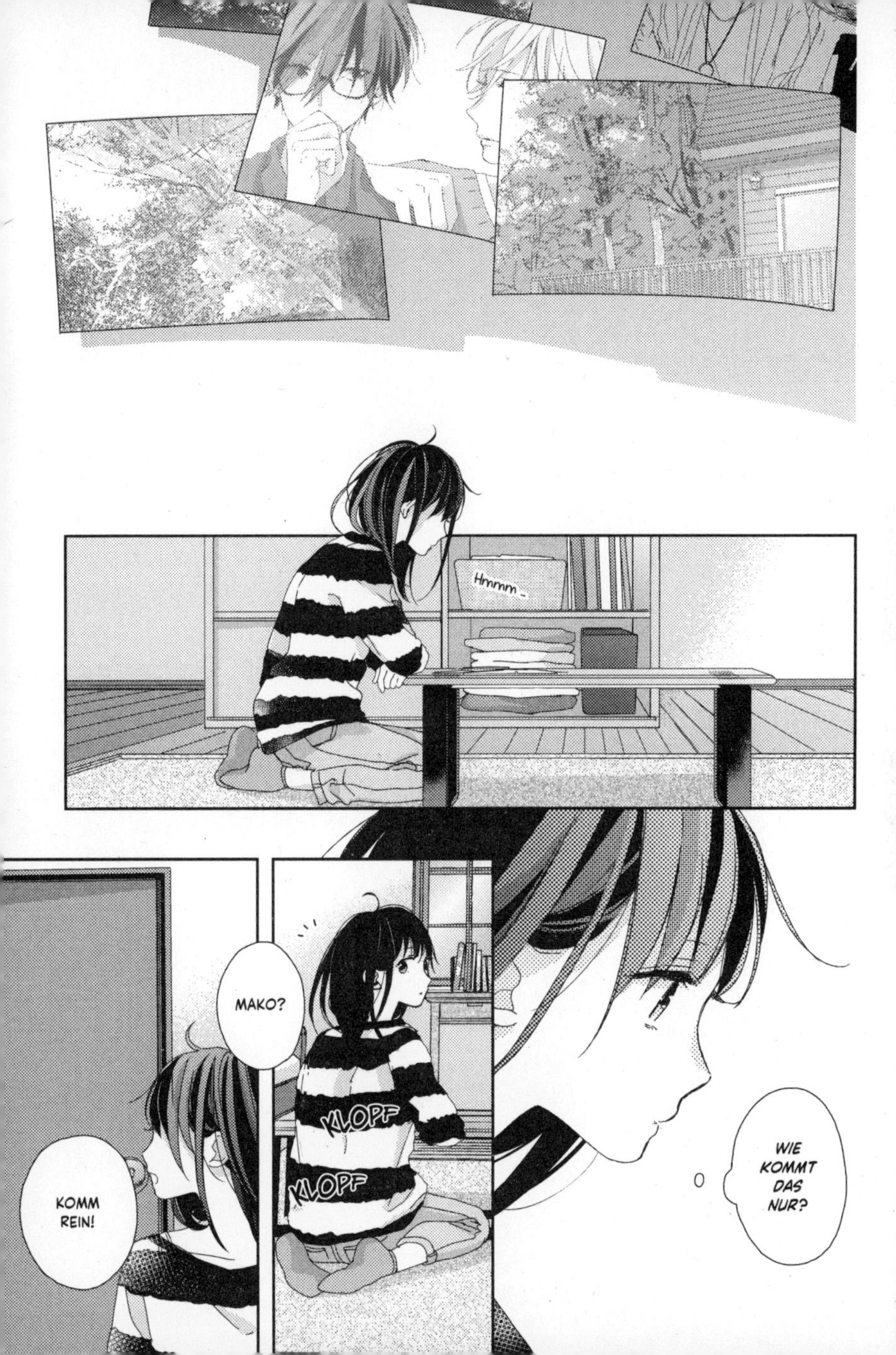
Hmmm..
WIE KOMMT DAS NUR?
KLOPF
KLOPF
MAKO?
KOMM REIN!

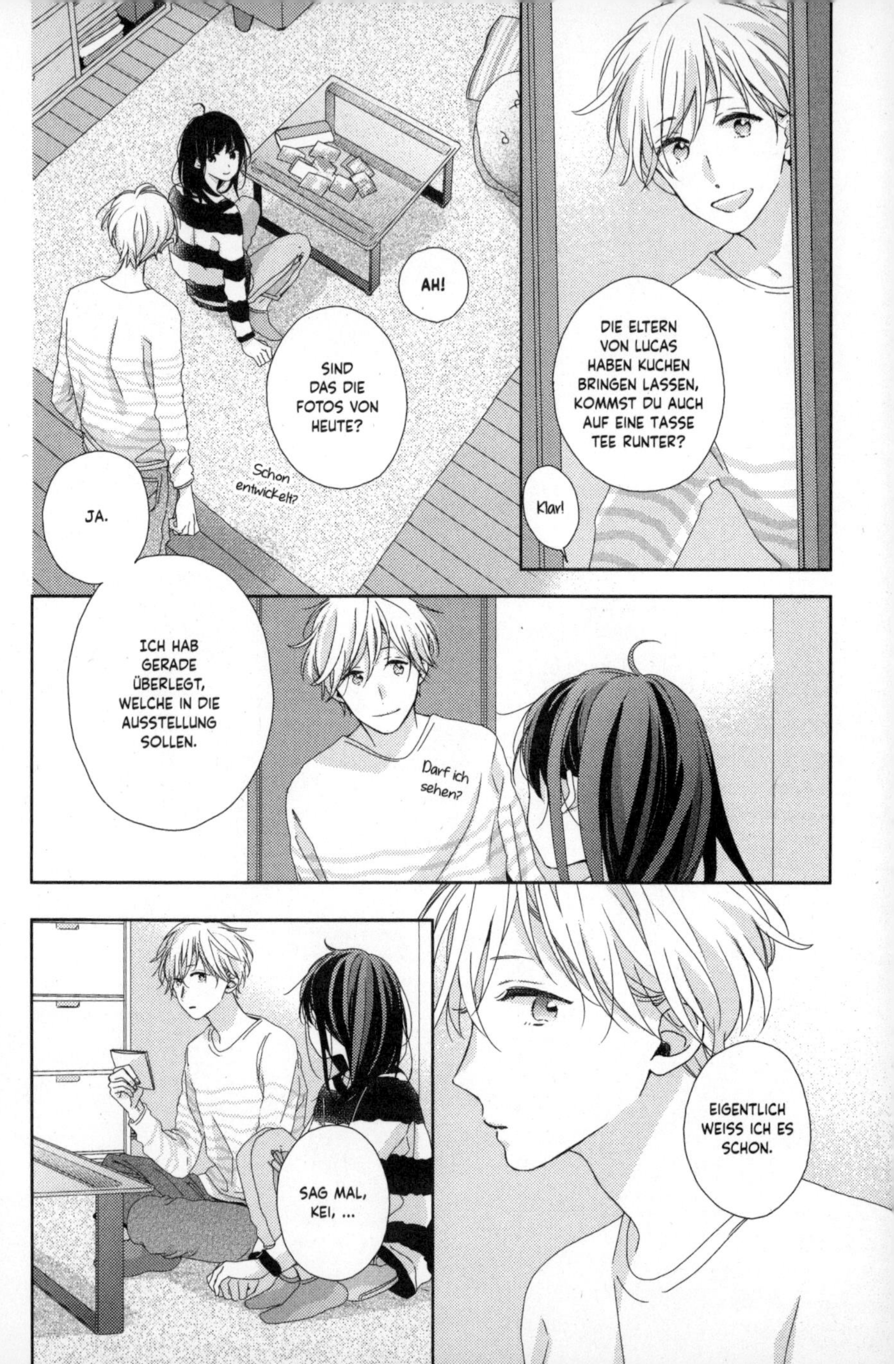
DIE ELTERN VON LUCAS HABEN KUCHEN BRINGEN LASSEN, KOMMST DU AUCH AUF EINE TASSE TEE RUNTER?
Klar!
AH!
SIND DAS DIE FOTOS VON HEUTE?
Schon entwickelt?
JA.
ICH HAB GERADE ÜBERLEGT, WELCHE IN DIE AUSSTELLUNG SOLLEN.
Darf ich sehen?
EIGENTLICH WEISS ICH ES SCHON.
SAG MAL, KEI, ...

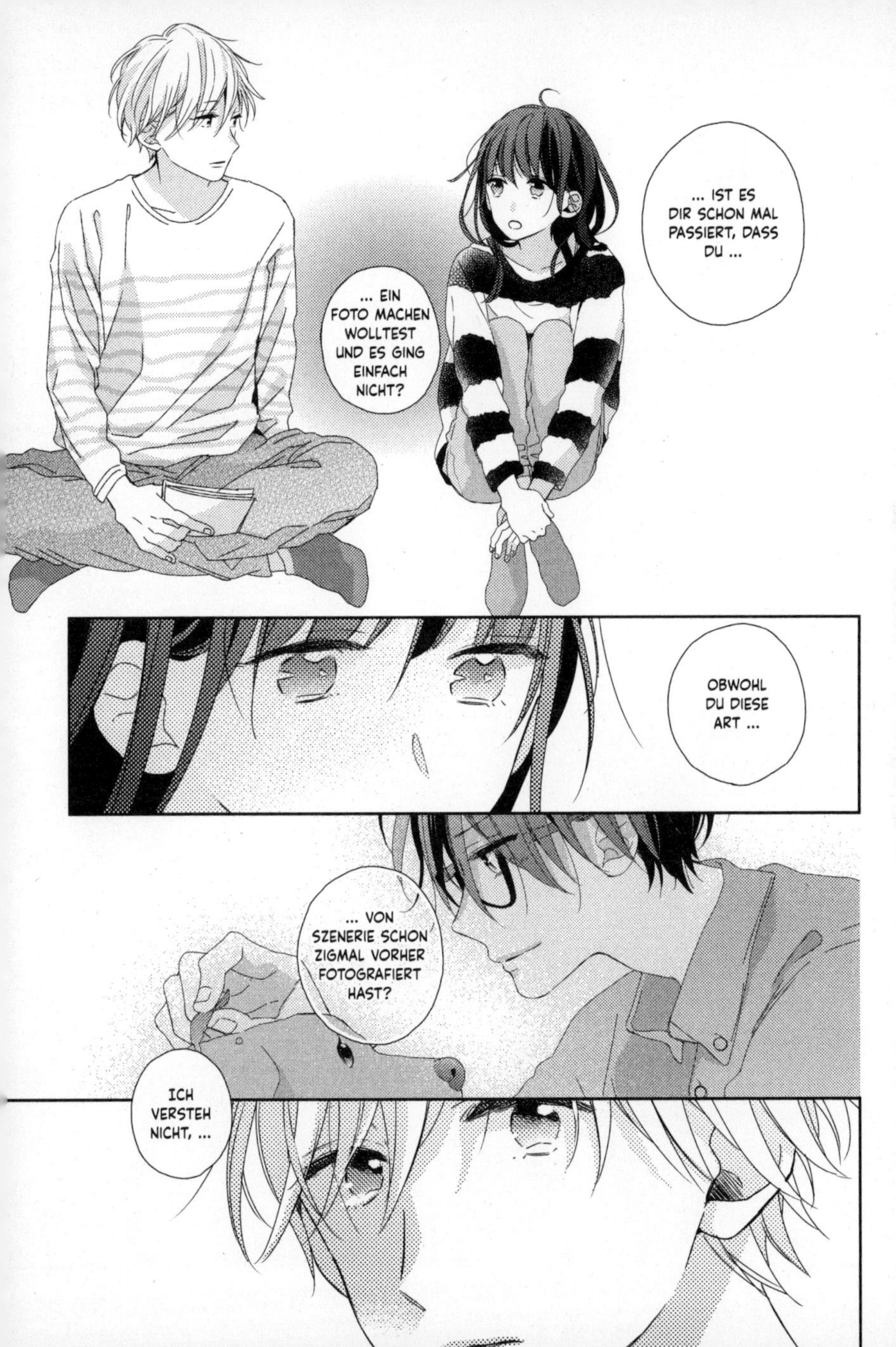
... IST ES DIR SCHON MAL PASSIERT, DASS DU ...
... EIN FOTO MACHEN WOLLTEST UND ES GING EINFACH NICHT?
OBWOHL DU DIESE ART ...
... VON SZENERIE SCHON ZIGMAL VORHER FOTOGRAFIERT HAST?
ICH VERSTEH NICHT, ...

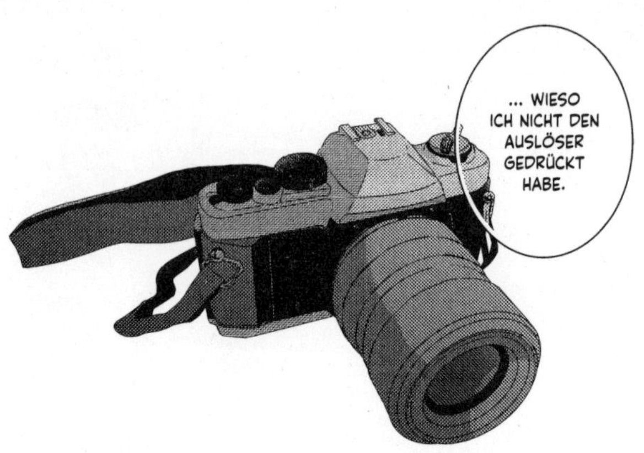

Dieses Gefühl soll man ernst nehmen …

… und den Moment auf keinen Fall …

… vorbei-ziehen lassen.

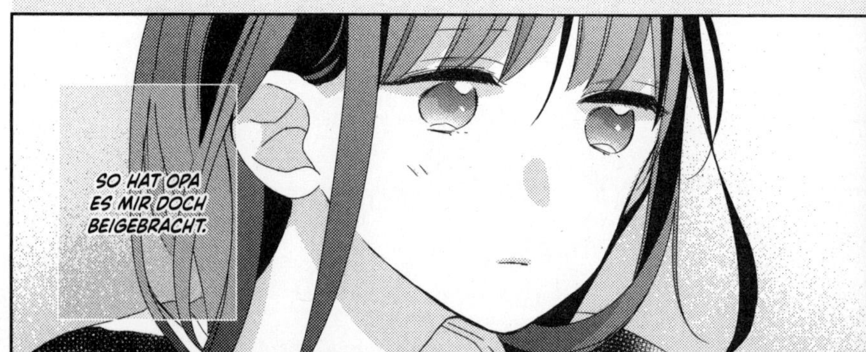

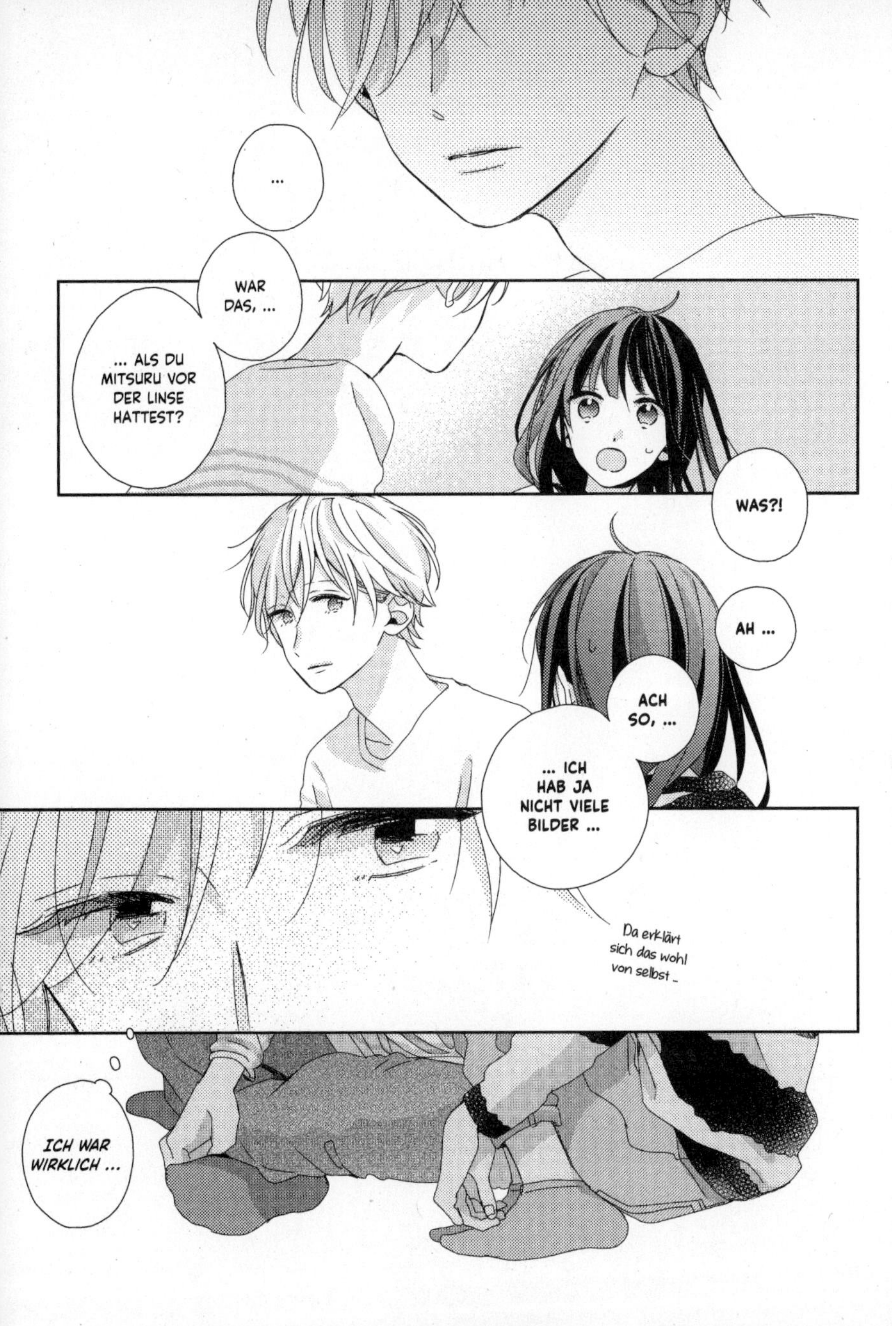
...
WAR DAS, ...
... ALS DU MITSURU VOR DER LINSE HATTEST?
WAS?!
AH ...
ACH SO, ...
... ICH HAB JA NICHT VIELE BILDER ...
Da erklärt sich das wohl von selbst ...
ICH WAR WIRKLICH ...

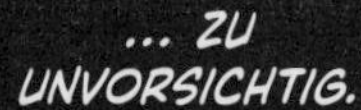

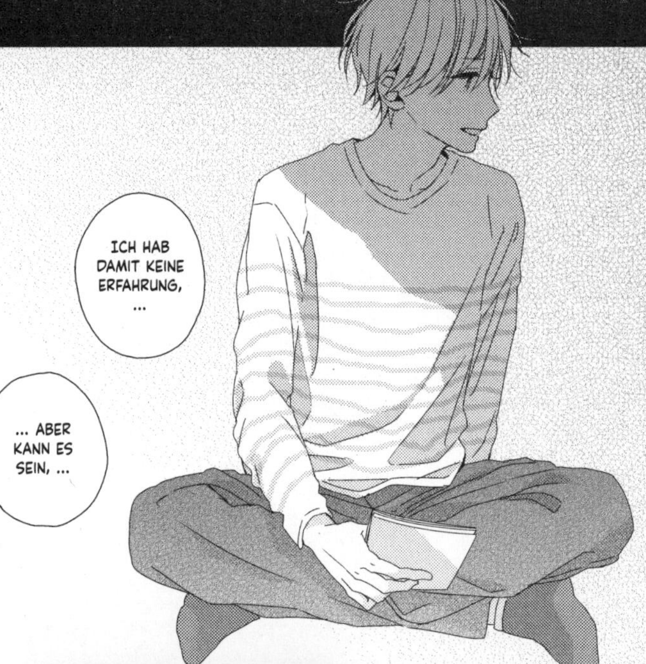

... DASS DU EINFACH EINE BLOCKADE HAST?

EINE BLOCKADE?

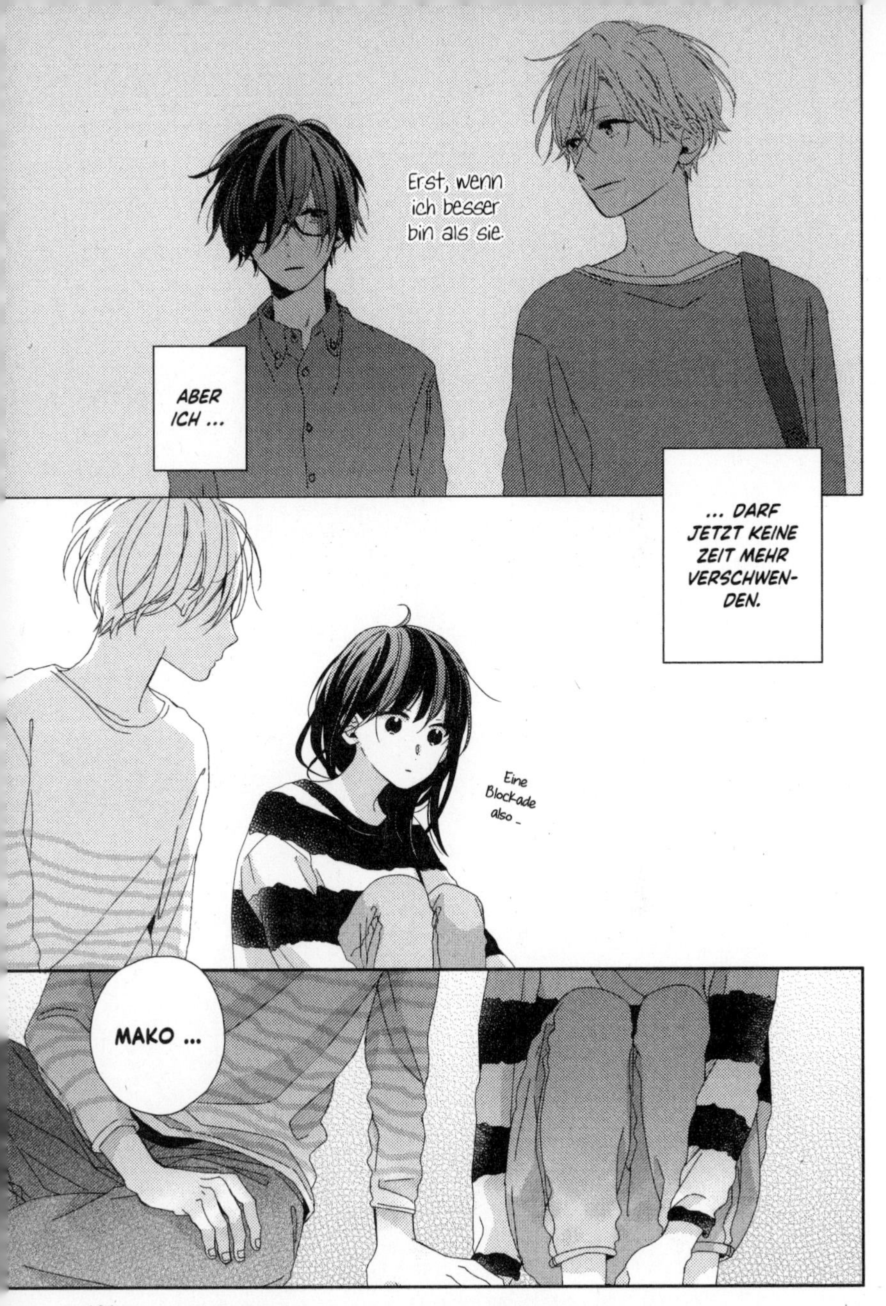
Erst, wenn ich besser bin als sie.
ABER ICH ...
... DARF JETZT KEINE ZEIT MEHR VERSCHWEN-DEN.
Eine Blockade also ...
MAKO ...

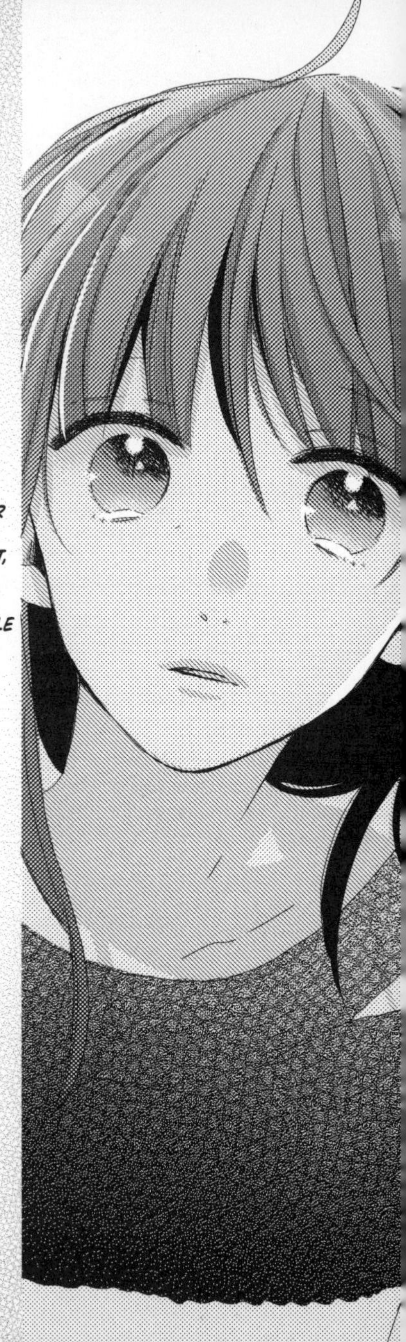
BEVOR SIE MERKT, WAS FÜR GEFÜHLE DAS SIND.
ICH ...

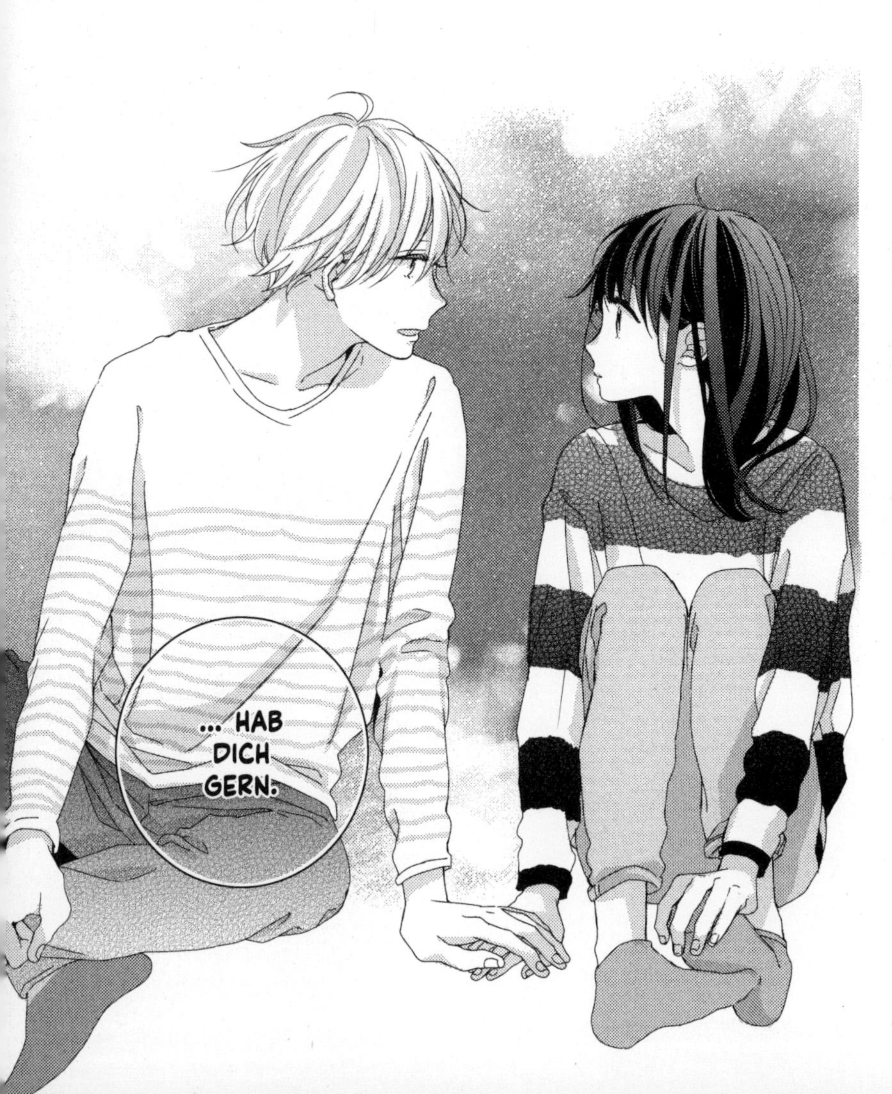
... HAB
DICH
GERN.

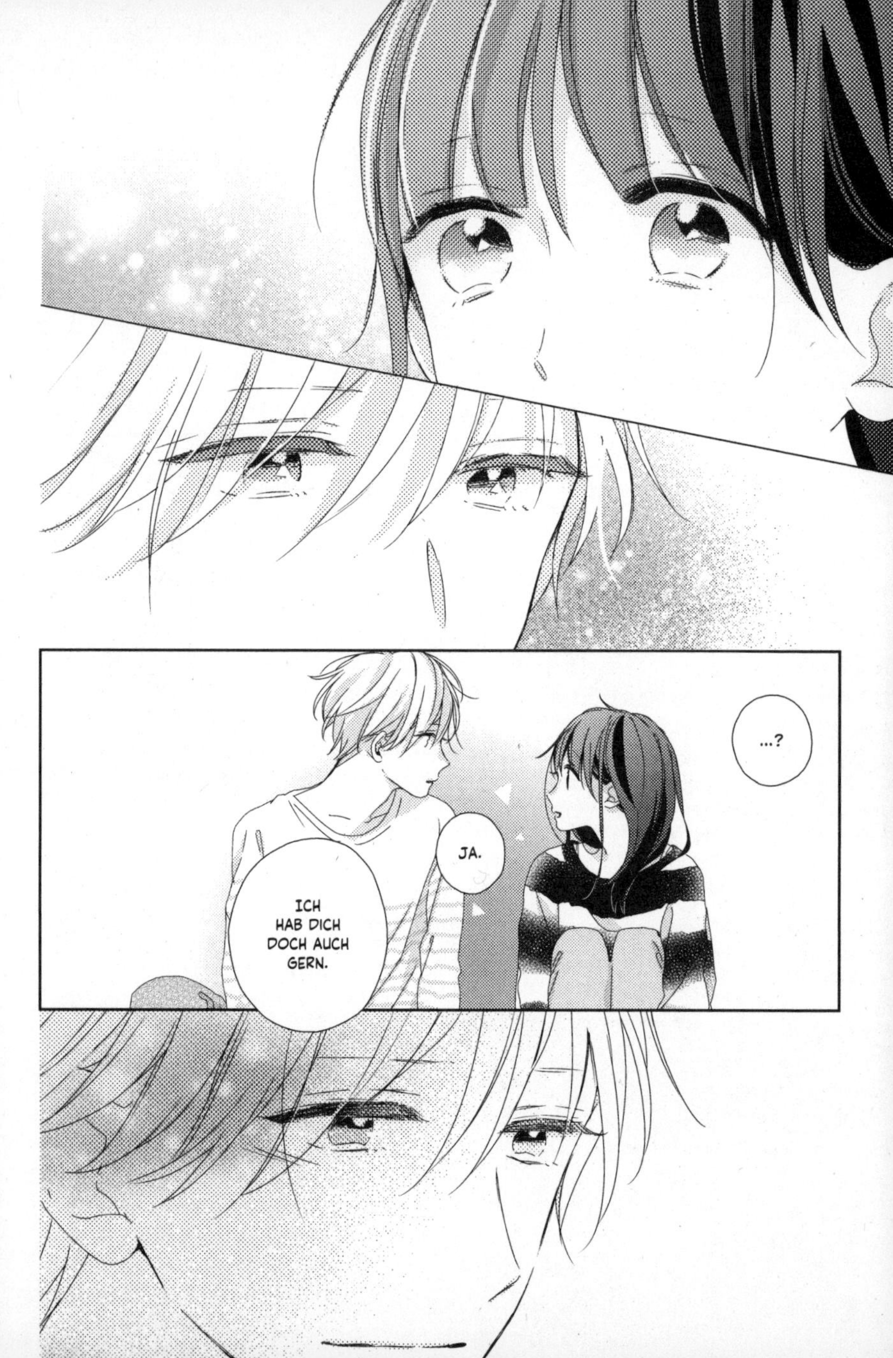
...?
JA.
ICH HAB DICH DOCH AUCH GERN.

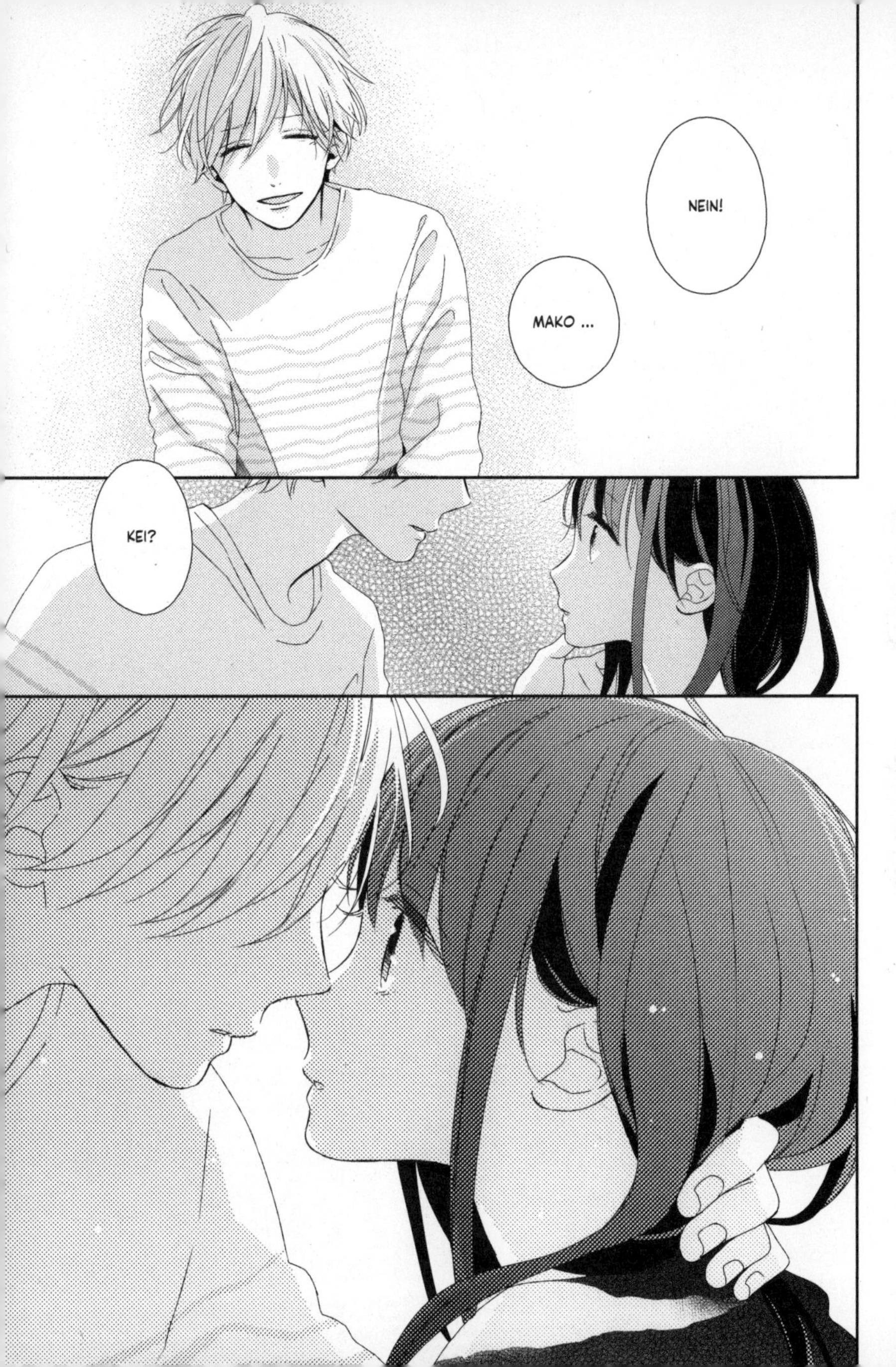
NEIN!
MAKO ...
KEI?

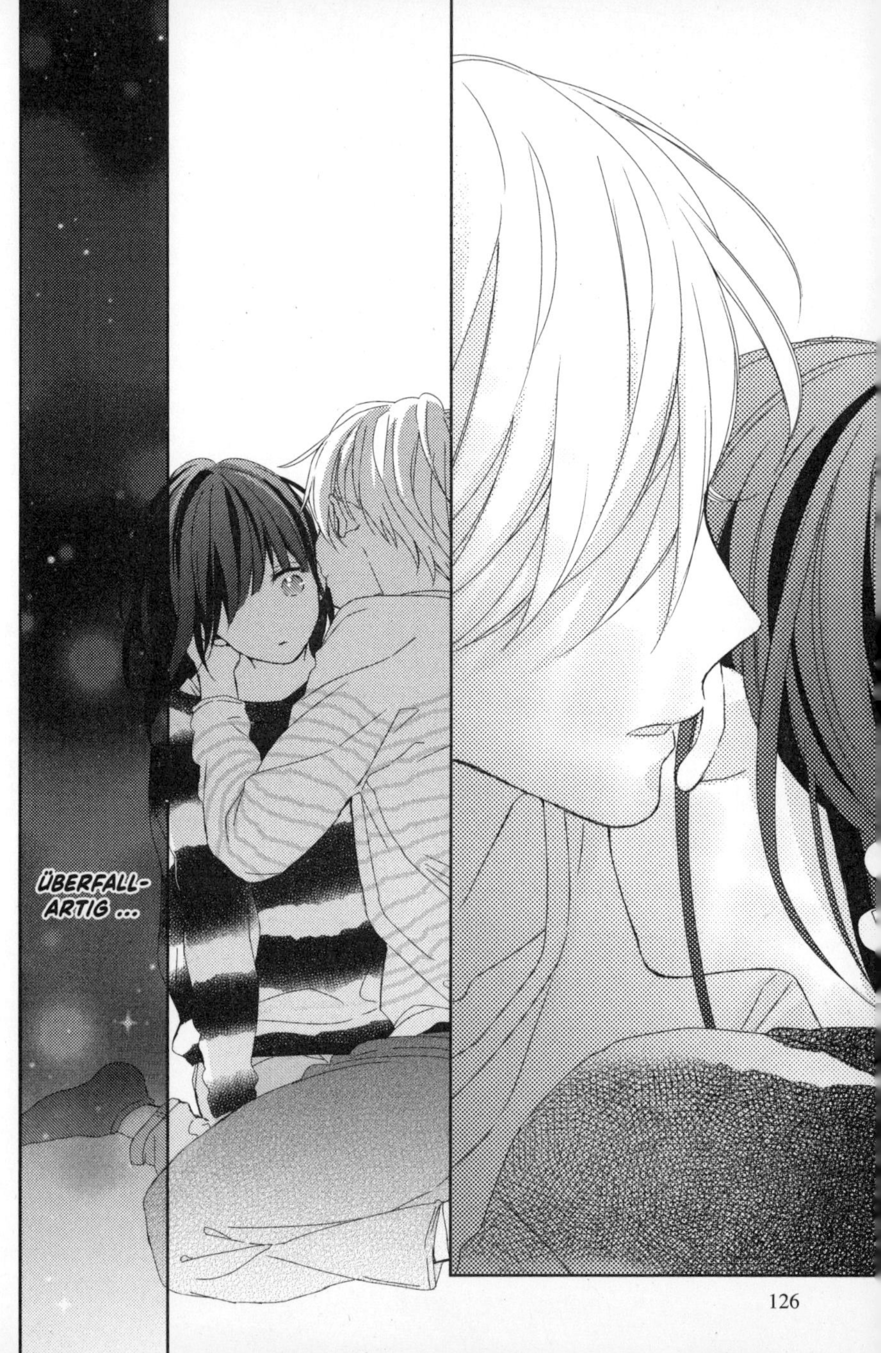
ÜBERFALL-
ARTIG ...

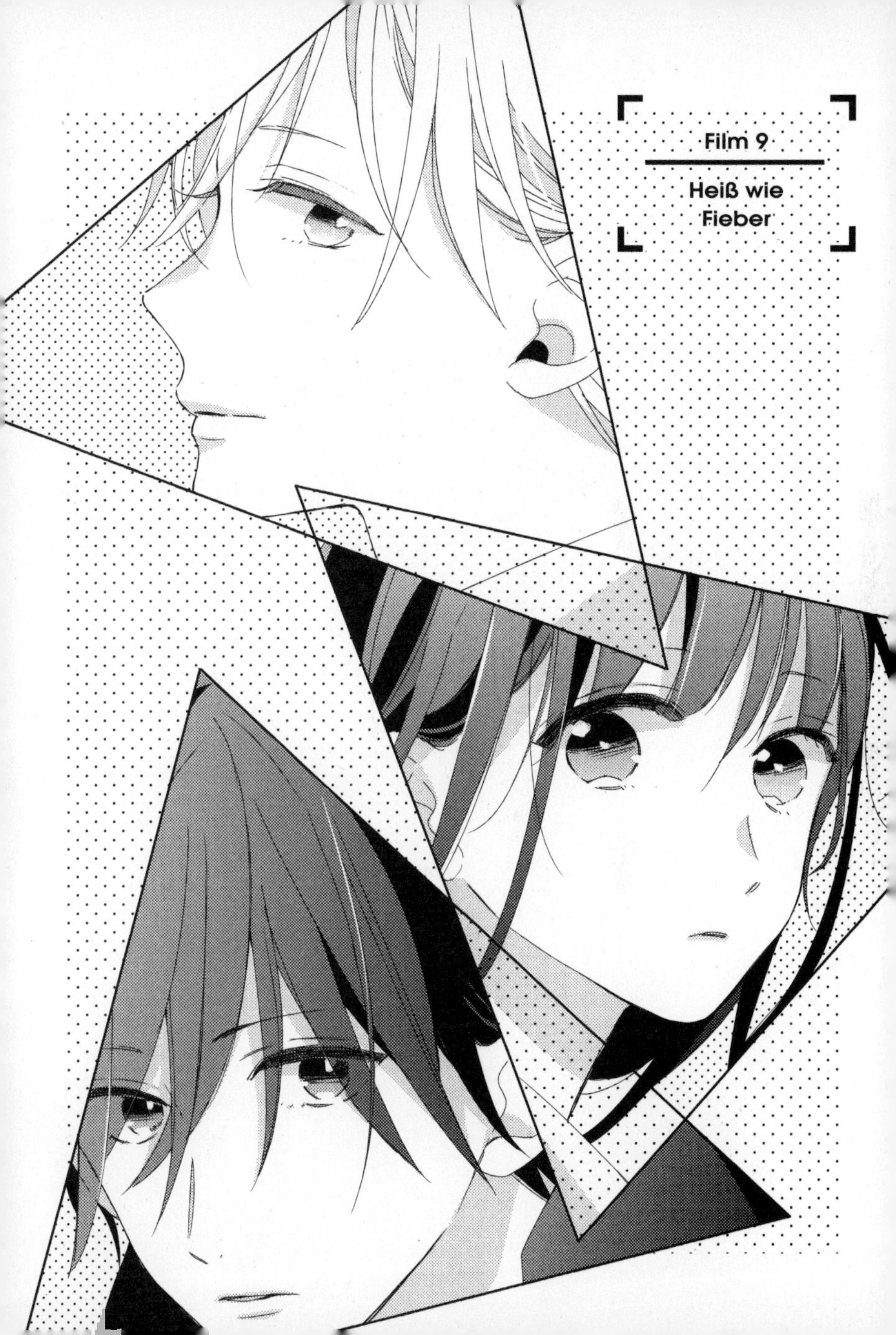
Film 9
Heiß wie
Fieber

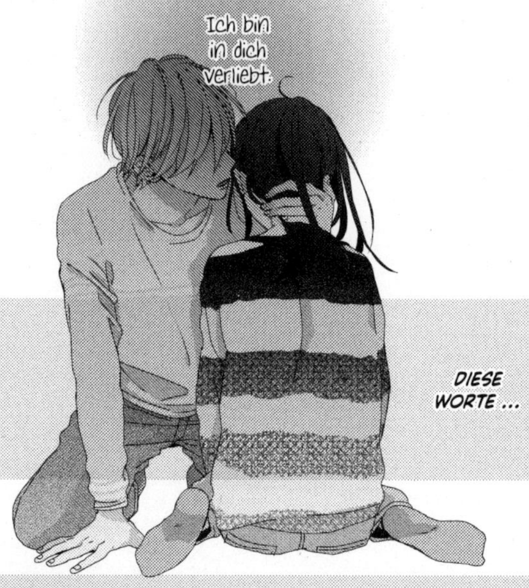

DIESE WORTE ...

... HALLTEN IN MEINEN OHREN ...

... WIEDER UND WIEDER ...

Liebe im Fokus

... UND AUF EINMAL ...

... HATTE ICH DAS GEFÜHL, ZU VERGLÜHEN.

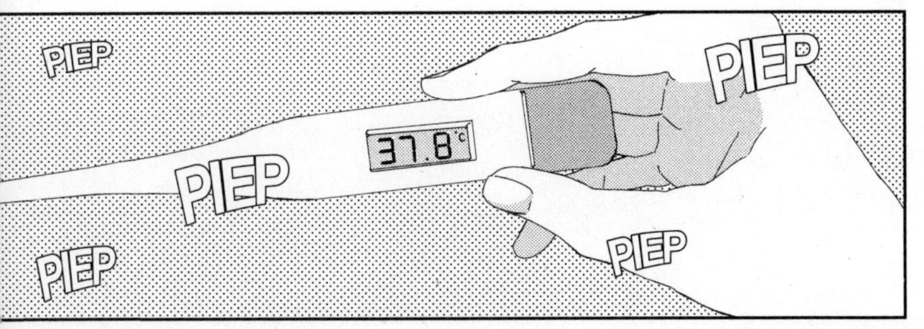

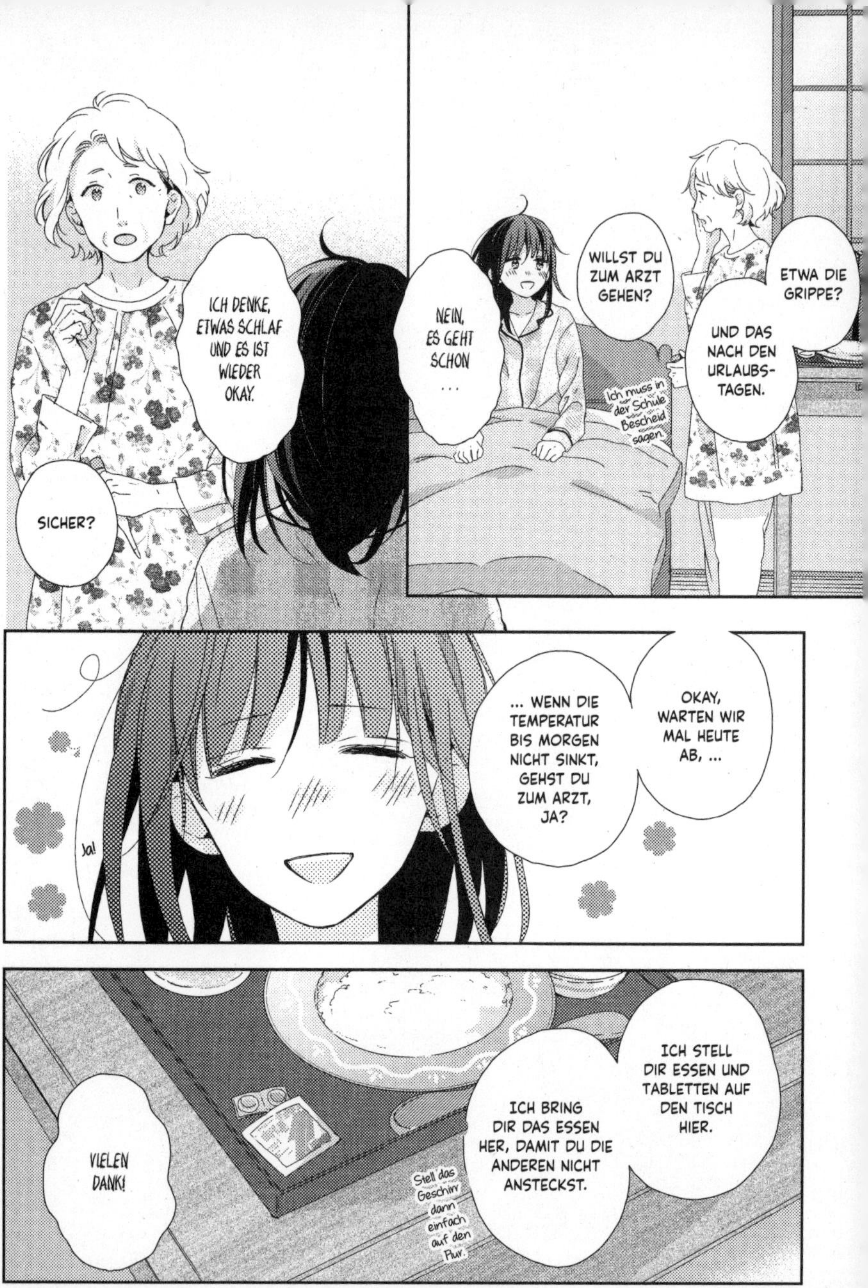

ETWA DIE GRIPPE?
UND DAS NACH DEN URLAUBSTAGEN.
Ich muss in der Schule Bescheid sagen.
WILLST DU ZUM ARZT GEHEN?
NEIN, ES GEHT SCHON ...
ICH DENKE, ETWAS SCHLAF UND ES IST WIEDER OKAY.
SICHER?
OKAY, WARTEN WIR MAL HEUTE AB, ...
... WENN DIE TEMPERATUR BIS MORGEN NICHT SINKT, GEHST DU ZUM ARZT, JA?
Ja!

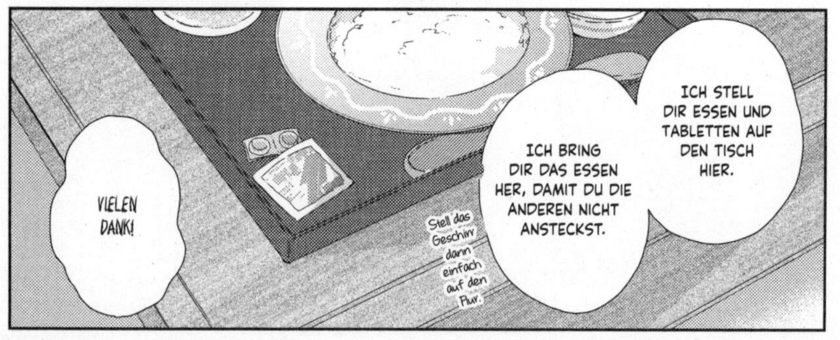

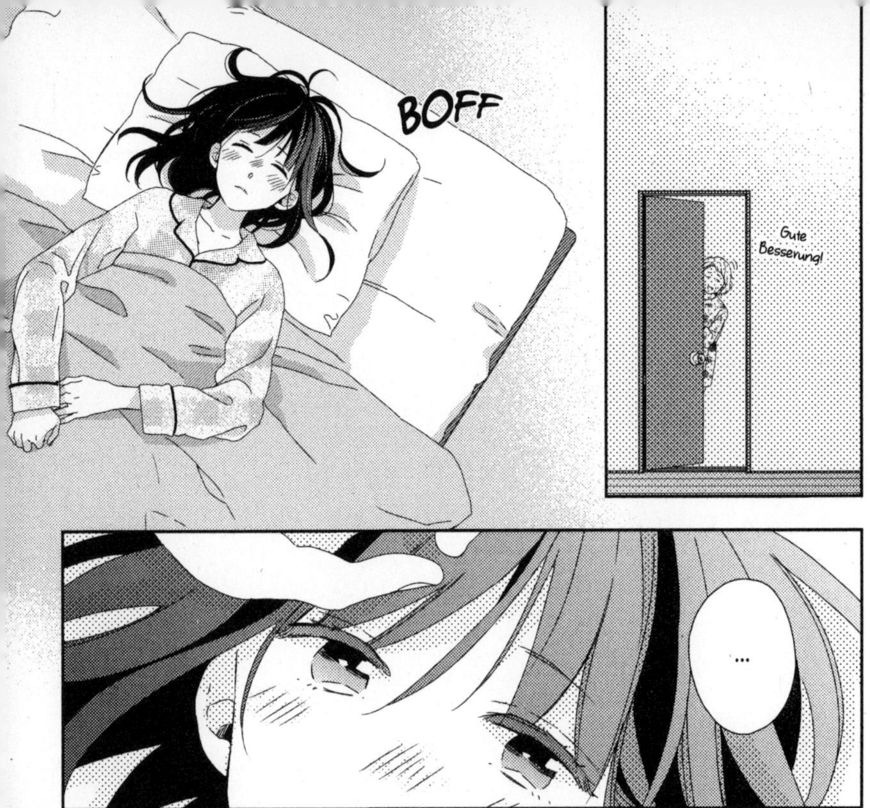

ICH GLAUBE, ...

... DAS IST ...

... KEINE GRIPPE, ...

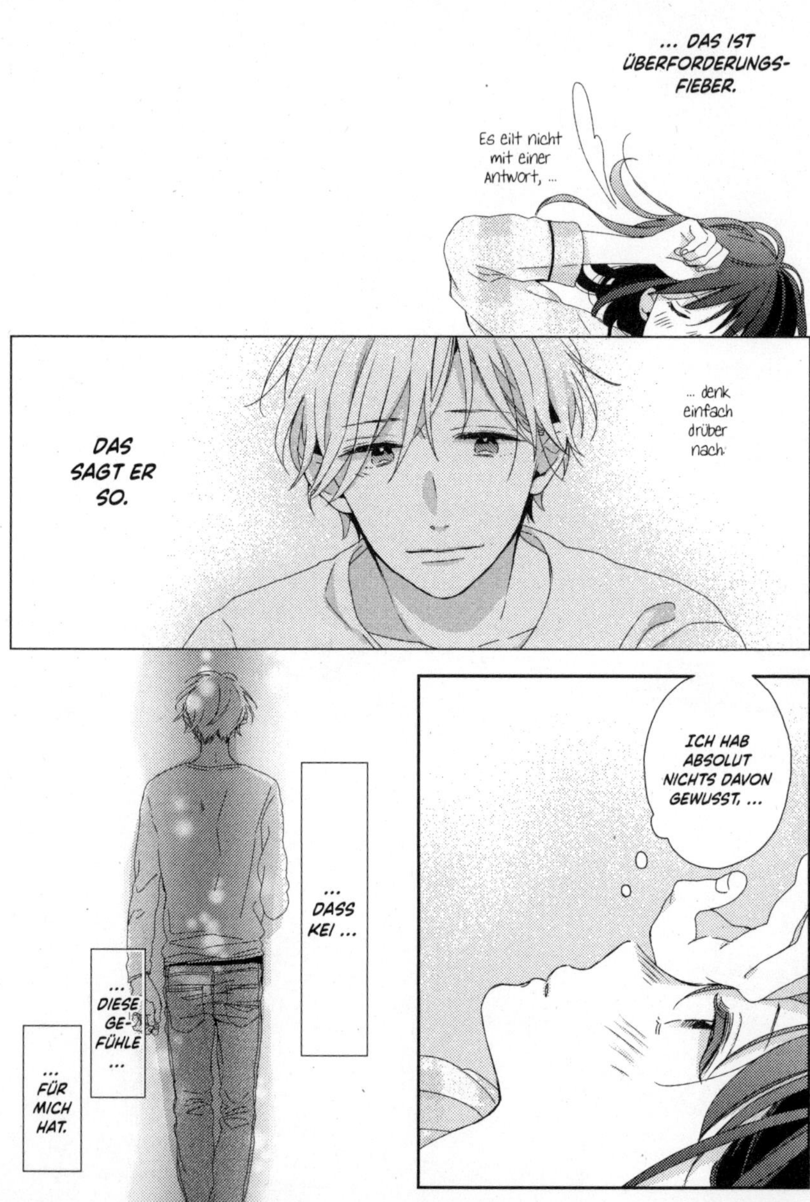

... DAS IST ÜBERFORDERUNGS-FIEBER.
Es eilt nicht mit einer Antwort, ...
... denk einfach drüber nach.
DAS SAGT ER SO.
ICH HAB ABSOLUT NICHTS DAVON GEWUSST, ...
... DASS KEI ...
... DIESE GE-FÜHLE ...
... FÜR MICH HAT.

ABER ...

... SEIT WANN?

WENN ICH ZURÜCKDENKE AN DIE SITUATIONEN, ...

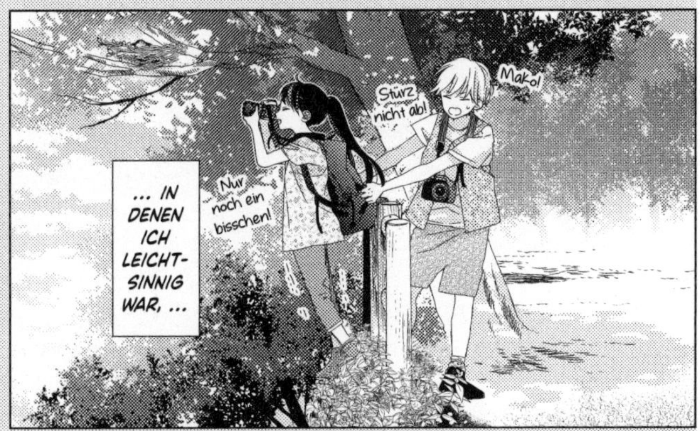

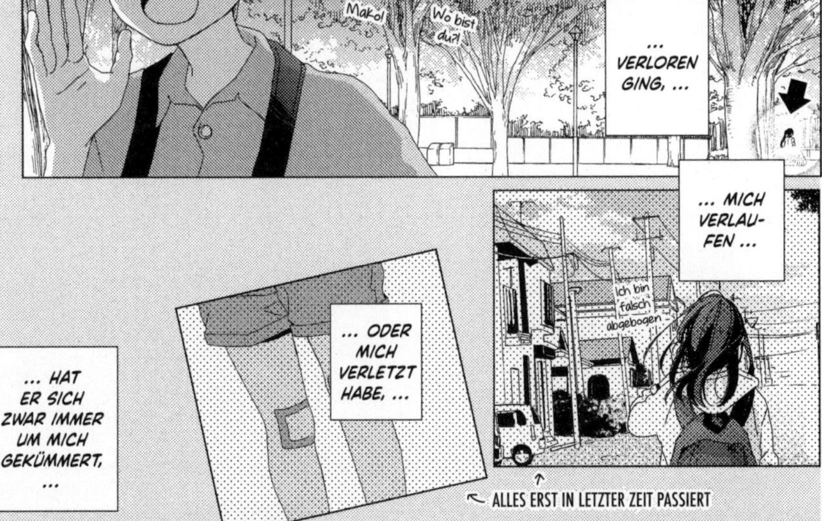

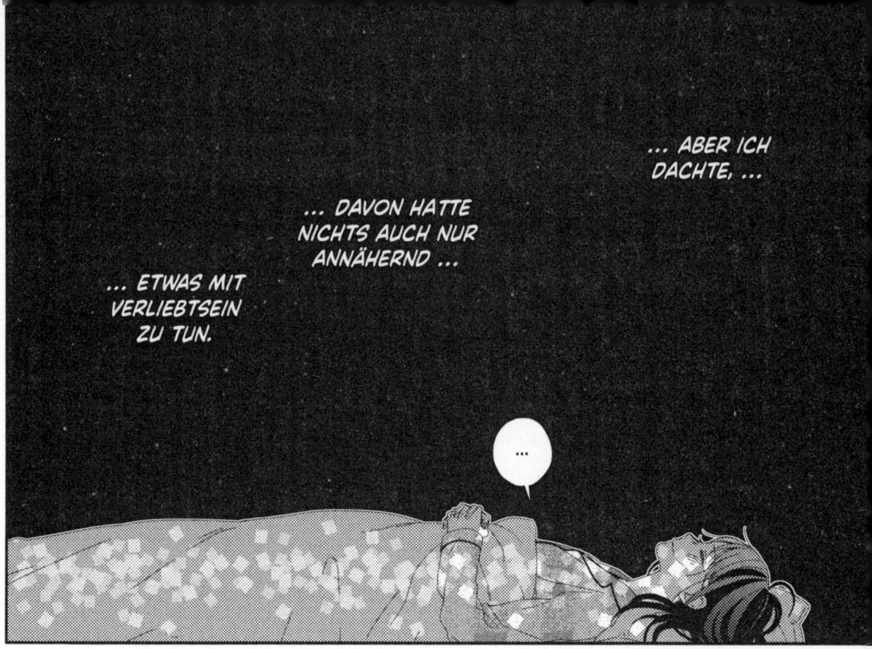

... ABER ICH DACHTE, ...

... DAVON HATTE NICHTS AUCH NUR ANNÄHERND ...

... ETWAS MIT VERLIEBTSEIN ZU TUN.

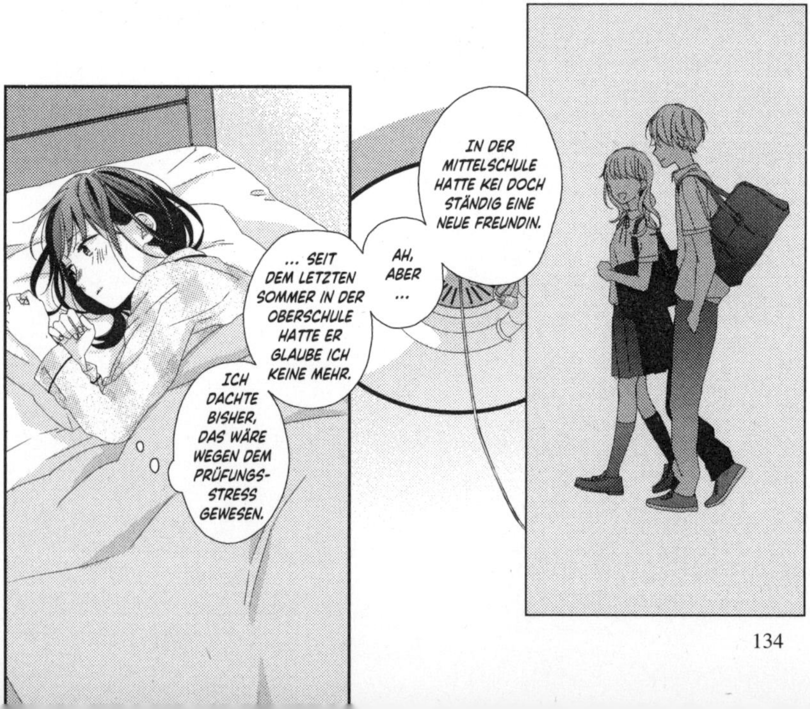

...

IN DER MITTELSCHULE HATTE KEI DOCH STÄNDIG EINE NEUE FREUNDIN.

AH, ABER ...

... SEIT DEM LETZTEN SOMMER IN DER OBERSCHULE HATTE ER GLAUBE ICH KEINE MEHR.

ICH DACHTE BISHER, DAS WÄRE WEGEN DEM PRÜFUNGS-STRESS GEWESEN.

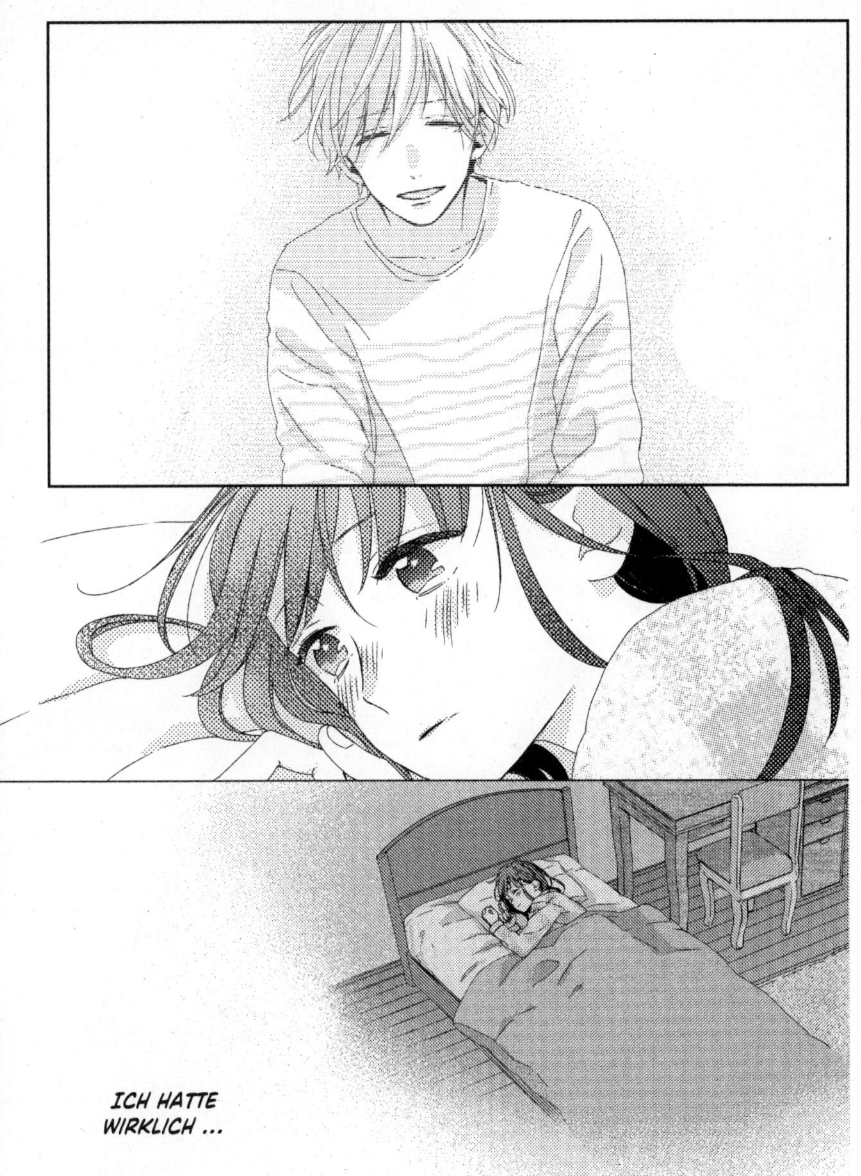
ICH HATTE
WIRKLICH ...

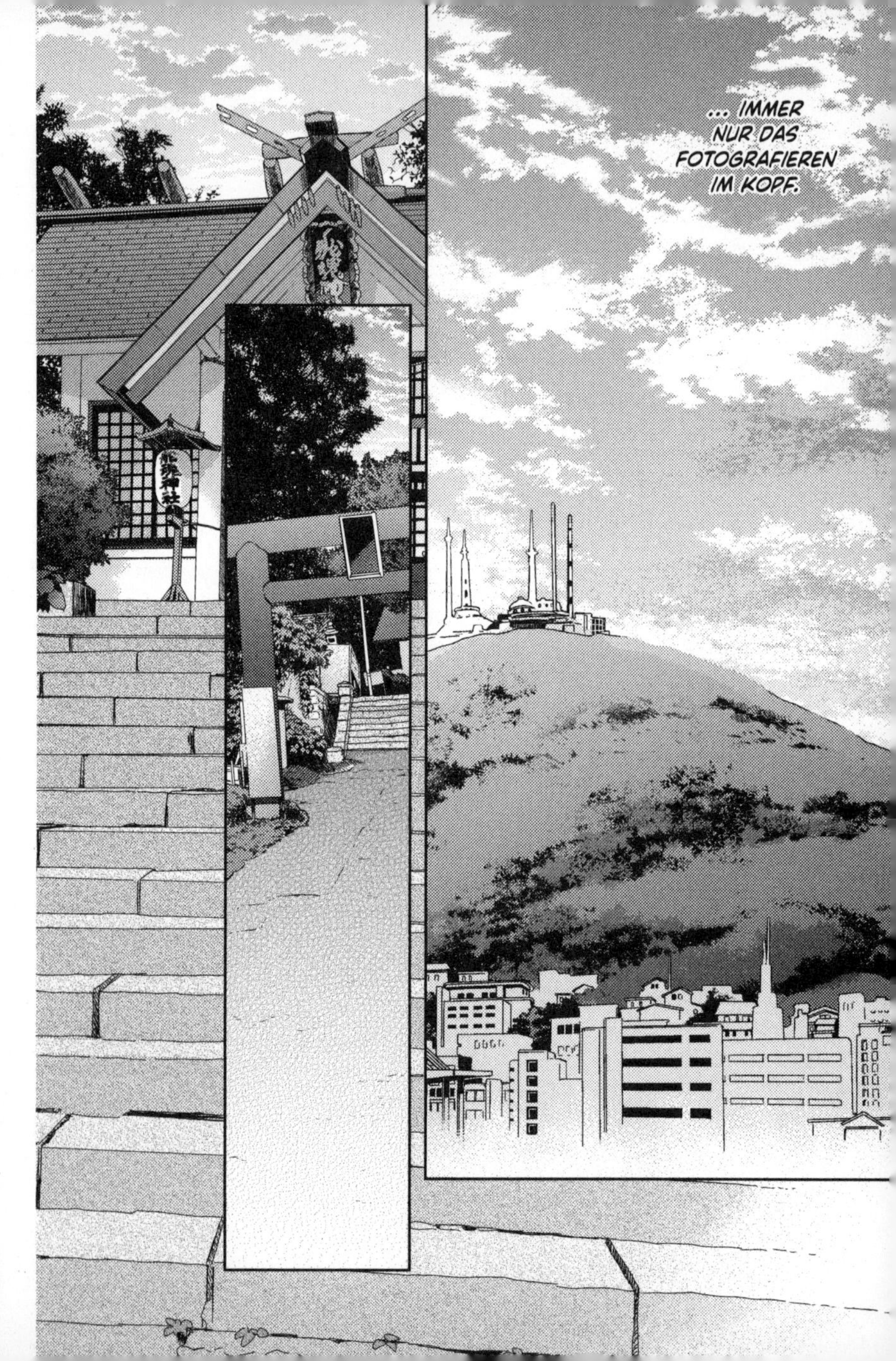
... IMMER NUR DAS FOTOGRAFIEREN IM KOPF.

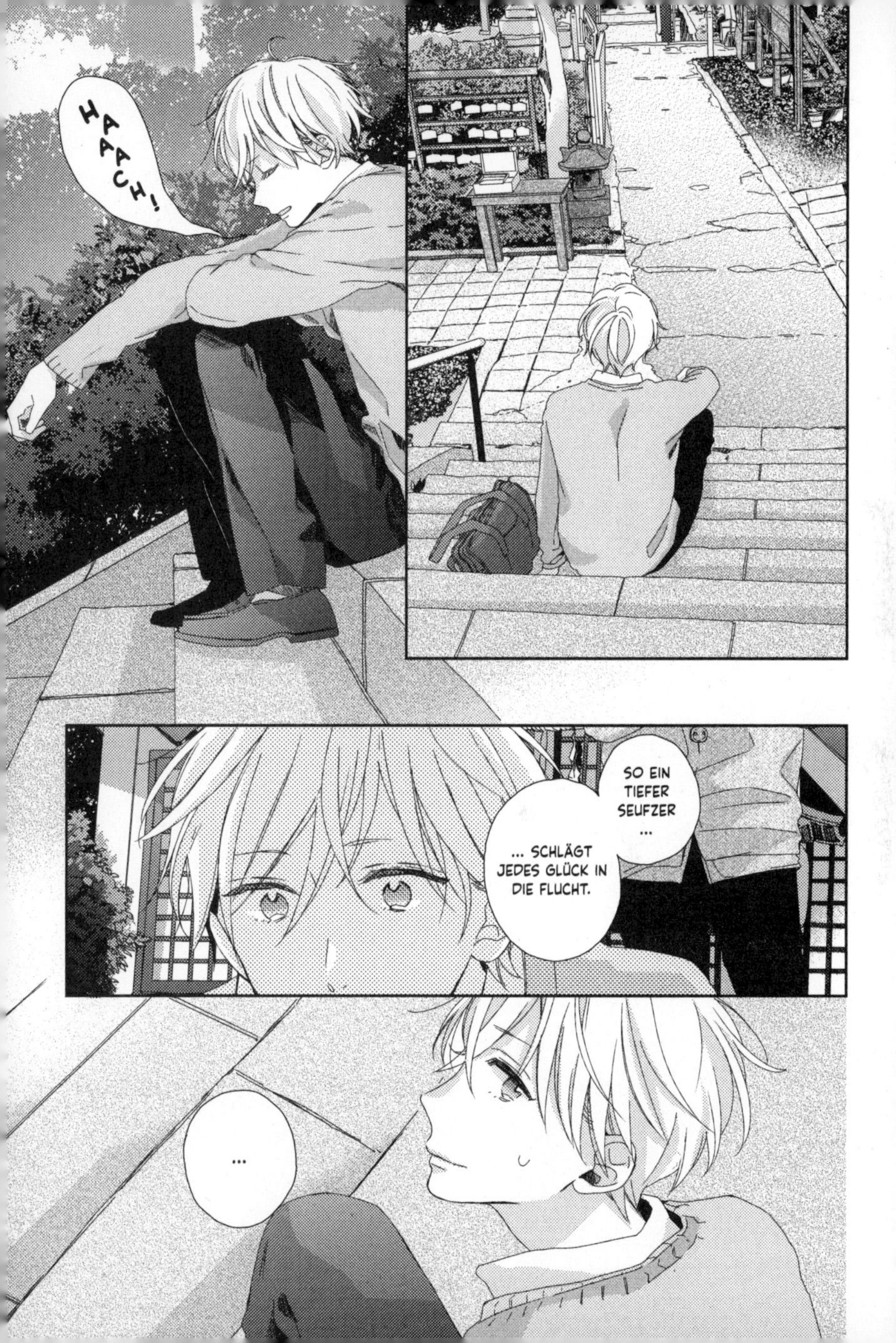
HAAACH!
SO EIN TIEFER SEUFZER ...
... SCHLÄGT JEDES GLÜCK IN DIE FLUCHT.
...

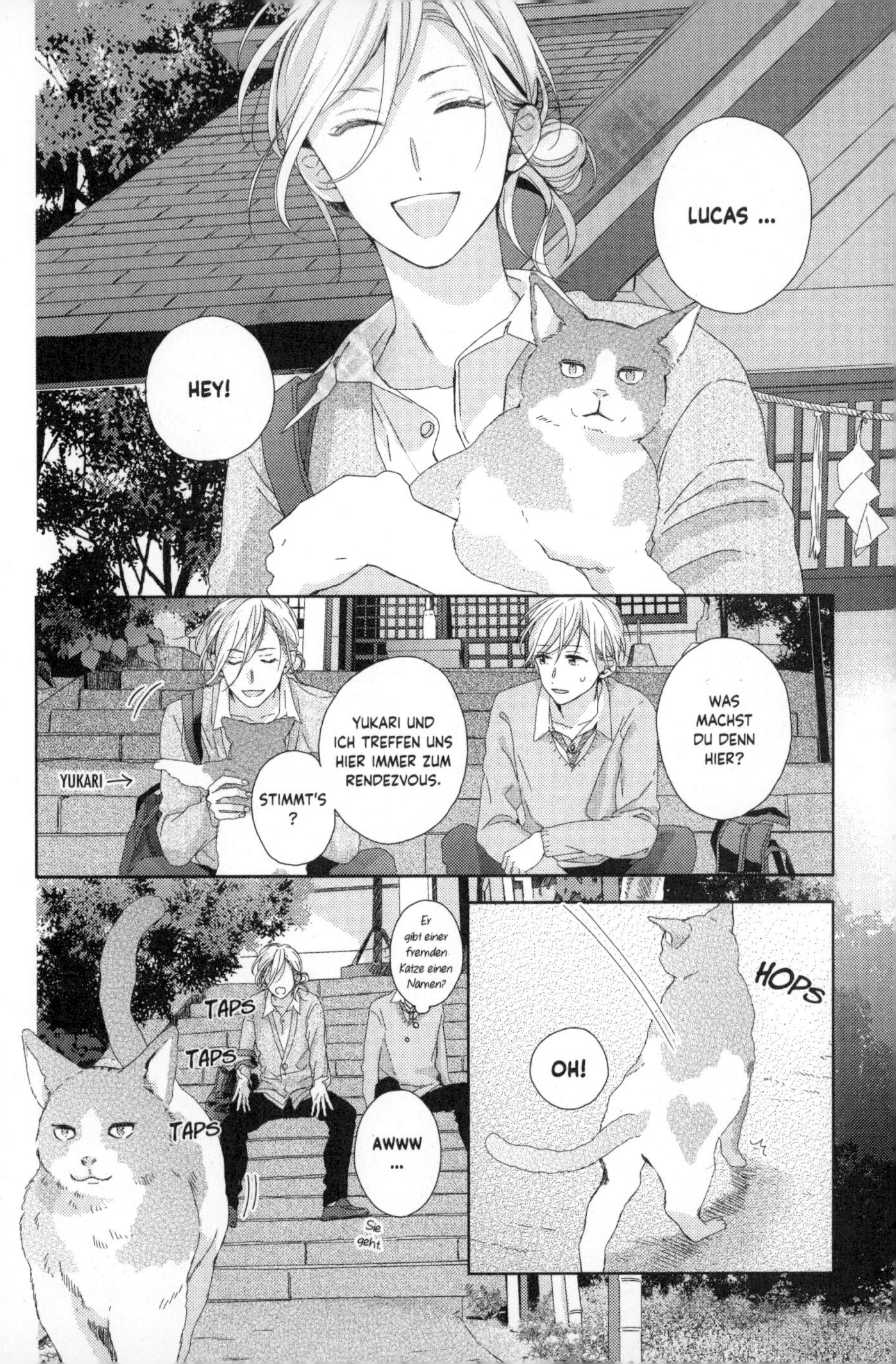
LUCAS ...
HEY!
WAS MACHST DU DENN HIER?
YUKARI UND ICH TREFFEN UNS HIER IMMER ZUM RENDEZVOUS.
STIMMT'S ?
YUKARI
HOPS
OH!
Er gibt einer fremden Katze einen Namen?
TAPS
TAPS
TAPS
AWWW ...
Sie geht.

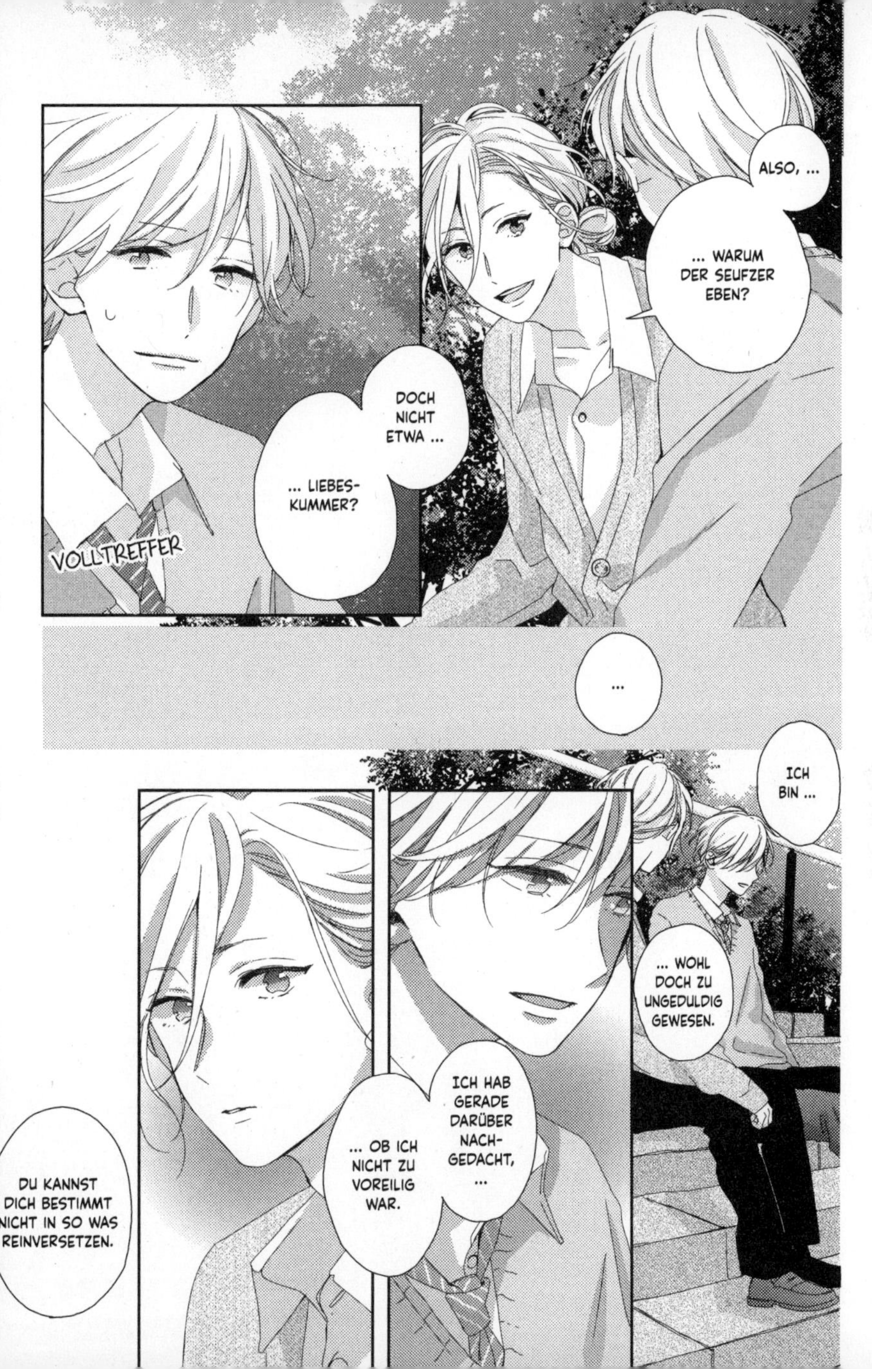
ALSO, ...
... WARUM DER SEUFZER EBEN?
DOCH NICHT ETWA ...
... LIEBES-KUMMER?
VOLLTREFFER
...
ICH BIN ...
... WOHL DOCH ZU UNGEDULDIG GEWESEN.
ICH HAB GERADE DARÜBER NACH-GEDACHT, ...
... OB ICH NICHT ZU VOREILIG WAR.
DU KANNST DICH BESTIMMT NICHT IN SO WAS REINVERSETZEN.

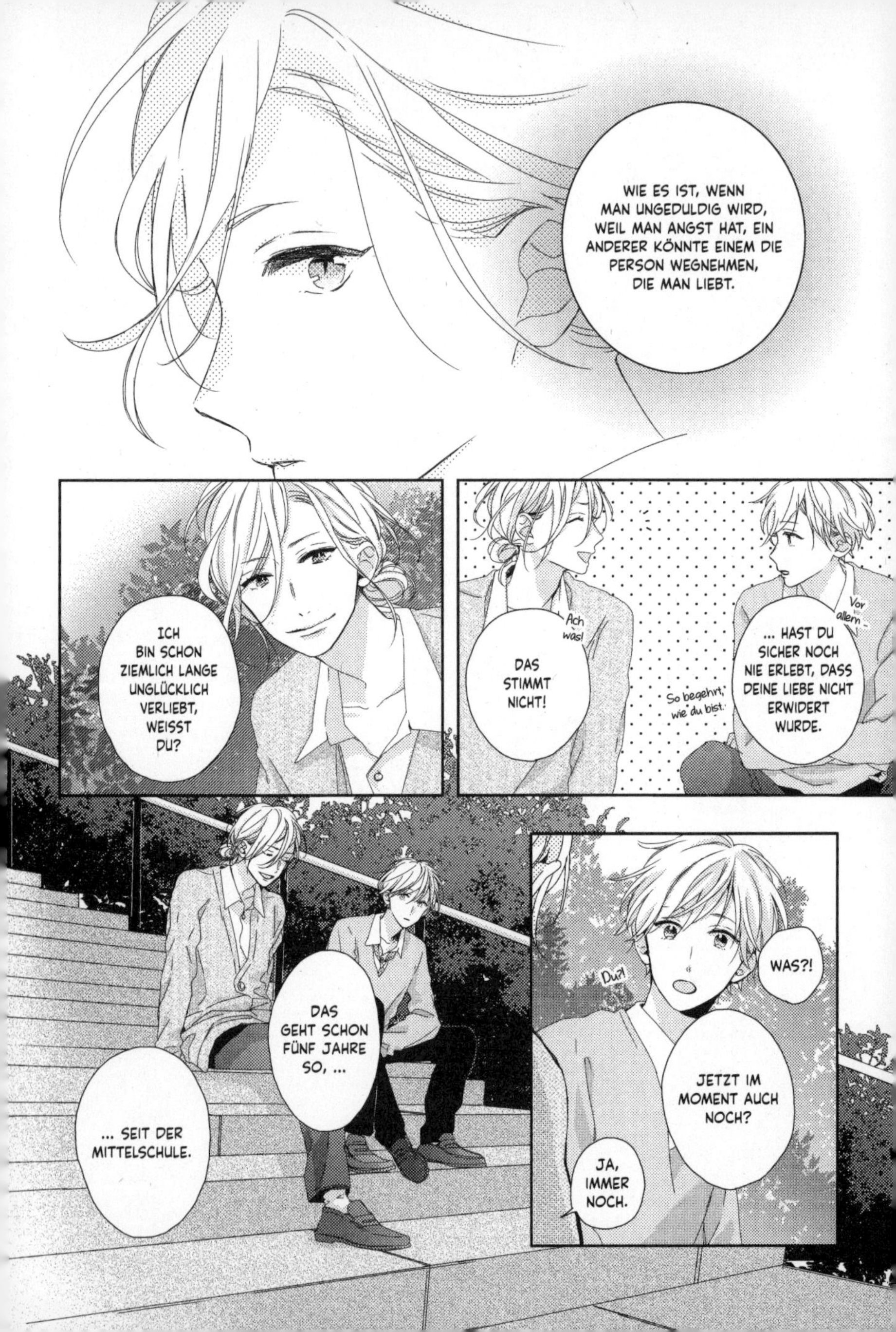
WIE ES IST, WENN MAN UNGEDULDIG WIRD, WEIL MAN ANGST HAT, EIN ANDERER KÖNNTE EINEM DIE PERSON WEGNEHMEN, DIE MAN LIEBT.
Vor allem ...
... HAST DU SICHER NOCH NIE ERLEBT, DASS DEINE LIEBE NICHT ERWIDERT WURDE.
So begehrt, wie du bist.
Ach was!
DAS STIMMT NICHT!
ICH BIN SCHON ZIEMLICH LANGE UNGLÜCKLICH VERLIEBT, WEISST DU?
DAS GEHT SCHON FÜNF JAHRE SO, ...
... SEIT DER MITTELSCHULE.
WAS?!
Du?!
JETZT IM MOMENT AUCH NOCH?
JA, IMMER NOCH.

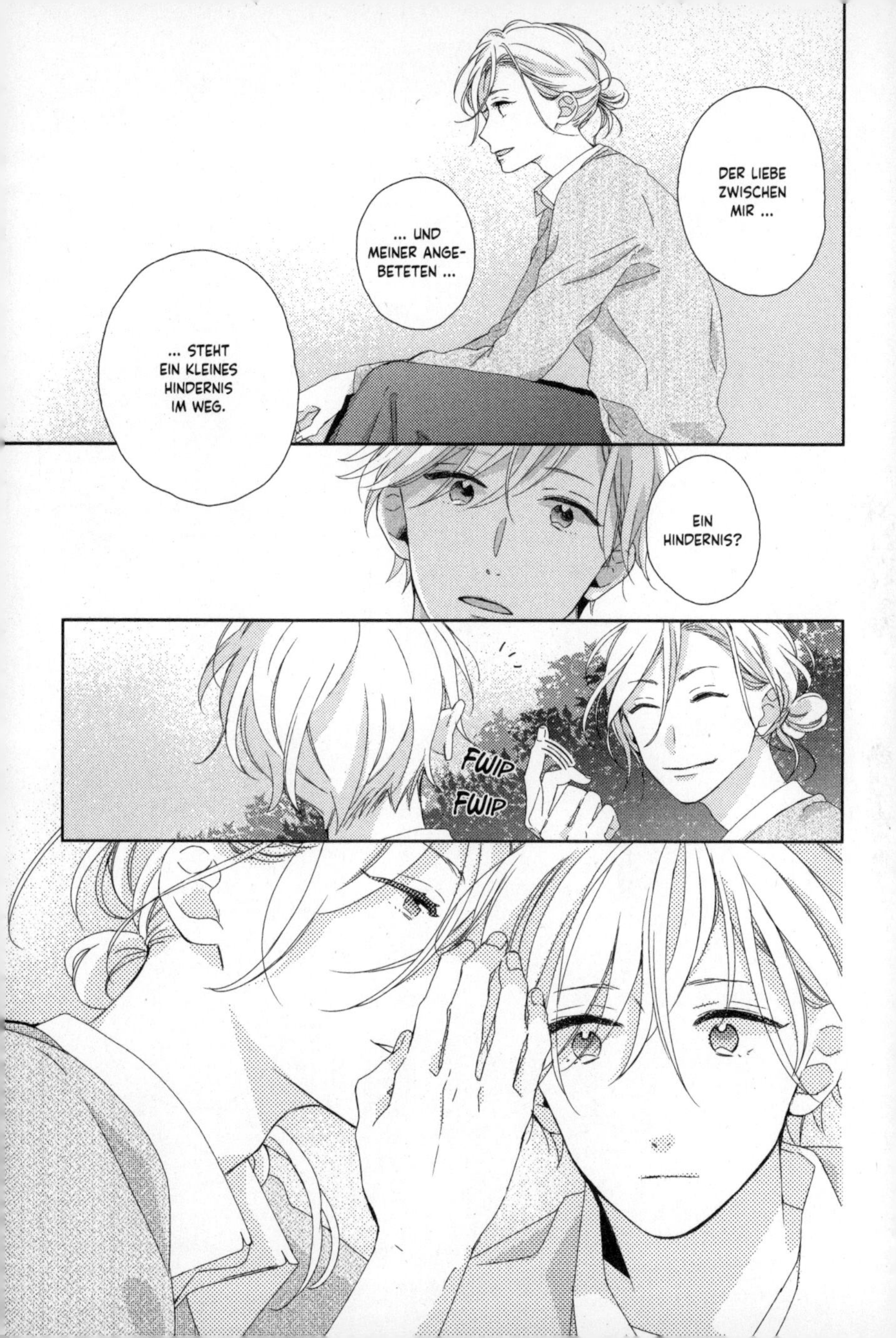
DER LIEBE ZWISCHEN MIR ...
... UND MEINER ANGE-BETETEN ...
... STEHT EIN KLEINES HINDERNIS IM WEG.
EIN HINDERNIS?
FWIP
FWIP

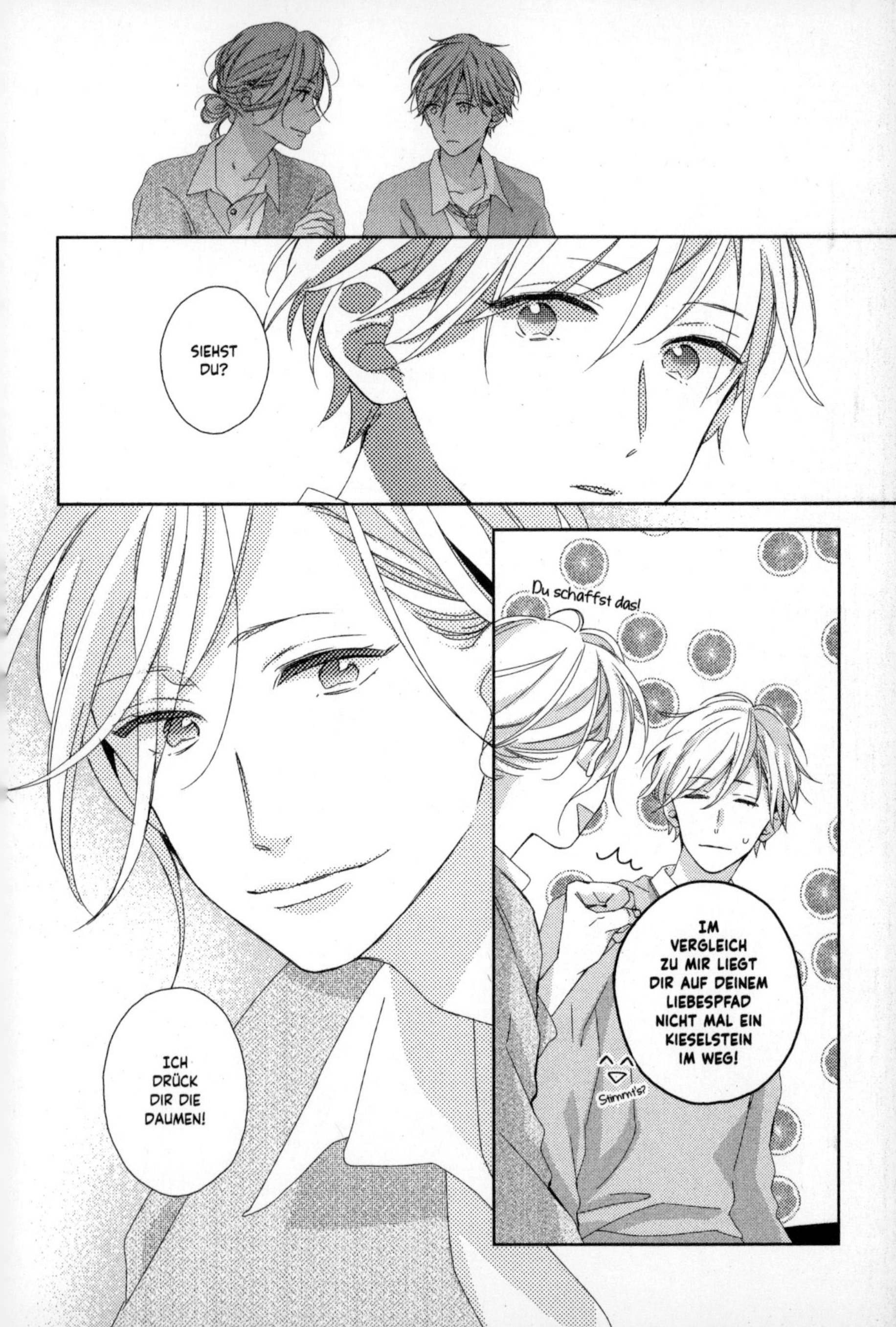
SIEHST DU?
Du schaffst das!
IM VERGLEICH ZU MIR LIEGT DIR AUF DEINEM LIEBESPFAD NICHT MAL EIN KIESELSTEIN IM WEG!
Stimmt's?
ICH DRÜCK DIR DIE DAUMEN!

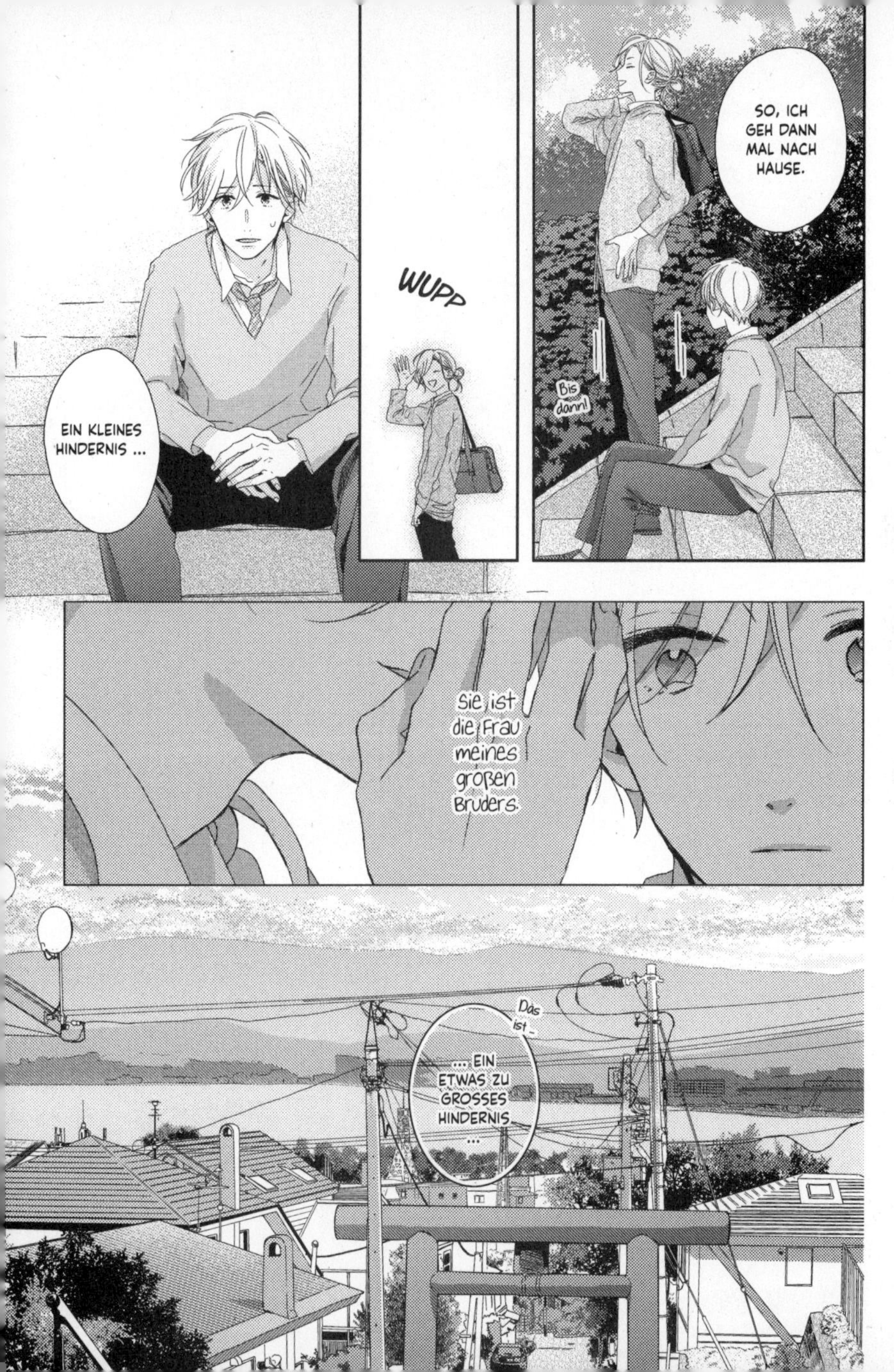
SO, ICH GEH DANN MAL NACH HAUSE.
Bis dann!
WUPP
EIN KLEINES HINDERNIS ...
Sie ist die Frau meines großen Bruders.
Das ist ...
... EIN ETWAS ZU GROSSES HINDERNIS ...

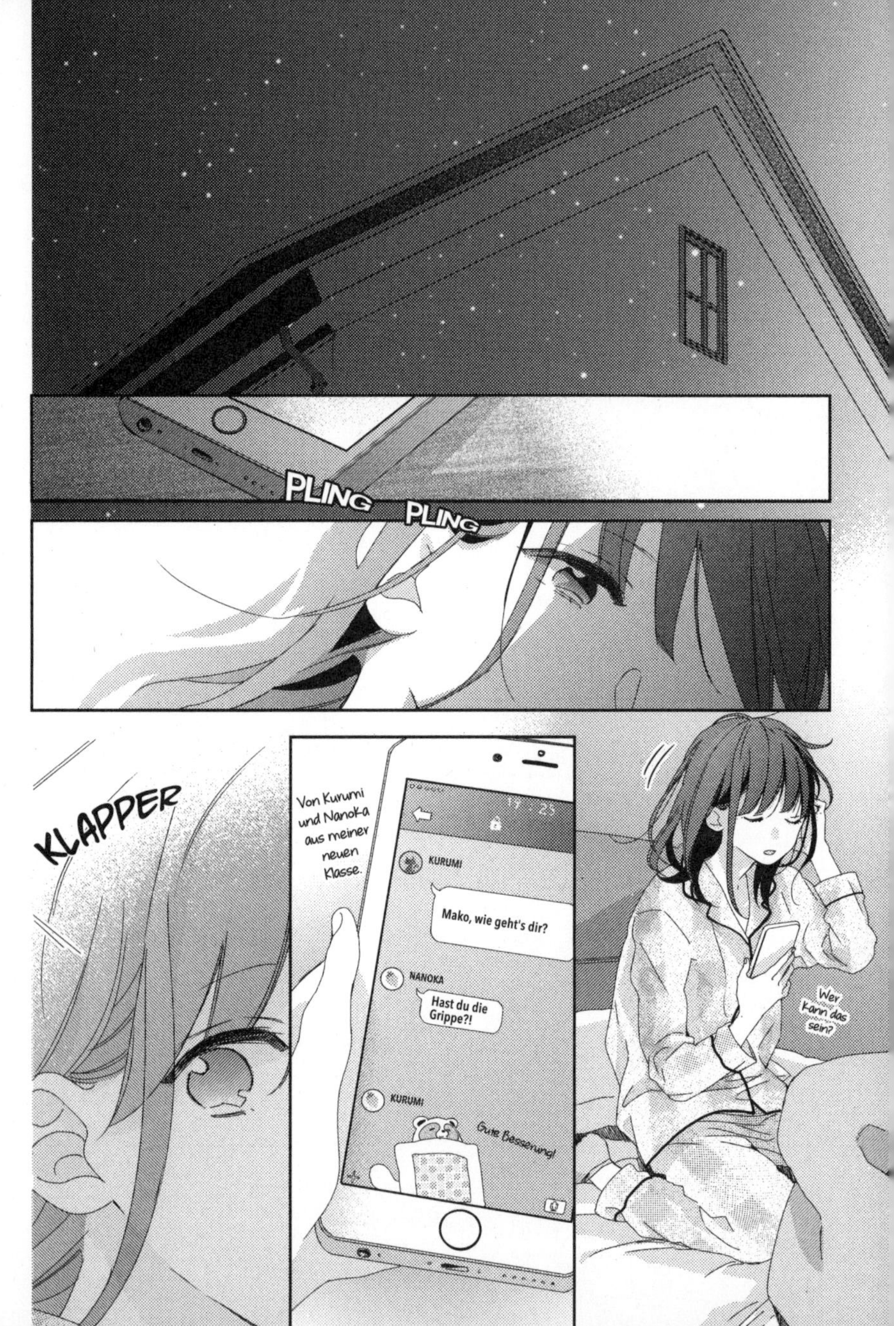
PLING
PLING
Wer kann das sein?
Von Kurumi und Nanoka aus meiner neuen Klasse.
17 : 23
KURUMI
Mako, wie geht's dir?
NANOKA
Hast du die Grippe?!
KURUMI
Gute Besserung!
KLAPPER

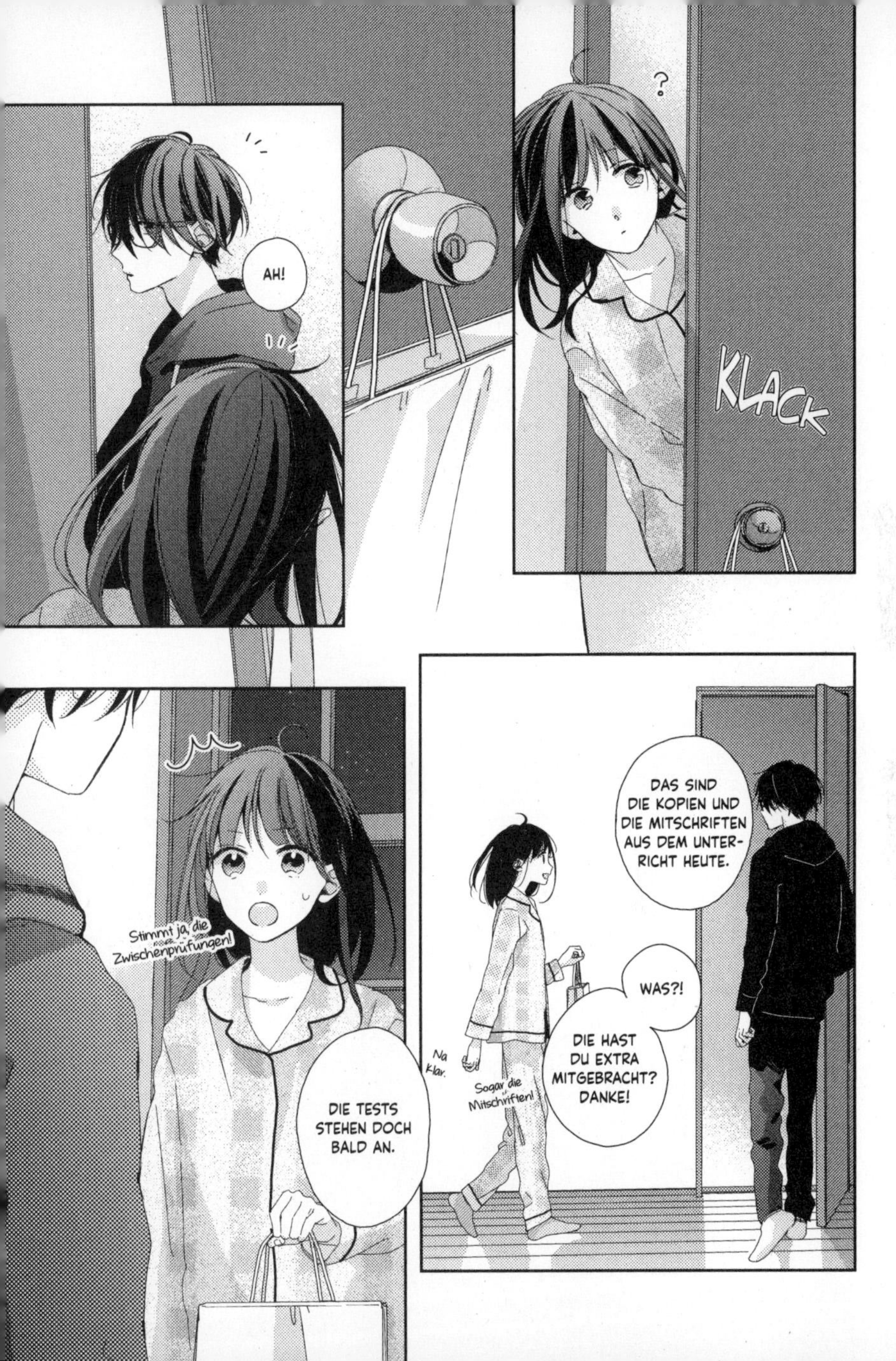
?
KLACK
AH!
DAS SIND DIE KOPIEN UND DIE MITSCHRIFTEN AUS DEM UNTER-RICHT HEUTE.
WAS?!
DIE HAST DU EXTRA MITGEBRACHT? DANKE!
Sogar die Mitschriften!
Na klar.
DIE TESTS STEHEN DOCH BALD AN.
Stimmt ja, die Zwischenprüfungen!

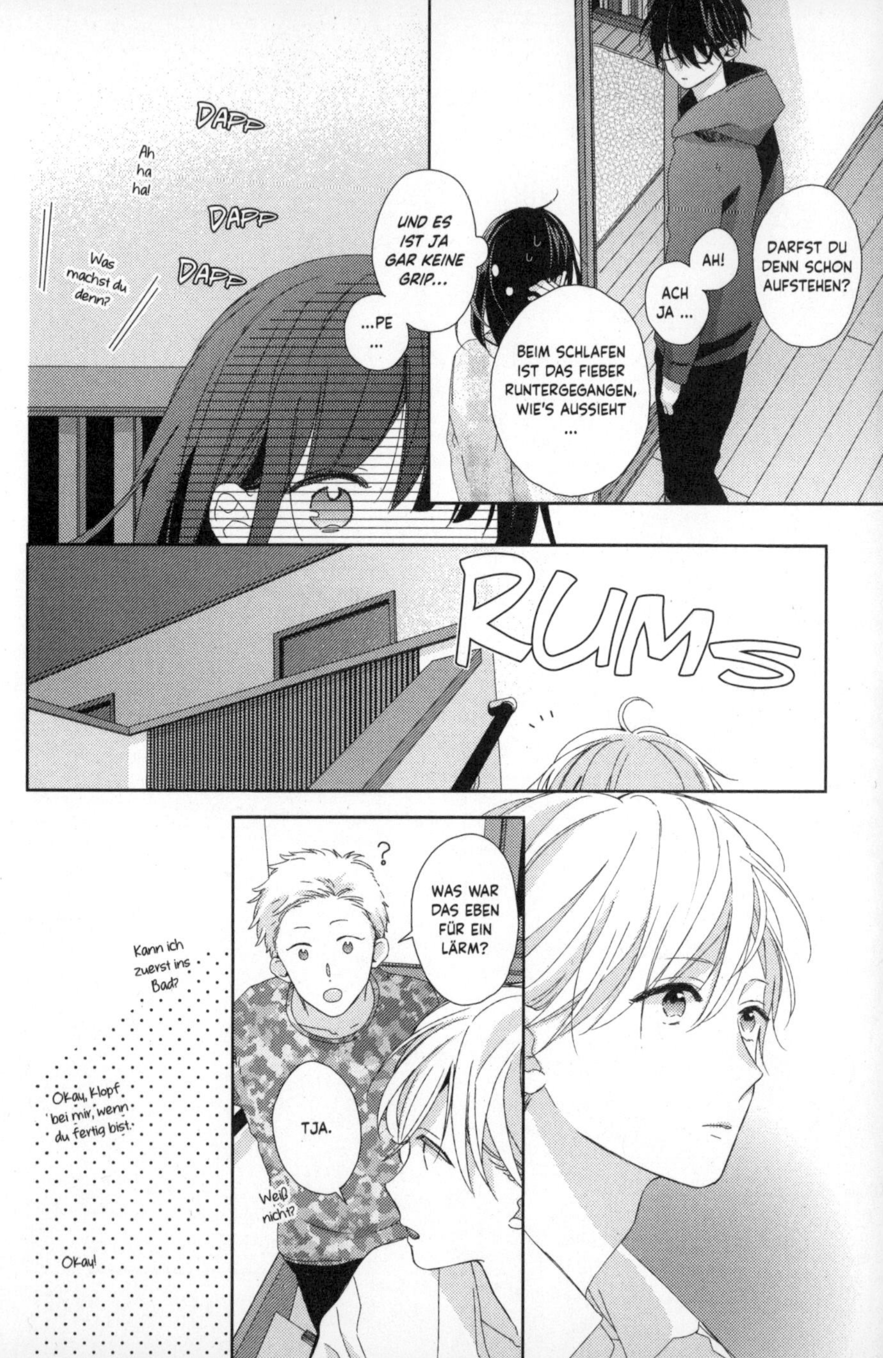
Darfst du denn schon aufstehen?
Ah!
Ach ja ...
Beim Schlafen ist das Fieber runtergegangen, wie's aussieht ...
Und es ist ja gar keine Grip...
...pe ...
Dapp
Ah ha ha!
Dapp
Dapp
Was machst du denn?
RUMS
Was war das eben für ein Lärm?
Tja.
Weiß nicht?
Kann ich zuerst ins Bad?
Okay, klopf bei mir, wenn du fertig bist.
Okay!

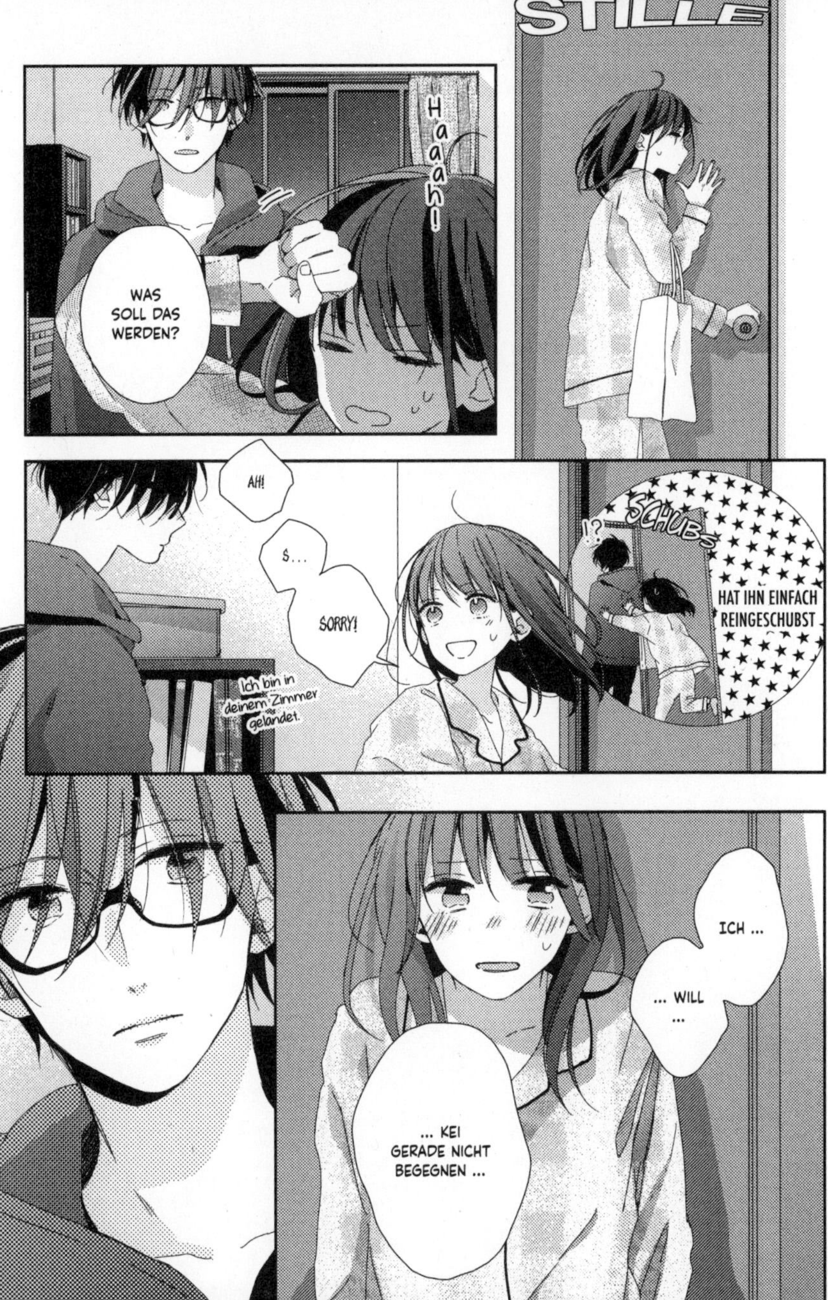
STILLE
Haaah!
WAS SOLL DAS WERDEN?
SCHUBS
!?
HAT IHN EINFACH REINGESCHUBST
AH!
S...
SORRY!
Ich bin in deinem Zimmer gelandet.
ICH ...
... WILL ...
... KEI GERADE NICHT BEGEGNEN ...

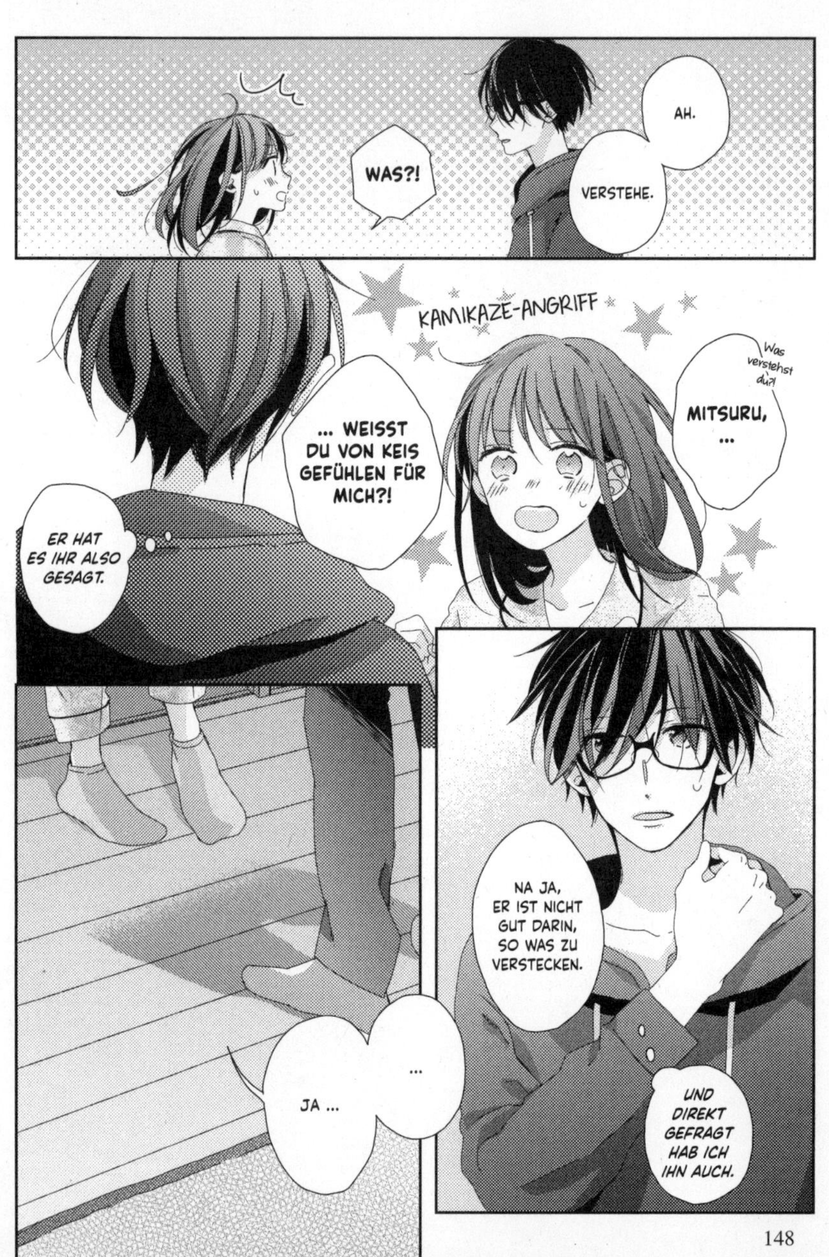
AH.
VERSTEHE.
WAS?!
Was verstehst du?!
MITSURU, ...
KAMIKAZE-ANGRIFF
... WEISST DU VON KEIS GEFÜHLEN FÜR MICH?!
ER HAT ES IHR ALSO GESAGT.
NA JA, ER IST NICHT GUT DARIN, SO WAS ZU VERSTECKEN.
UND DIREKT GEFRAGT HAB ICH IHN AUCH.
...
JA ...

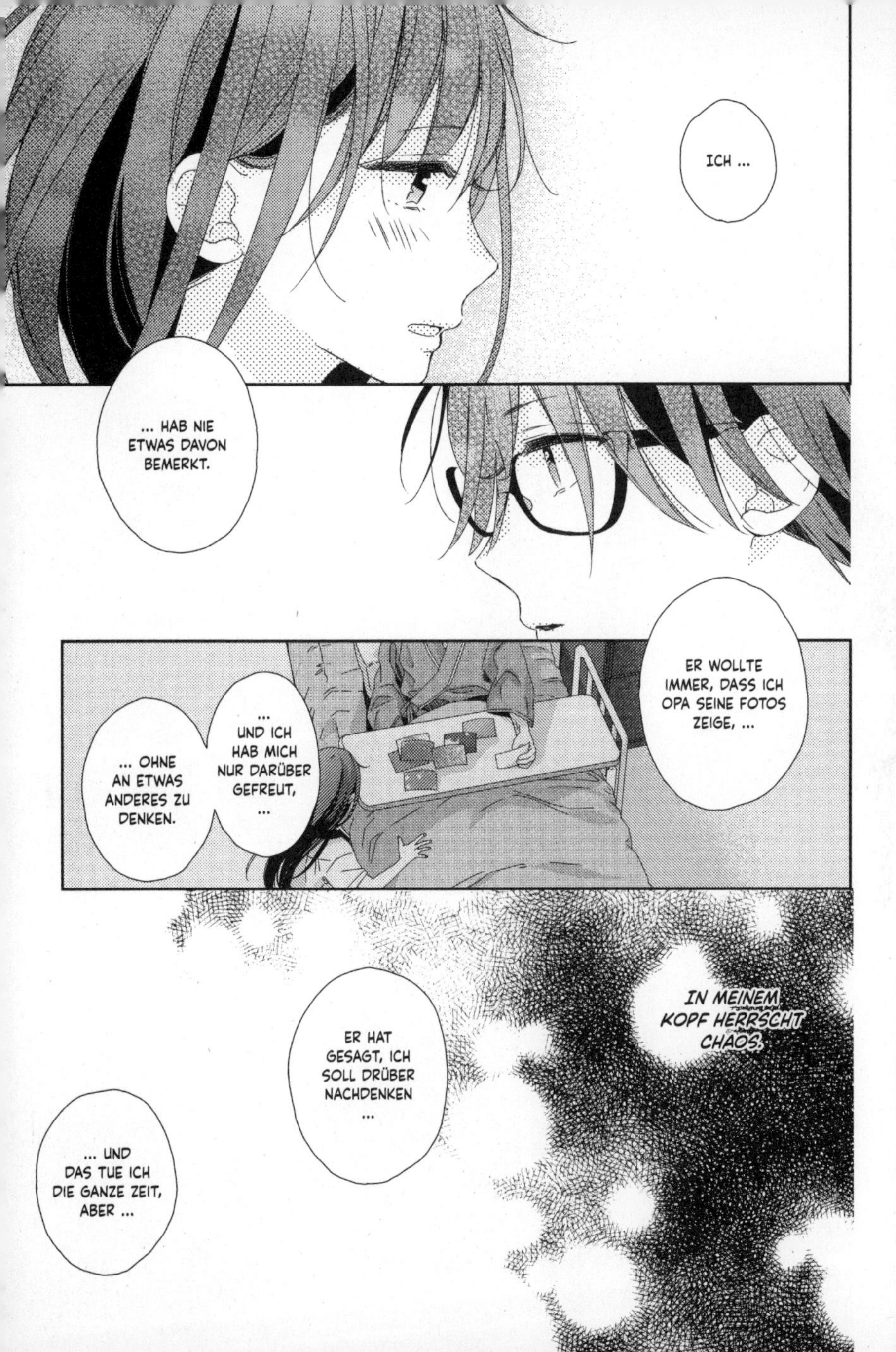
ICH ...
... HAB NIE ETWAS DAVON BEMERKT.
ER WOLLTE IMMER, DASS ICH OPA SEINE FOTOS ZEIGE, ...
... UND ICH HAB MICH NUR DARÜBER GEFREUT, ...
... OHNE AN ETWAS ANDERES ZU DENKEN.
IN MEINEM KOPF HERRSCHT CHAOS.
ER HAT GESAGT, ICH SOLL DRÜBER NACHDENKEN ...
... UND DAS TUE ICH DIE GANZE ZEIT, ABER ...

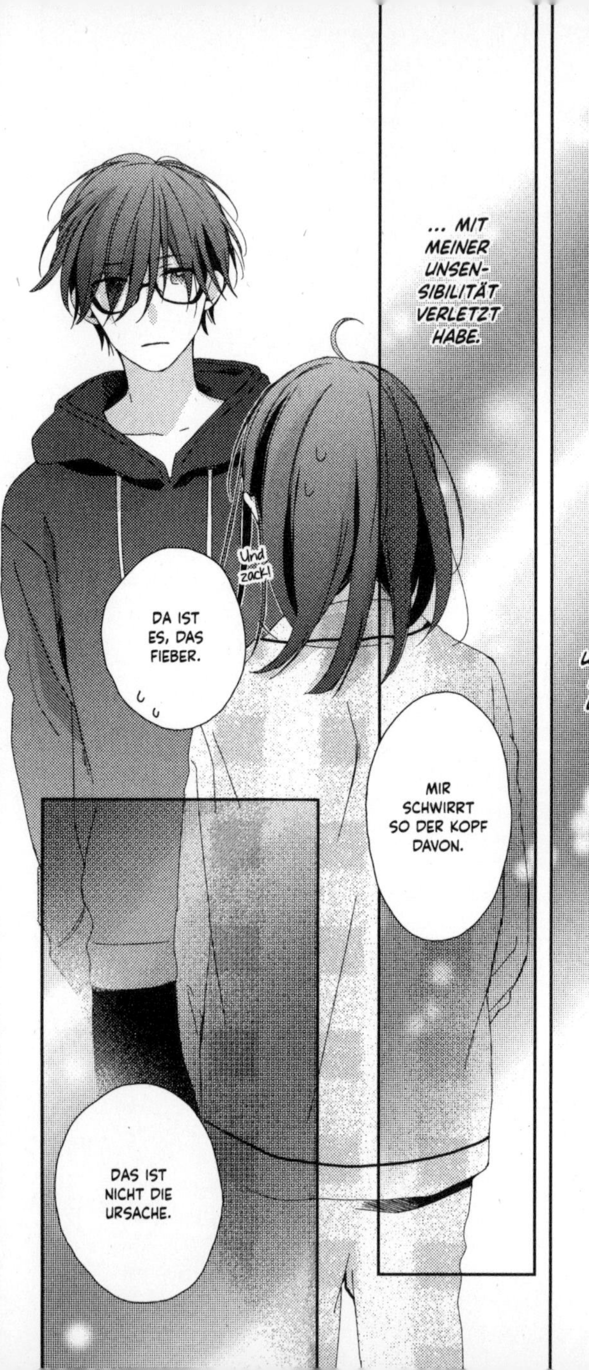
... ICH ...
... KOMME ABSOLUT NICHT DRAUF, BEI WELCHER GELEGENHEIT ...
... ER SICH IN MICH VERLIEBT HABEN KÖNNTE!
UND OB ICH IHN NICHT DIE GANZE ZEIT ...
... MIT MEINER UNSENSIBILITÄT VERLETZT HABE.
MIR SCHWIRRT SO DER KOPF DAVON.
Und zack!
DA IST ES, DAS FIEBER.
DAS IST NICHT DIE URSACHE.

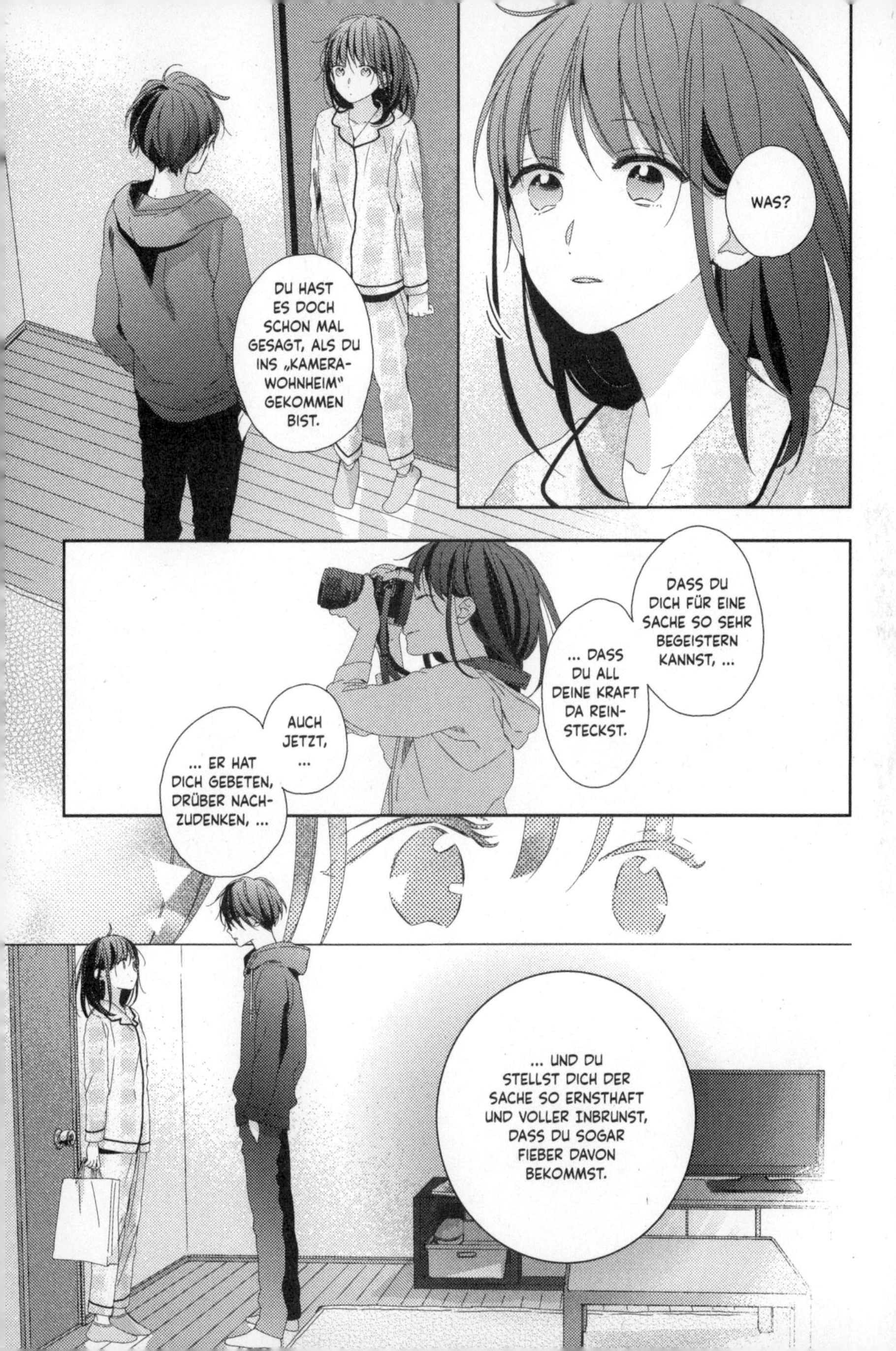
WAS?
DU HAST ES DOCH SCHON MAL GESAGT, ALS DU INS „KAMERA-WOHNHEIM" GEKOMMEN BIST.
DASS DU DICH FÜR EINE SACHE SO SEHR BEGEISTERN KANNST, ...
... DASS DU ALL DEINE KRAFT DA REIN-STECKST.
AUCH JETZT, ...
... ER HAT DICH GEBETEN, DRÜBER NACH-ZUDENKEN, ...
... UND DU STELLST DICH DER SACHE SO ERNSTHAFT UND VOLLER INBRUNST, DASS DU SOGAR FIEBER DAVON BEKOMMST.

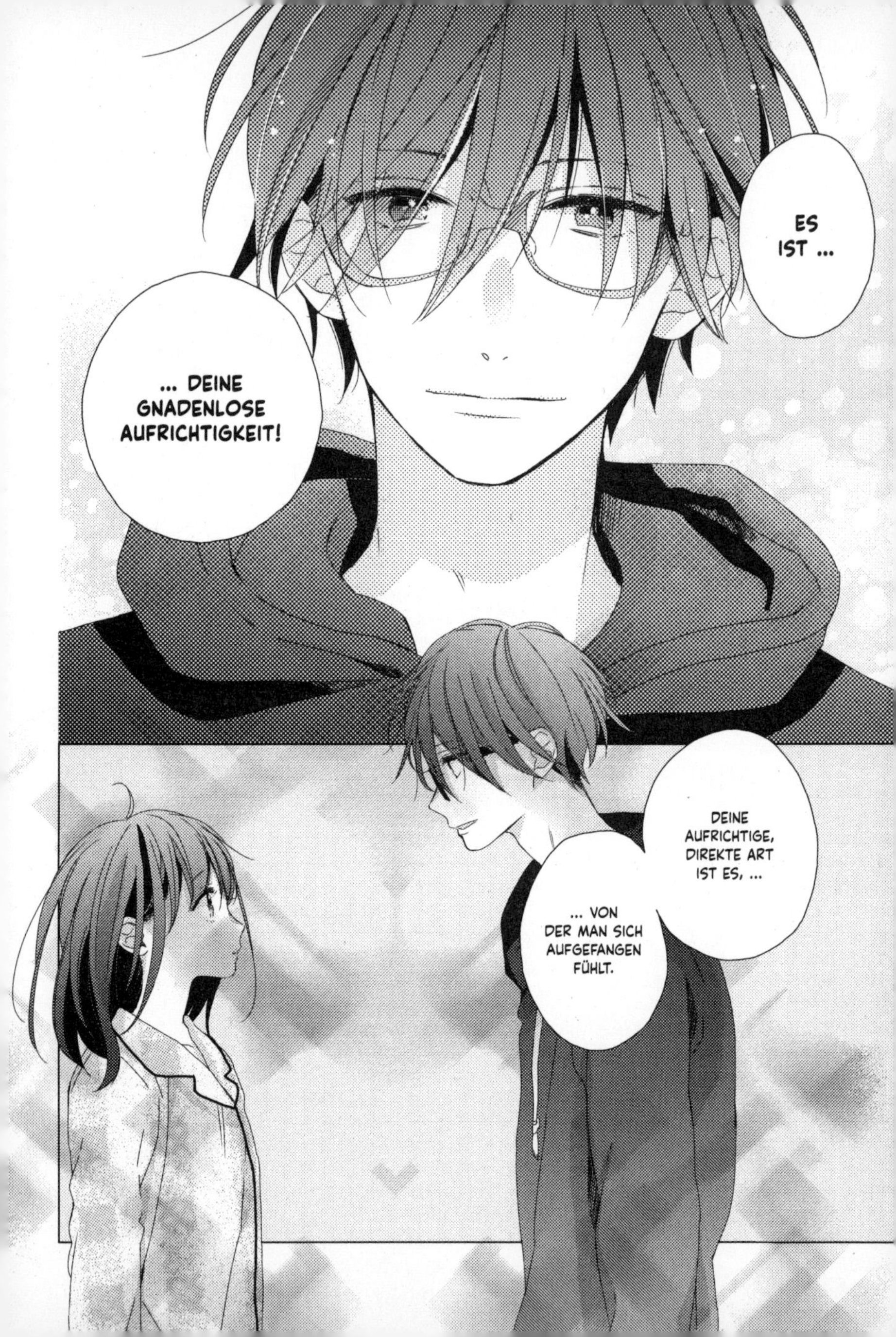
ES IST ...
... DEINE GNADENLOSE AUFRICHTIGKEIT!
DEINE AUFRICHTIGE, DIREKTE ART IST ES, ...
... VON DER MAN SICH AUFGEFANGEN FÜHLT.

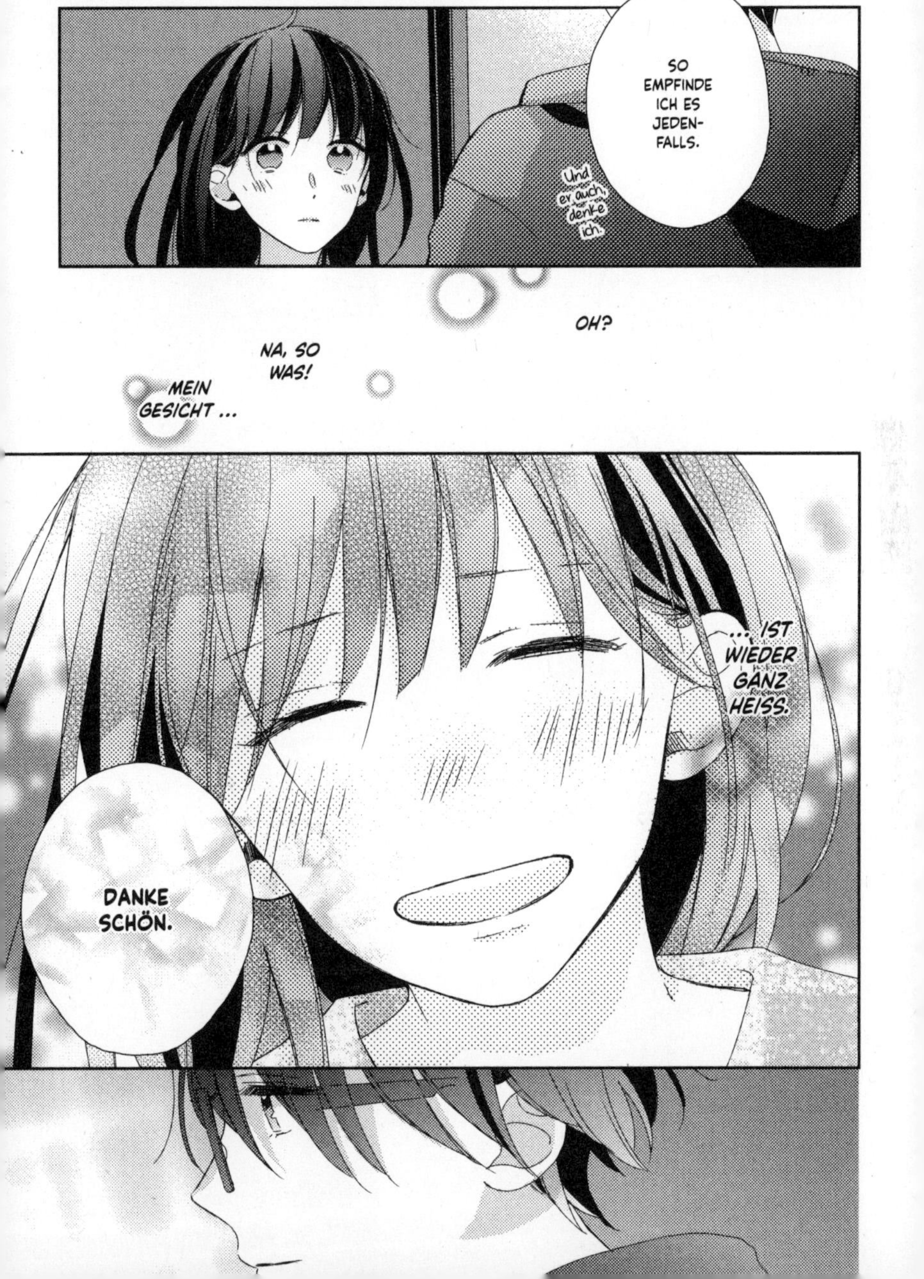

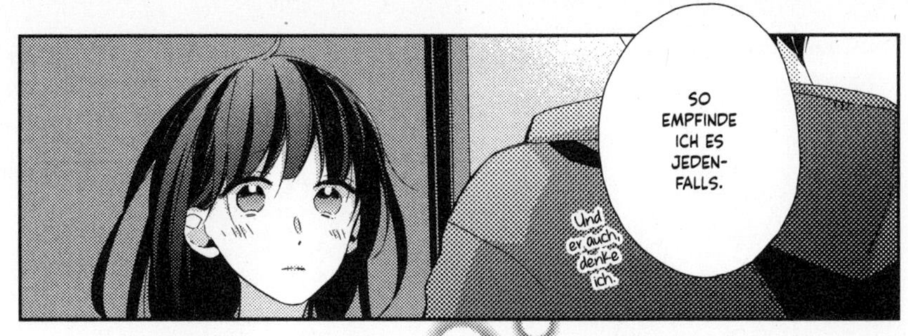

OH?

NA, SO WAS!

MEIN GESICHT ...

... IST WIEDER GANZ HEISS.

DANKE SCHÖN.

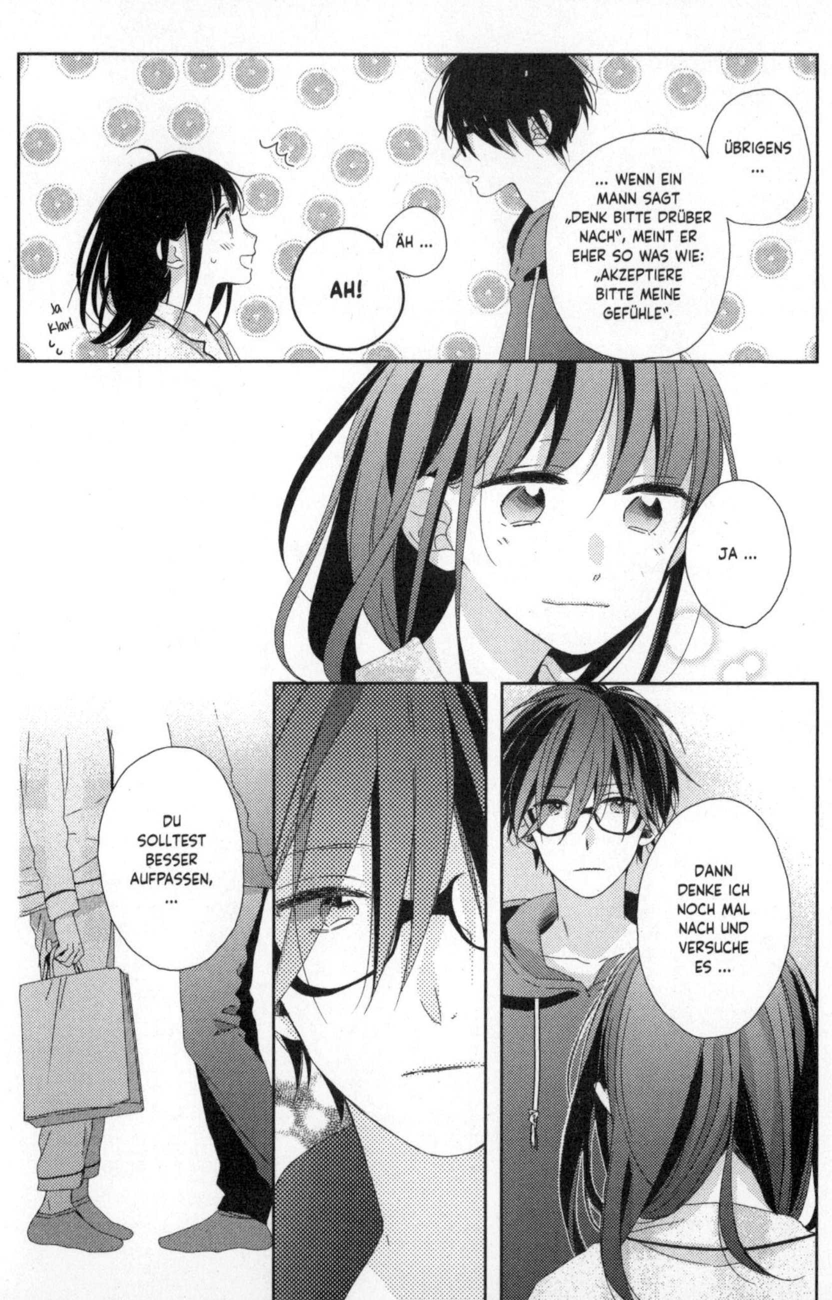
ÜBRIGENS ...
... WENN EIN MANN SAGT „DENK BITTE DRÜBER NACH“, MEINT ER EHER SO WAS WIE: „AKZEPTIERE BITTE MEINE GEFÜHLE“.
ÄH ...
AH!
Ja klar!
JA ...
DANN DENKE ICH NOCH MAL NACH UND VERSUCHE ES ...
DU SOLLTEST BESSER AUFPASSEN, ...

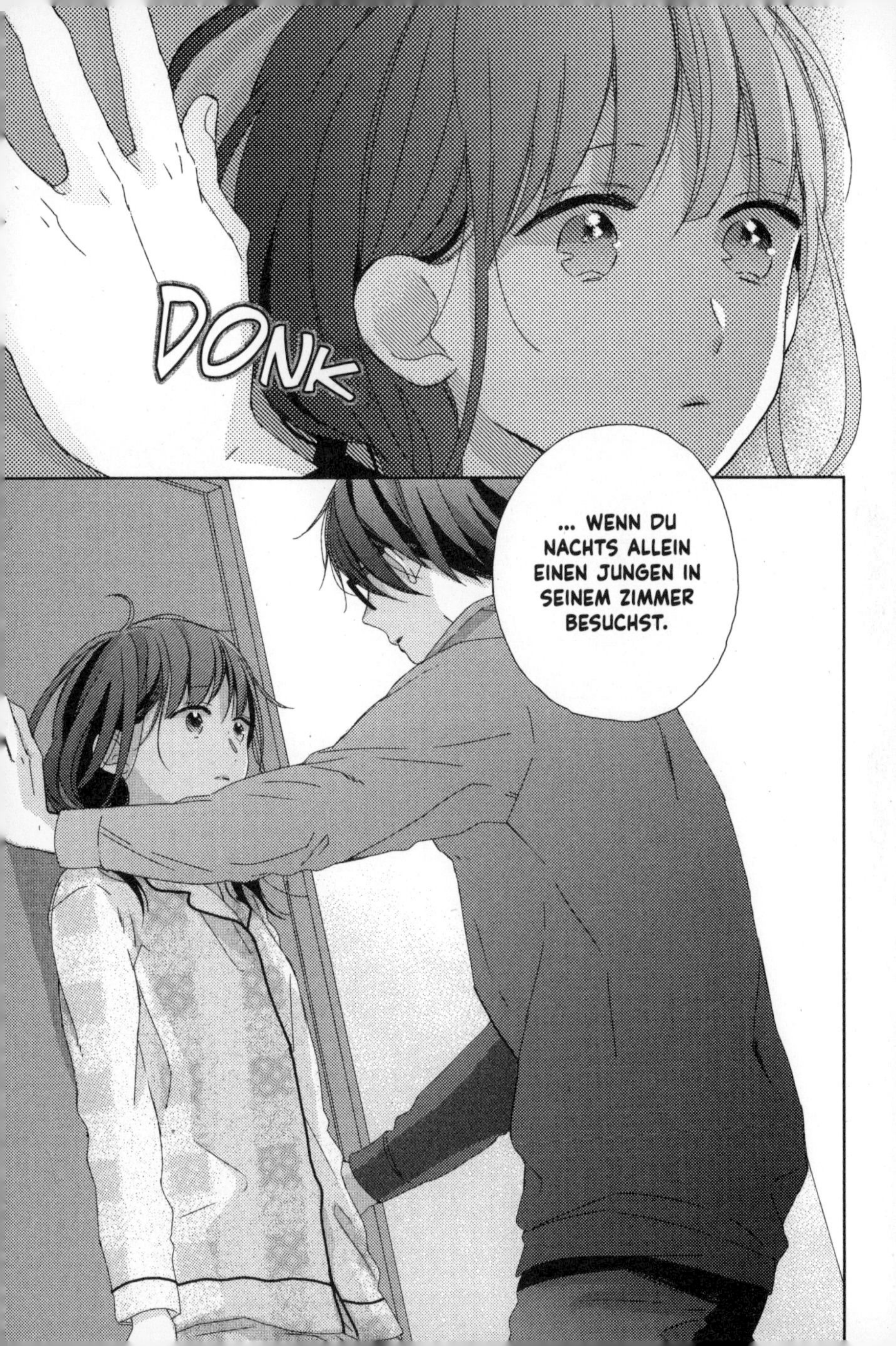
DONK
... WENN DU NACHTS ALLEIN EINEN JUNGEN IN SEINEM ZIMMER BESUCHST.

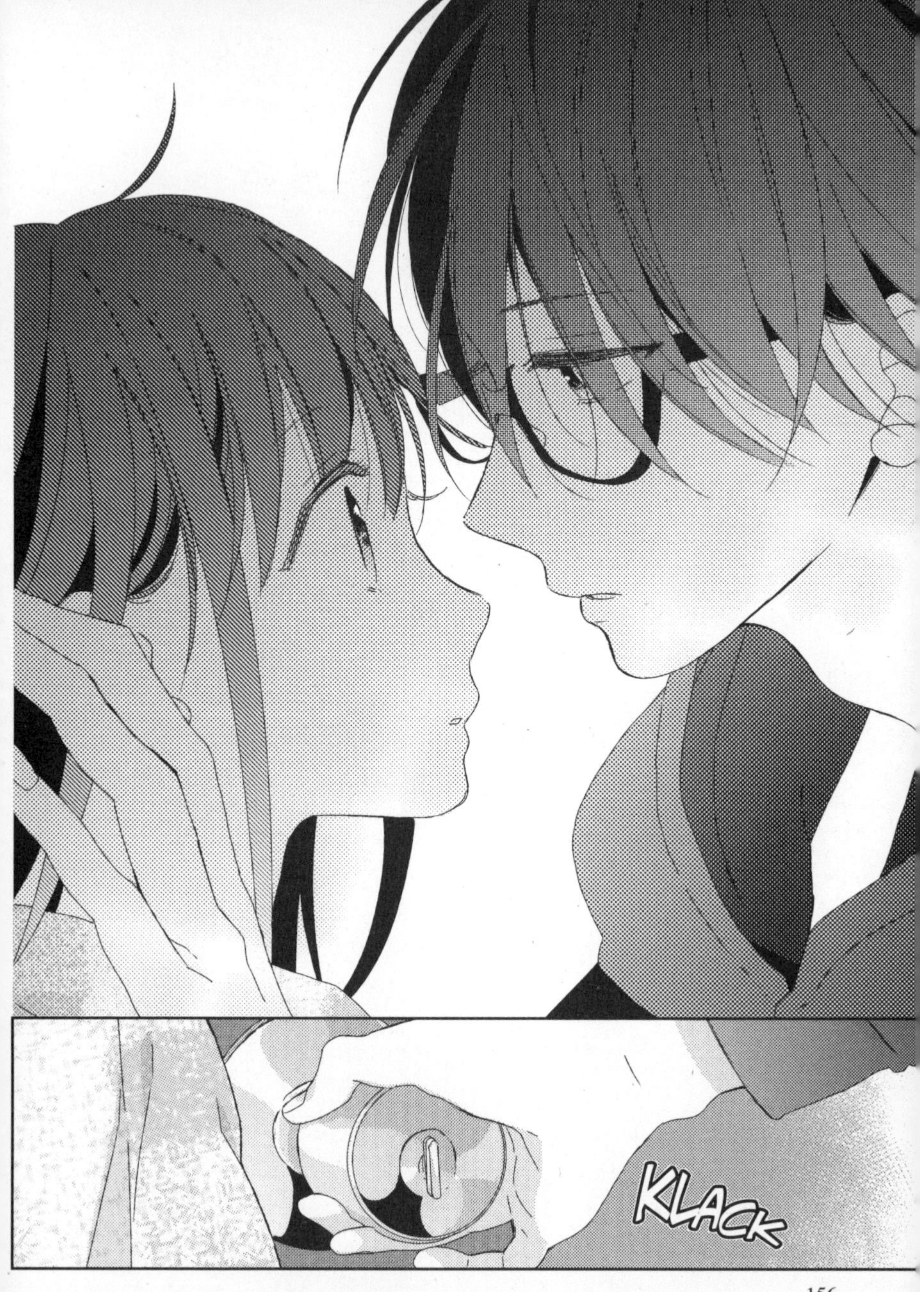
KLACK

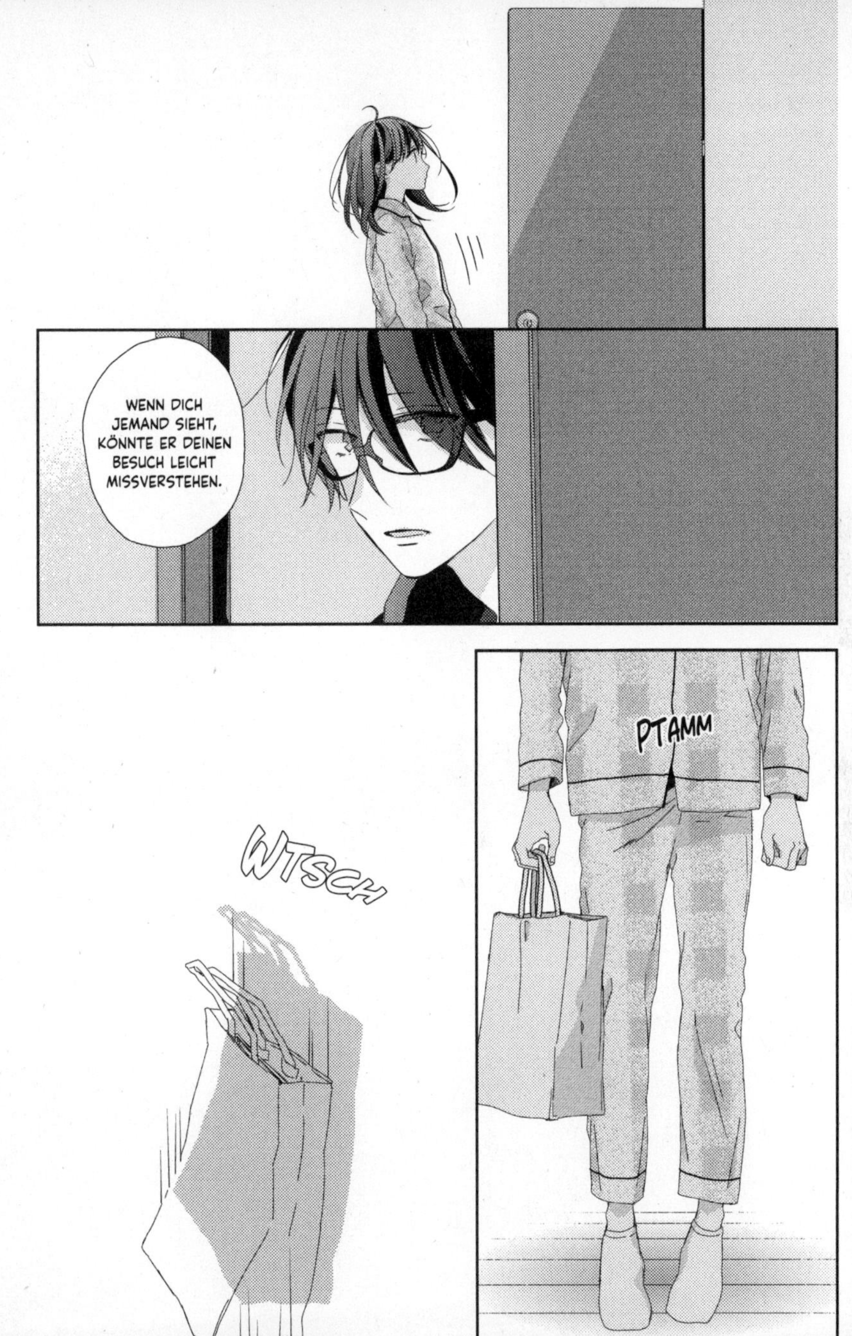
WENN DICH JEMAND SIEHT, KÖNNTE ER DEINEN BESUCH LEICHT MISSVERSTEHEN.
PTAMM
WTSCH

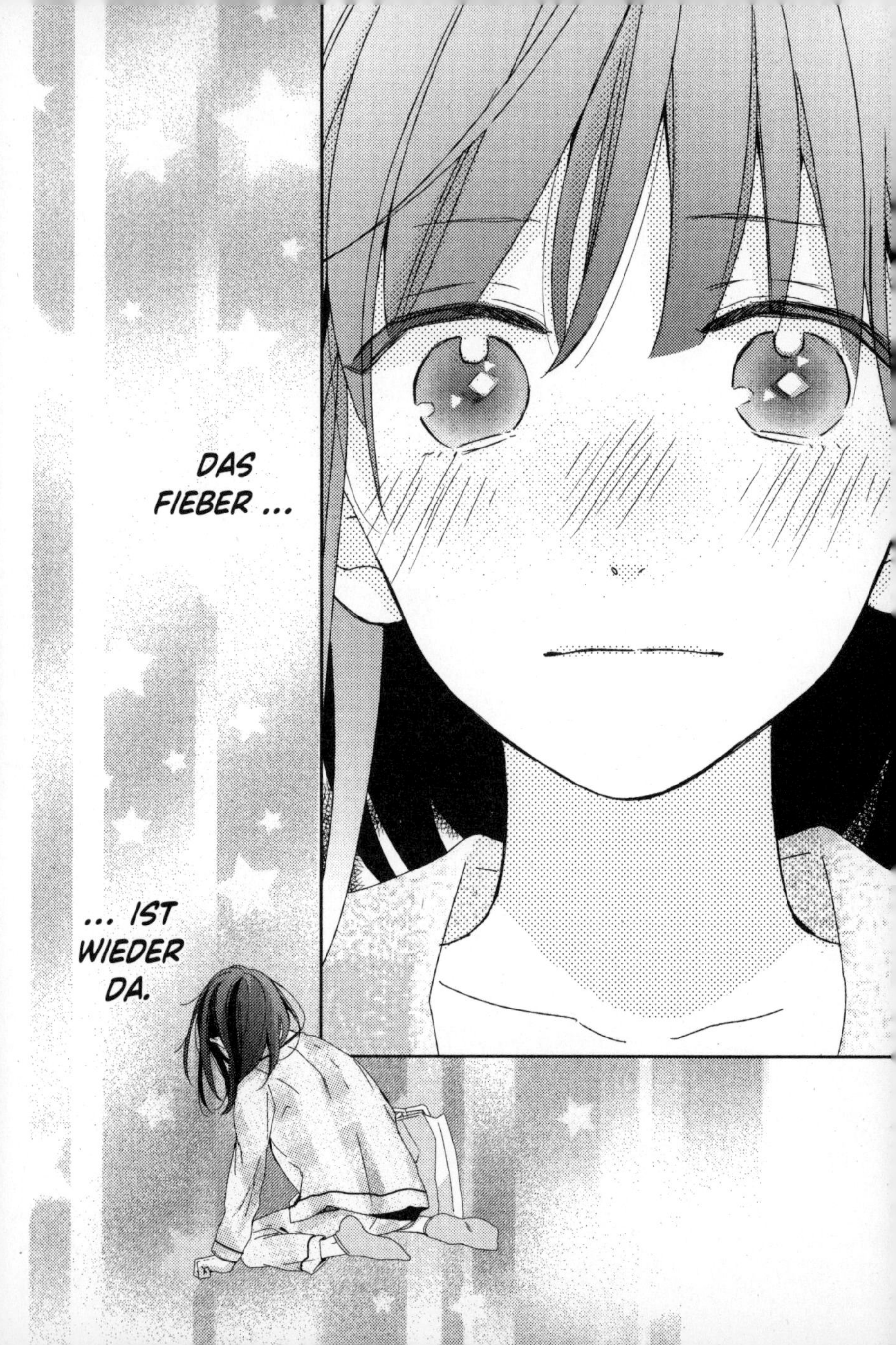
DAS FIEBER ...
... IST WIEDER DA.

Fortsetzung folgt

Special Short Manga

Anekdote zu Kapitel 6

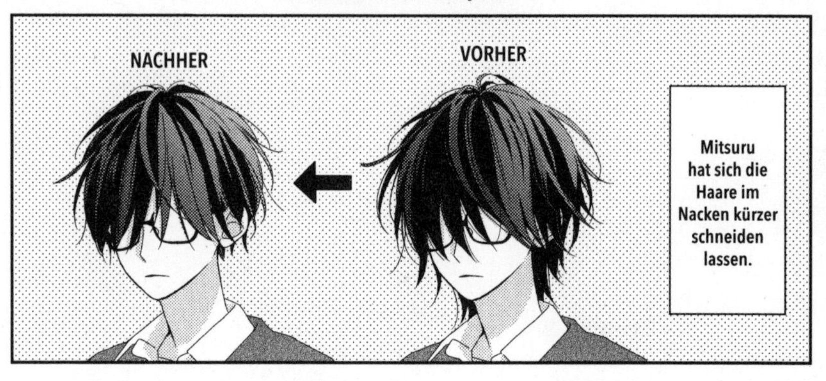

Der Pony ist lang geblieben.

DER PONY!

DER PONY!

DER PONY!

Sieht luftiger aus!

DENKEN SICH IHREN TEIL, SAGEN ABER NICHTS

Die anderen reagieren auf ihn genauso wie vorher auch.

Er selbst muss sich an das neue Gefühl gewöhnen.

Das kitzelt im Nacken!

Fühlt sich so kühl an!

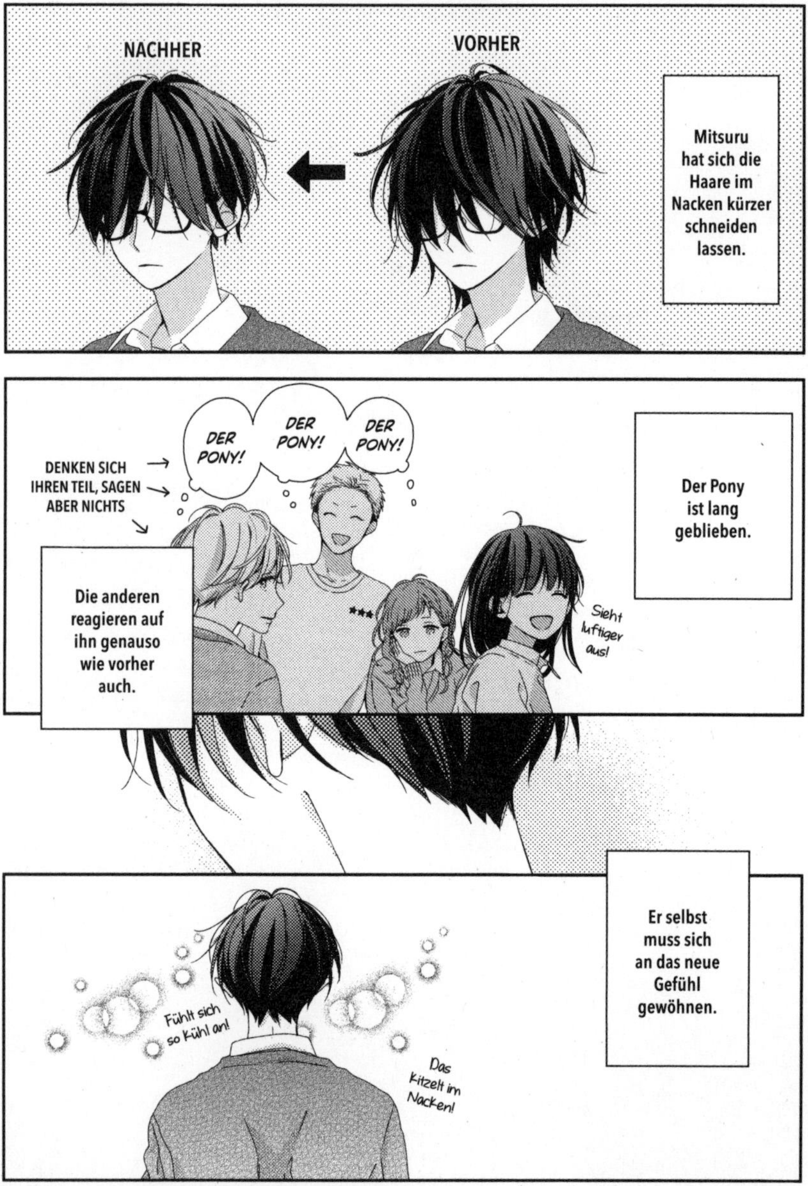

Anekdote zu Kapitel 7

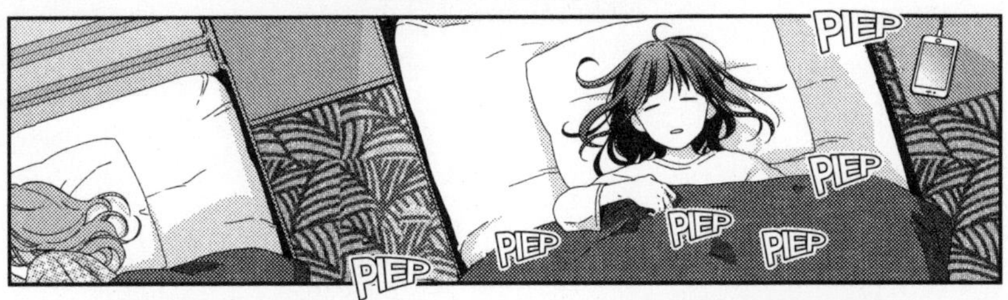

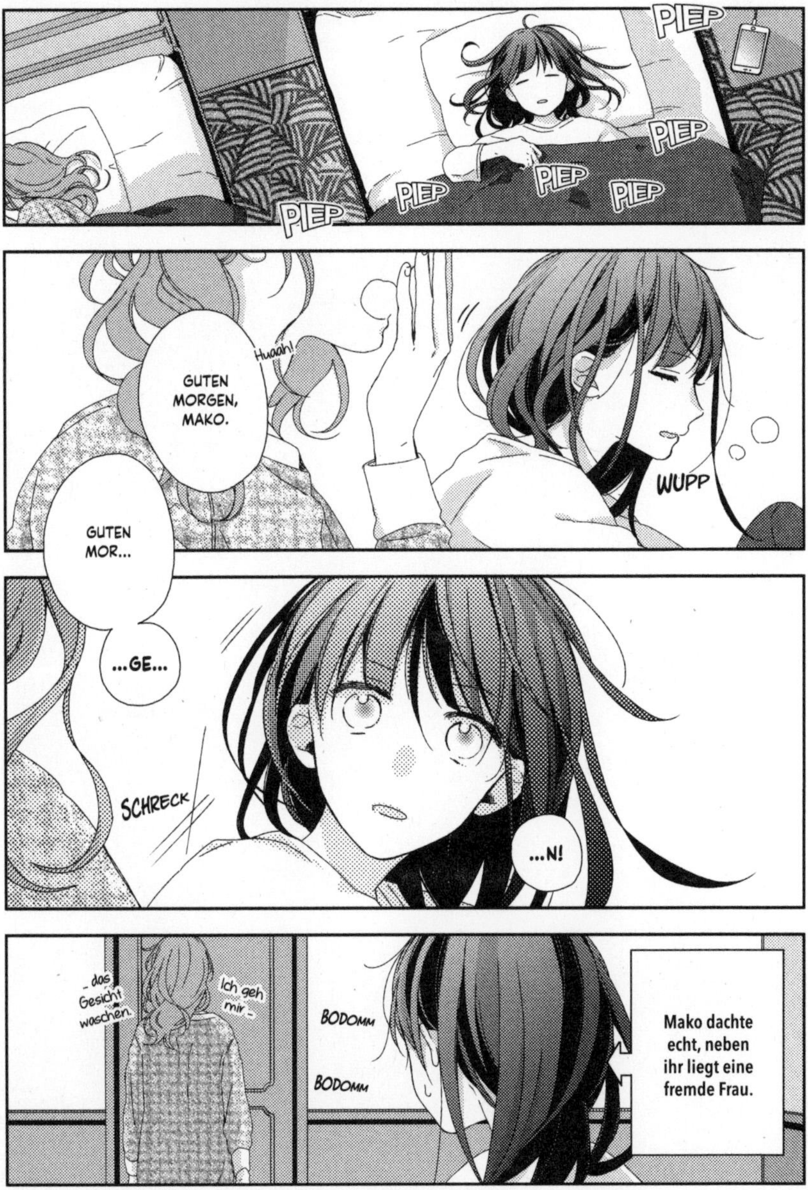

WUPP

Huaah!

GUTEN MORGEN, MAKO.

GUTEN MOR...

...GE...

SCHRECK

...N!

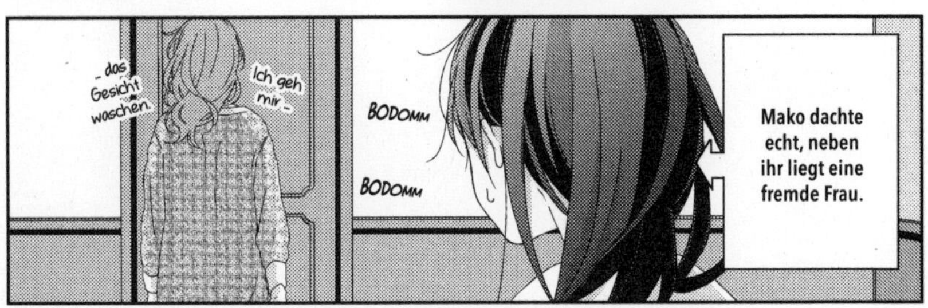

NACHWORT

Hallo, ich bin Yoko Nogiri.

Vielen Dank, dass ihr Band 2 von „Liebe im Fokus“ gekauft habt!

VERBEUG

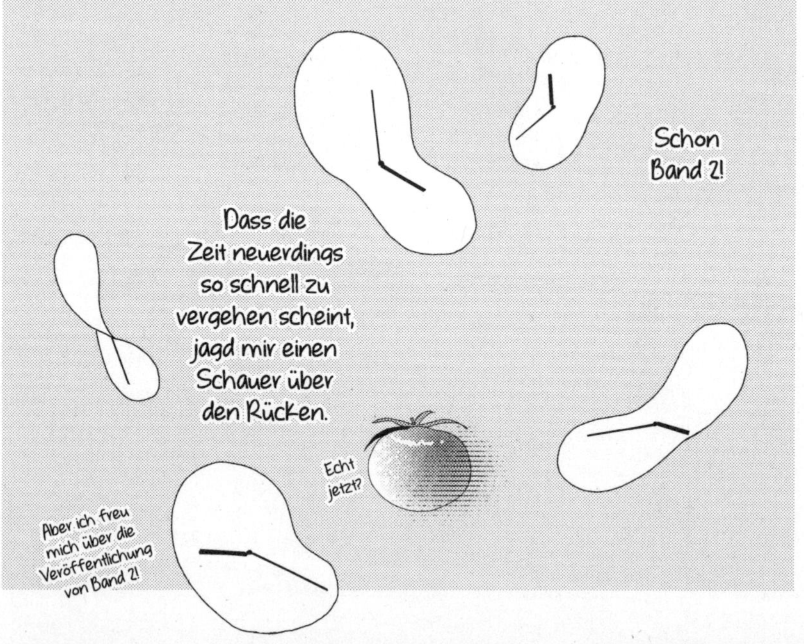

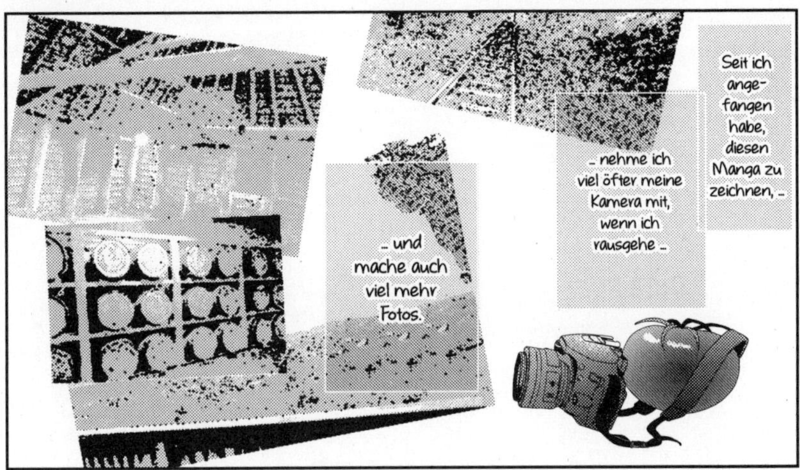
Seit ich ange-fangen habe, diesen Manga zu zeichnen, ..
.. nehme ich viel öfter meine Kamera mit, wenn ich rausgehe ..
.. und mache auch viel mehr Fotos.

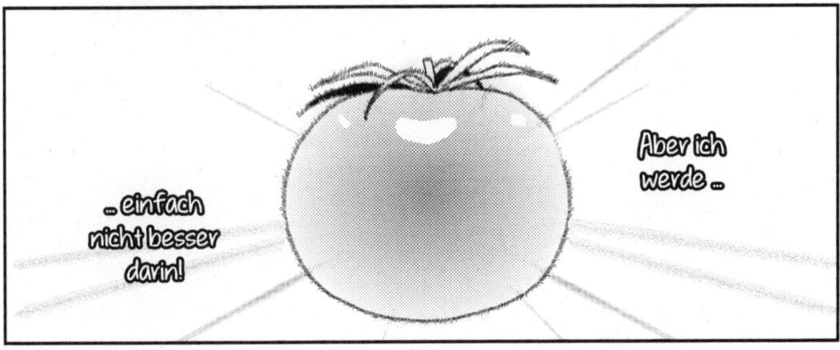
Aber ich werde ..
.. einfach nicht besser darin!

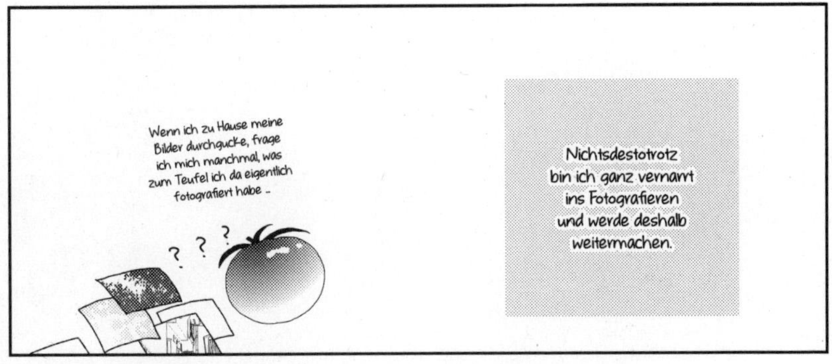
Nichtsdestotrotz bin ich ganz vernarrt ins Fotografieren und werde deshalb weitermachen.
Wenn ich zu Hause meine Bilder durchgucke, frage ich mich manchmal, was zum Teufel ich da eigentlich fotografiert habe ..
? ? ?

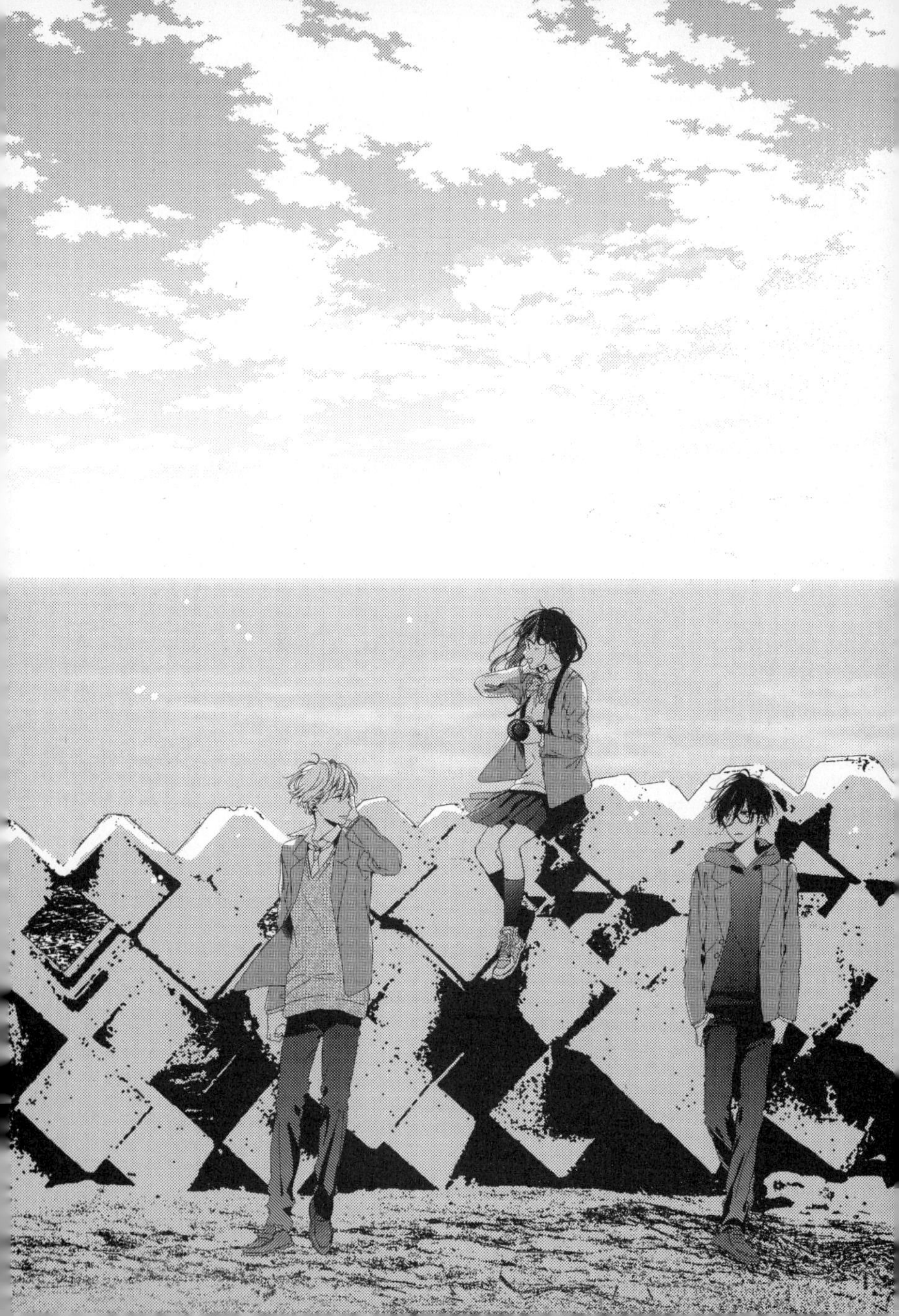

Special Thanks

Aki Nishiro,
meinen Freunden,
meiner Familie,
meinen Redakteuren,
allen vom Verlag ARIA und
allen, die an diesem Band
mitgewirkt haben.

Und vielen Dank an alle, die
diesen Band gelesen haben!

Danke schön und
bis bald in Band 3!

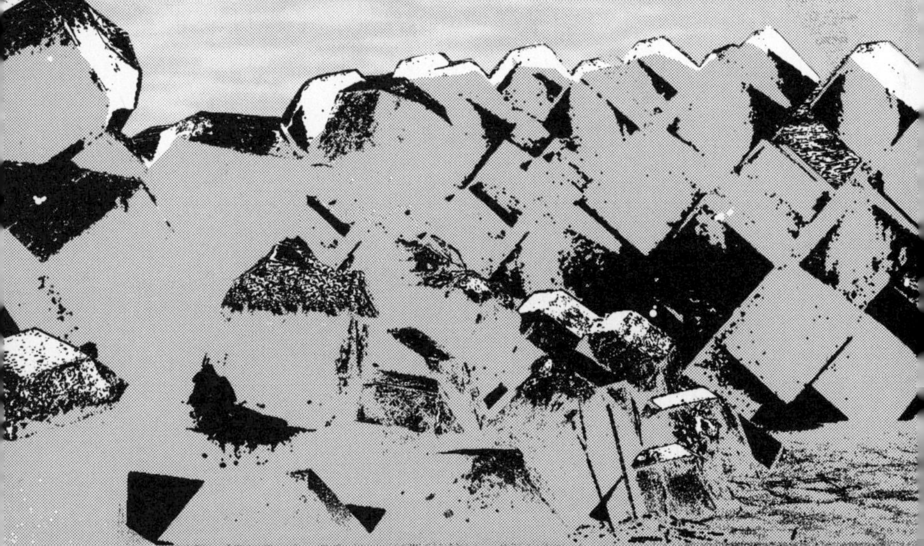

OMOCHIS GESCHICHTE

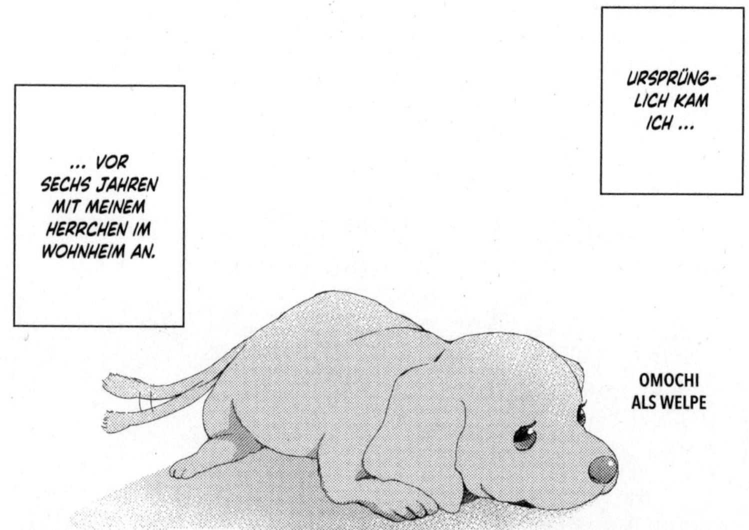

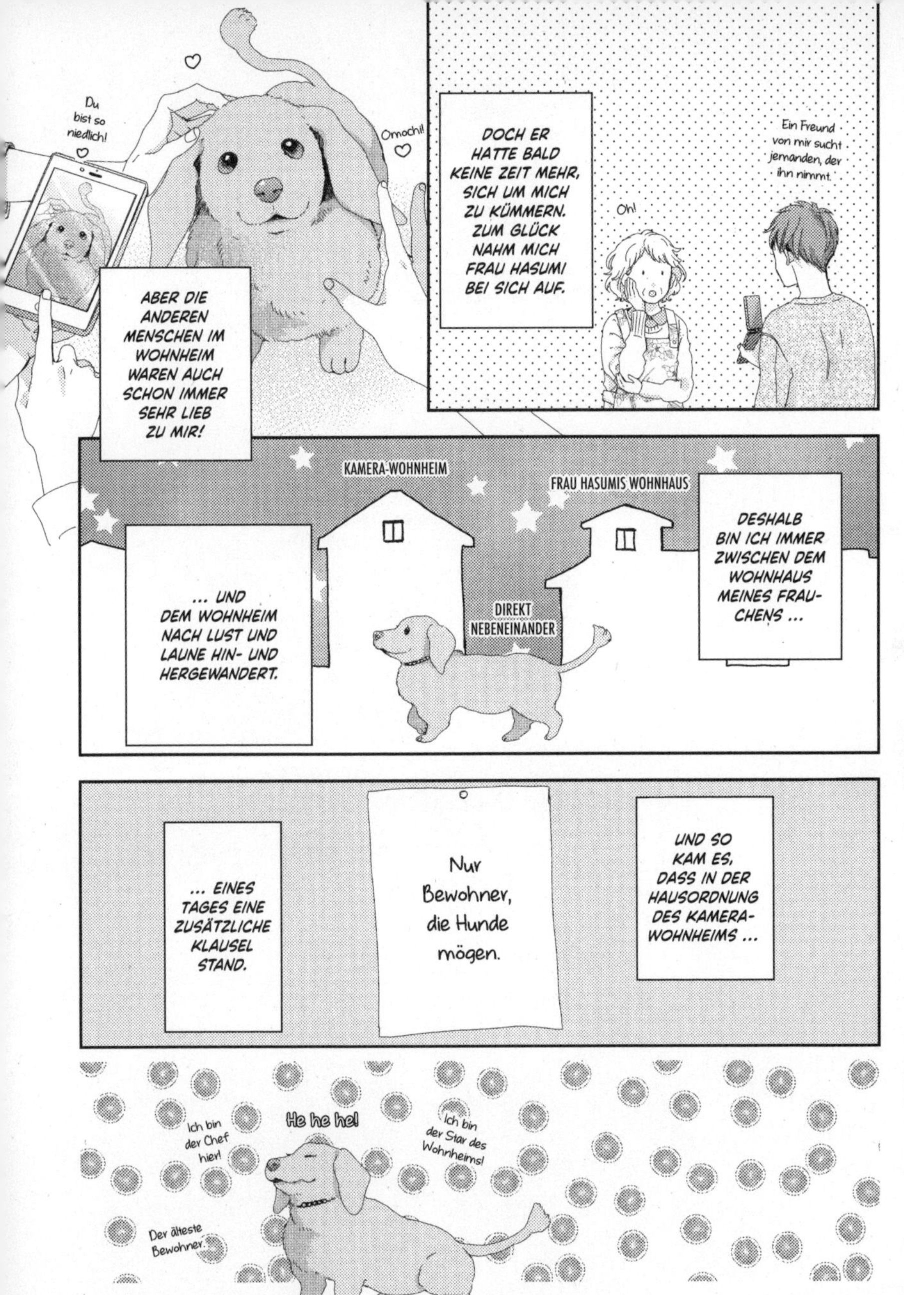
Ein Freund von mir sucht jemanden, der ihn nimmt.
Oh!
DOCH ER HATTE BALD KEINE ZEIT MEHR, SICH UM MICH ZU KÜMMERN. ZUM GLÜCK NAHM MICH FRAU HASUMI BEI SICH AUF.
Omochi!
Du bist so niedlich!
ABER DIE ANDEREN MENSCHEN IM WOHNHEIM WAREN AUCH SCHON IMMER SEHR LIEB ZU MIR!
DESHALB BIN ICH IMMER ZWISCHEN DEM WOHNHAUS MEINES FRAU-CHENS ...
FRAU HASUMIS WOHNHAUS
KAMERA-WOHNHEIM
DIREKT NEBENEINANDER
... UND DEM WOHNHEIM NACH LUST UND LAUNE HIN- UND HERGEWANDERT.
UND SO KAM ES, DASS IN DER HAUSORDNUNG DES KAMERA-WOHNHEIMS ...
Nur Bewohner, die Hunde mögen.
... EINES TAGES EINE ZUSÄTZLICHE KLAUSEL STAND.
Ich bin der Star des Wohnheims!
He he he!
Ich bin der Chef hier!
Der älteste Bewohner.

Liebe im Fokus

RENZU-SOU NO SANKAKU Vol. 2

First published in Japan in 2017 by Kodansha Ltd., Tokyo.
Publication rights for this German edition arranged through
Kodansha Ltd., Tokyo.

Verlegt unter dem Label KAZÉ MANGA
durch VIZ Media Switzerland SA

Aus dem Japanischen von Dorothea Überall

Redaktion: Kristina Yanaga

Produktion: Dorothea Styra

Lettering: Studio CHARON

Druck und Bindung: GGP Media GmbH, Pößneck

ISBN: 978-2-88921-646-8